UN

BEAU-FRÈRE

PAR

HECTOR MALOT

NEW-YORK

CHARLES LASSALLE, ÉDITEUR

92, WALKER STREET

1869

UN

BEAU-FRÈRE

PAR

HECTOR MALOT

NEW-YORK

CHARLES LASSALLE, ÉDITEUR

92, WALKER STREET

1869

UN BEAU-FRÈRE.

~~~~~~~~~~

I.

— Tiens, d'Ypréau!

— Hélonis! du diable si je t'aurais reconnu: la cravate blanche, l'habit noir, vas-tu te marier?

— Tu ne sais donc pas que j'ai acheté l'étude de Têtevuide?

— Alors tu serais mon patron si je n'avais lâché la basoche; je le regrette presque.

— Regrettes-tu aussi l'héritage qui t'a donné la liberté?

— Plus que tout, mon pauvre ami, car il n'en reste rien.

— Deux millions.

— Ils ont duré quatre ans, ç'a été un rêve, je me suis réveillé zouave pontifical, puis le zouave s'est fait volontaire au Mexique, heureux de trouver le pain quotidien dans la gamelle du régiment; je serais probablement aujourd'hui brigadier ou maréchal des logis, englouti pour toujours dans la vie militaire, si un nouvel héritage ne m'avait remis à flot.

— Combien de millions encore?

— Trois cent mille francs seulement; une vieille cousine dévote qui à son lit de mort s'est souvenue du défenseur du Saint-Père. Il était temps!

13 *Février*, 1869. — *No. 1.*

C'était sur le boulevard que cette rencontre des deux anciens camarades avait lieu. On était en été, et, après une journée brûlante, le soir était étouffant: le gaz éclairait à peine la chaussée; une épaisse poussière, restée en suspens, faisait une auréole rouge aux candélabres. Devant les cafés, autour des tables qui encombraient le trottoir, la foule cherchait à se rafraîchir en absorbant des flots de bière tiède, et en grattant des glaces saupoudrées de macadam pulvérisé.

— Où vas-tu? demanda d'Ypréau en passant son bras sous celui d'Hélouis.

— A la Librairie Nouvelle acheter un *Guide en Bretagne.*

— Tiens, précisément j'en sors. Seulement je n'ai pas acheté de *Guide en Bretagne* ou ailleurs, oh! non.

— Et qu'est-ce que tu achètes, toi? tu n'étais guère liseur de livres autrefois.

— Voilà.

— *Canaillette, Comment aiment ces dames, les Mémoires d'une biche apprivoisée;* mais c'est très joli ça; le choix est vraiment heureux.

— Il n'est pas de moi, mais du commis, un petit noir, très intelligent, je t'assure. En me voyant entrer dans sa librairie, il a compris qu'un homme comme moi n'achetait pas des livres pour les lire, mais pour les donner à une femme partant en voyage, lorette ou grande dame qui veut tout simplement quelque chose à faire trimbaler par sa femme de chambre, et il m'a tout de suite offert cette collection; moi, est-ce que j'ai le temps de lire?

— Tu es donc bien occupé?

— Occupé! A midi je me lève; en déjeunant je jette un coup d'œil sur la *Gazette des étrangers* pour voir si j'y suis nommé, et quels modèles d'élégance exotique se sont révélés la veille; après déjeuner, je fais un tour chez ces dames, c'est l'heure de la Bourse, on est tranquille près d'elles; rentré chez moi, je m'habille et je vais au bois; le tir aux pigeons me garde jusqu'à l'heure du dîner; après le dîner le théâtre, j'ai vu quatorze fois *Barbe-Bleue*, trente-trois fois *la Vie Parisienne*; le soir on se retrouve. Quand je sors du club le matin, avec quatre ou cinq heures de baccarat dans la tête, je n'ai pas envie de lire; si par hasard les séries ou les abatages de la nuit me dansent dans la cervelle, j'ai toujours des numéros du *Sport* et du *Bulletin officiel des courses* en retard, et ils m'endorment bien vite.

— Quand je pense que ton tuteur t'a obligé à travailler chez un avoué tout en faisant ton droit, et cela pour t'empêcher de prendre des habitudes de dissipation.

— Vraiment c'était une heureuse idée; les d'Ypréau, depuis trois cents ans, ont tous été dans la magistrature, je devais suivre la voie de mes pères, et je l'aurais suivie sans cet héritage inespéré; avec mes relations de famille et mon nom, c'était fatal. Me vois-tu procureur impérial, parlant au nom de la morale publique?

— Devant Cénéri, l'un de tes juges; cela ferait un joli tableau.

Tous deux partirent d'un éclat de rire.

— A propos de Cénéri, tu sais qu'il n'est pas plus juge que je ne suis procureur impérial.

— Oui, toi et lui, lui et toi; les deux font la paire. Où est-il maintenant? Il y a dix-huit mois ou deux ans que je ne l'ai vu. La dernière fois, il est venu me chercher à l'étude pour déjeuner ensemble, et j'ai tâché de lui mettre du plomb dans la tête; ah bien! oui.

— Il a quitté Paris vers cette époque, et on ne l'y a pas revu depuis. Il enlevait une artiste, une musicienne, je ne sais trop quoi. Il s'est retiré avec elle auprès de Condé-le-Châtel, au Camp Héroult, une terre qui lui vient de sa mère, et là il est devenu une sorte de *gentleman-farmer;* il cultive lui-même ses terres, il élève des chevaux, il fait courir. Le père d'Eturquerais, qui vit toujours, le tourmente tant qu'il peut. Et comme si ce n'était pas assez, le pauvre garçon a contre lui son beau-frère, le baron Friardel, un gaillard plus retors et plus madré à lui seul que tous les avoués de la Normandie, qui bien certainement lui jouera un jour ou l'autre quelque mauvais tour.

— Il ne peut toujours pas lui enlever la fortune de sa mère, qui est maintenant parfaitement liquidée.

— Tu ne connais pas le Friardel; mais il ne s'agit pas de lui heureusement. Puisque le hasard te livre à moi, je te garde et t'emmène souper à la Sainte-Barbe.

— Qu'est-ce que c'est que ça?

— Dans quel monde vis-tu? Quels journaux lis-tu? La Sainte-Barbe dont je te parle n'a rien de commun avec la soute qui, dans les navires de guerre, sert à emmagasiner les poudres et les projectiles explosibles. Tu peux te rassurer; c'est tout simplement un petit hôtel des Champs-Elysées que j'habite en commun avec deux de mes amis que tu ne connais pas non plus probablement, bien qu'ils aient un nom dans le monde, de Plouha et de Sainte-Austreberthe.

— Un fils du général?

— Précisément, le seul, l'unique fils du général comte de Sainte-Austreberthe.

— Et c'est parce que cet illustre général de cour n'a jamais servi ni dans l'infanterie, ni dans la cavalerie, ni dans le génie, ni dans l'artillerie, mais seulement dans les antichambres et surtout dans les chambres, que votre hôtel s'appelle la Sainte-Barbe.

— Non, mais parce qu'il peut sauter d'un moment à l'autre, attendu que si notre position est très brillante en surface, au fond elle n'est pas trop solide. C'est nous-mêmes qui l'avons baptisé ainsi; on a trouvé le mot drôle, et dans le monde du sport et des cercles, la Sainte-Barbe est connue comme le Jockey, les Bébés ou le Salon des Courses.

— Et tes derniers trois cent mille francs?

— Mon cher, de Sainte-Austreberthe n'a jamais eu ni pension ni patrimoine, et ses seules ressources reposent sur l'amitié qui unit son père à certains personnages; cette amitié, il est vrai, peut, avec un peu d'habileté et d'intrigue, se monnayer, mais enfin ce n'est pas de l'argent sûr. Quant à de Plouha, il est de notoriété en Bretagne que ses sœurs n'ont pas pu se marier faute de dot, qu'elles vivent auprès de leur mère dans un vieux pigeonnier délabré. Reste mon héritage de trois cent mille francs qui a été la plus grosse part dans notre association; avec cent mille francs que de Plouha a trouvés dans la succession de son père et qui lui ont été abandonnés en sa qualité de fils aîné, avec cent autres mille francs que de Sainte-Austreberthe a pu se procurer; si je te disais comment, tu serais bien étonné, mais ce n'est pas le moment (*un fils d'Excellence*). — Ça nous a fait un capital de cinq cent mille francs; voilà toute notre fortune. Comprends-tu maintenant notre nom de Sainte-Barbe?

— Il est de fait que 25,000 fr. de rente pour trois avec un hôtel aux Champs-Elysées...

— Tu crois que nous avons placé mes 500,000 fr. et que quatre fois par an l'un de nous s'en va au Trésor toucher mes revenus comme un bon petit rentier. Eh bien! la vérité est que les choses ne se sont point passées tout à fait ainsi; nous avons placé nos 500,000 fr., mais dans notre secrétaire, de manière à pouvoir tous les jours, avant midi, payer l'argent que nous avons perdu la veille: c'est-à-dire que de notre demi-million nous avons fait une bourse de jeu; tu me diras que c'est peu.

— Mais non.

— Si tu étais de notre monde, tu dirais que ce n'est rien; seulement, ce qui n'est rien dans certaines mains est quelque chose dans d'autres. Or les nôtres ne sont pas trop maladroites; on ne mange pas deux millions, tu dois le comprendre, sans s'aiguiser les dents; on ne vit pas comme de Sainte-Austreberthe a vécu depuis son enfance auprès d'un père comme le sien, dans

un milieu comme celui qui l'environne, sans apprendre la vie. On ne naît pas d'un père breton et d'une mère normande, comme de Plouha, sans recevoir d'eux une certaine dose de volonté et quelque peu de finesse. Eh bien, tout cela, nous l'avons mis dans notre association, et c'est un appoint qui compense la faiblesse de notre capital. Ainsi nous allons.

— Où allez-vous?

— Là n'est pas la question En fait, depuis deux ans nous avons été, voilà ce qu'on peut dire. Quant à l'avenir, tu sais, c'est un bourgeois. Nous autres, nous ne nous occupons pas de l'avenir, et cela est si bien dans nos habitudes que nous vivons régulièrement au jour le jour: tous les matins, en déjeunant, nous réglons la dépense qui a été faite dans la journée de la veille: le cocher, le valet de chambre, le cuisinier reçoivent ce qu'ils ont payé pour nous; notre loyer est versé d'avance; la Sainte-Barbe peut sauter.

— Et si elle saute?

— Elle peut sauter; mais, en réalité, elle ne le doit pas; au moins nous faisons tout pour que cette catastrophe n'arrive pas. C'est ainsi que nous nous sommes partagé le travail, choisissant d'après nos aptitudes. De Plouha a pris le tir aux pigeons.

— En quoi tirer sur des pigeons est-il un travail, je te prie?

— As-tu vu des revues quelquefois, j'entends des revues au Palais-Royal ou aux Variétés dans lesquelles il y a un bon bourgeois qu'une fée promène en lui expliquant ce qui défile sous ses yeux. Eh bien, tu me fais absolument l'effet de ce bon bourgeois; tu poses des questions, ma parole d'honneur, honteuses.

— Dis tout de suite que je te fais pitié; mais sois indulgent pour un pauvre diable qui n'est pas né, qui a travaillé toute sa vie, et qui n'a pas eu le temps de compléter son éducation.

— C'est pour cela que, de gré ou de force, je t'emmène; je ne veux pas qu'un garçon intelligent comme toi soit plus bête que moi. Nous aurons ce soir Naïma-Effendi et probablement Altaras, dont tous les journaux ont parlé dernièrement quand il a fait sauter les banques de Hombourg et de

Wiesbaden; ils voudront jouer l'un contre l'autre, cela t'amusera. Comme de Sainte-Austreberthe va avoir un procès, je te présenterai à lui s'il n'est pas sous le suaire.

Hélouis s'arrêta.

— N'aie pas peur, il ne sera pas mort et tu n'auras pas perdu ton client avant d'avoir travaillé pour lui.

— De quel suaire parles-tu?

— Nous partons demain soir pour des courses en province, où de Sainte-Austreberthe doit monter. Moi, depuis quinze jours, je me suis entraîné: levé à cinq heures, j'endosse quatre costumes de flanelle s'adaptant l'un sur l'autre, je pousse une course dans le bois, et ça me donne une bonne suée; en rentrant, j'avale trois ou quatre tasses de thé, et, dans la journée, je ne mange que de la viande rôtie, sans pain et sans légumes; avec ce régime, je me tiens en condition. Mais Sainte-Austreberthe n'a pas la vocation; il dédaigne ce régime, qui est le seul vrai, le seul bon parce qu'il fortifie au lieu d'affaiblir, et pour monter à 63 kilogrammes il faut qu'il se fasse maigrir; alors il est obligé de recourir au suaire, qui est un grand manteau, un peignoir en caoutchouc fermant hermétiquement au cou; quand on l'a endossé, on s'assied sur une chaise, on allume quatre lampes, qu'on pose aux quatre coins, et l'on reste là.

— Je comprends, on cuit à l'étuvée.

— Comme le veau, ni plus ni moins; la chaleur ne tarde pas à vous faire fondre, c'est ainsi qu'on arrive à ne peser que ce qu'on veut; quand on sort de là-dessous, il ne vous reste plus que les os, le sang et les muscles.

— Mon cher, voilà qui me décide; je t'accompagne; votre monde m'attire.

Tournant sur eux-mêmes, ils se dirigèrent vers la Madeleine.

II.

Les relations de d'Ypréau et d'Hélouis n'avaient pas commencé par la sympathie.

L'un, fils de paysans, piocheur au collége, prix d'honneur au grand concours, était lourd de manières, sérieux d'esprit, discret par embarras, timide par dignité.

L'autre, d'une vieille famille de magistrats anoblie sous Louis XIII, orgueilleux de son origine avec les bourgeois, honteux avec les fils des croisés, gonflé de sa fortune, était hautain, paresseux, d'une parfaite ignorance pour tout ce qui n'était pas cheval, monde et théâtre.

En se trouvant en contact dans l'étude de Têtevuide, où Hélouis était maître clerc et où d'Ypréau arrivait pour passer un an ou deux, contraint par son tuteur à ce travail qui l'humiliait, ils ne s'étaient point sentis attirés l'un vers l'autre, et très probablement ils en seraient restés à l'antipathie, si une intervention amicale ne les avait rapprochés et bientôt après unis.

Peu de jours après d'Ypréau, était entré dans l'étude Têtevuide un autre clerc amateur nommé Cénéri d'Eturquerais. Pas plus que d'Ypréau celui-là n'était destiné à devenir jamais avoué, et son père, le comte d'Eturquerais, le forçait à travailler dans une étude pour que, tout en suivant ses cours de droit le matin, il eût une occupation réglée qui le tînt à la chaîne pendant les heures de l'après-midi; pour le comte, c'était le meilleur préservatif contre les entraînements de la jeunesse, et comme il voyait les dispositions de son fils, il l'avait sévèrement recommandé à Têtevuide et à Hélouis. C'était ce qu'on appelle en Normandie un *folligas*, gai, évaporé, causant sur tous sujets, se souciant de quoi que ce fût, exécrant toute occupation régulière, ardent au plaisir, avec cela sympathique au premier regard, et, quand on le connaissait mieux, vous gagnant rapidement par sa générosité et sa droiture.

Pour cette nature qui contrastait si profondément avec la sienne, Hélouis s'était tout de suite épris d'une vive amitié, et comme Cénéri et d'Ypréau vivaient en camarades, il s'était ainsi trouvé rapproché de celui-ci.

Pendant deux années ils étaient restés ensemble; puis un matin d'Ypréau était arrivé en bottes molles, la cravache à la main, tandis qu'un groom tenait son cheval à la porte de la rue; il avait depuis quelques jours hérité d'un oncle qui lui laissait deux millions, et comme il allait dans six semaines atteindre sa majorité, il avait emprunté une trentaine de mille francs pour vivre jusque-là; lesté de ce viatique, il venait faire ses adieux à la *boutique* Têtevuide, et inviter les clercs à un dîner qui est resté célèbre dans l'histoire de l'étude; chaque nouveau en reçoit le récit du dernier venu et le transmet à celui qui arrive après lui. Il se termine par cette phrase obligée: « Cette histoire, jeune homme, ne vous est pas racontée pour vous faire venir l'eau à la bouche et ainsi vous dégoûter du mouton aux pommes de terre ou du bœuf aux cornichons que notre patron, dans sa générosité prodigue, nous octroie tous les matins; elle a un but plus élevé, et sa morale la voici: Si jamais la fortune vous sourit, si vous héritez de deux millions et même si vous héritez de quatre ou de six, n'oubliez pas que de par la tradition et les lois du savoir-vivre, notamment celles qui sont inscrites aux chapitres *gula* et *venter*, vous êtes obligé de suivre l'exemple de l'excellentissime d'Ypréau, bienfaiteur de cette étude. C'est la grâce que je vous souhaite. »

Le premier usage que d'Ypréau avait fait de sa fortune avait été de mettre 50,000 fr. à la disposition de son ami Cénéri, et celui-ci, rompant avec son père, avait à son tour abandonné l'étude Têtevuide pour se jeter à corps perdu dans le plaisir. A sa majorité il devait avoir la fortune de sa mère, qui était considérable; d'Ypréau lui permettait de l'escompter.

Naturellement Hélouis n'avait pas entretenu des relations suivies avec ses anciens camarades; de temps en temps seulement Cénéri venait le prendre le soir et l'emmenait dîner avec lui.

— Ainsi, dit Hélouis marchant à côté de d'Ypréau, c'est avec 300,000 fr. que nous commençons tous deux la vie; seulement, toi c'est 300,000 fr. de capital et moi c'est 300,000 fr. de dette. Mais je n'en suis pas trop inquiet, avec du travail on les paiera. Le tout est de pouvoir travailler; et, pour le moment c'est là le difficile. Depuis douze ans je n'ai pas quitté Paris, et l'air méphitique de nos études, l'ordinaire de nos cuisines ont détraqué ma machine. Il me faut un voyage à pied, marcher, me fatiguer et dérouiller mes muscles. Voilà pourquoi je quitte Paris pour quelques jours, et

voilà pourquoi aussi j'ai acheté un *Guide en Bretagne*. Moi, je ne vais pas à l'aventure; avant de partir, il faut que je sache où j'irai, par où je passerai, ce que j'aurai à voir.

Ils tournaient le coin de la place de la Madeleine et de la rue Royale, lorsqu'une jeune femme, qui sortait du restaurant au bras d'un petit homme sec, que son teint bistré, sa barbe noire et crêpue, les pierreries qui brillaient à ses doigts, faisaient reconnaître pour un natif de l'Amérique du Sud, appela d'Ypréau par son nom, et vint à sa rencontre, pendant que l'Américain s'arrêtait étonné.

— Mon bon d'Ypréau, dit-elle d'une voix câline, il faut que vous me rendiez le service de venir voir mes deux poneys; je ne sais pas ce qu'ils ont, ils ne veulent pas manger.

— Et ton vétérinaire, ma petite Flora?

— Ne m'en parlez pas, c'est des ânes qui soignent des chevaux; je n'ai confiance qu'en vous.

— Tu tiens donc bien à tes poneys?

— C'te bêtise; quand je vais au bois avec mes purs-sang, je reviens quelquefois bredouille; quand j'y vais avec mes poneys que je conduis moi-même, je ne manque jamais le soir de faire la connaissance de cinq ou six nobles étrangers qui veulent m'être présentés.

— Peux-tu dire de pareilles horreurs, petit monstre, et encore devant mon ami; tu ne vois donc pas que c'est un homme sérieux.

— Ça c'est drôle, la morale de M. d'Ypréau; si c'était imprimé, ça se vendrait cher; moi, je cherche mon dîner au bois; vous, au cercle, vous attendez qu'un joueur veuille ponter; ne faites donc pas le fier avec le pauvre monde

— Bien rué, ma jolie pouliche! Pour la peine, j'irai voir demain tes malades.

— Pour vous remercier, je vous mettrai dans mes Mémoires.

Joyeuse et souriante, elle retourna prendre le bras de son cavalier, qui, sous sa figure pâlie, laissait voir sa colère.

D'Ypréau riait aux éclats; Hélouis était plus que sérieux.

— Sais-tu à quoi je pense, dit-il tout à

soup, c'est qu'avec ton nom, la famille à laquelle tu appartiens, l'éducation que tu as reçue, tes idées, tes relations, tes attaches, ton évêque aurait pu facilement te marier à l'une des dix ou douze héritières qu'il élève pour les gens dévoués à la bonne cause: bien né, riche, protégé par le clergé, à quoi n'aurais-tu pas pu prétendre? Cette vie-là en province eût bien valu celle que tu mènes à Paris.

— Il sera toujours temps d'en arriver à cette extrémité.

Après avoir dépassé le rond-point, ils s'arrêtèrent devant un petit hôtel séparé de l'avenue par une cour sablée. Un valet de pied en grande livrée se tenait sous le vestibule.

— Il n'y a encore personne de ces messieurs? demanda d'Ypréau.

— Non, Monsieur, mais M. le baron Friardel est venu dans la journée; il est revenu il y a un quart d'heure, et il attend Monsieur dans le fumoir.

— Parbleu, fit d'Ypréau se tournant vers Hélouis, c'est une chance que tu te rencontres avec lui, je suis bien aise que tu voies quel fichu bonhomme Cénéri a pour beau-frère.

— Mais...

— Jamais je n'ai eu rien de particulier avec lui, jamais je n'aurai rien, tu ne seras pas indiscret; d'ailleurs avec ces gens-là délicatesse serait niaiserie. Entre, et tu vas voir.

Un petit homme bellot de trente-huit à quarante ans vint à leur rencontre avec force protestations de joie et d'amitié pour d'Ypréau, avec un salut caressant pour Hélouis.

L'échange de politesse fut fort long, car Friardel avait un tel plaisir à revoir son cher d'Ypréau, qu'il ne pouvait comprimer son expansion. Enfin, il se décida à aborder le sujet de sa visite.

— C'est un service que je viens vous demander, dit-il en prenant la main de d'Ypréau et en la tapotant dans la sienne, un vrai service; voulez-vous monter Satan aux courses de Condé-le-Châtel?

— Mais, mon cher, je pars demain en province, et je monte dans un steeple.

— Eh bien, mes courses n'ont lieu que de lundi en huit, vous avez tout le temps de revenir; d'ailleurs on m'avait dit que vous deviez y assister avec Sainte-Austreberthe.

— C'est-à-dire qu'il n'y a jusqu'à présent rien de décidé.

— Franchement, je suis heureux de ce que vous dites là, parce que, si vous venez, ce sera pour moi, et je vous devrai toute ma reconnaissance. Je veux que vous gagniez notre steeple, j'ai préparé Satan en vue de cette course; vous avez dû remarquer que je ne l'ai pas fait courir de l'année; avec vous sur son dos nous avons toutes les chances pour nous.

— Combien porte-t-il?

— Le Top Weight, 78 kilogrammes; mais il a gagné le Croydon avec plus de poids que cela; vous savez comme il est solide sur les obstacles; il n'a jamais hésité, jamais fait une faute; si vous me promettez de le monter, il portera tous mes paris, et ce sera une affaire sûre.

— Pourquoi ne le donnez-vous pas à Forster? il monte mieux que moi.

— Ah! mon ami, vous m'obligez à vous faire rougir; ce n'est pas vrai, Forster ne monte pas mieux que vous; il a peut-être plus de patience que vous, mais vous avez plus de solidité, plus d'intrépidité que lui; s'il est le meilleur gentleman-rider de l'Angleterre, vous, vous êtes le meilleur de la France; et voilà pourquoi je veux que vous montiez Satan; il manque à votre réputation d'avoir gagné le steeple de Condé-le-Châtel; je serai le plus heureux homme du monde de vous procurer cet honneur et cette joie.

— Et Mme Forster, que dira-t-elle?

— Méchante langue: Mme Forster ne dira rien, parce qu'elle ne doit rien dire, d'ailleurs Forster montera pour moi ma jument Lune-de-Miel, qui courra non pour gagner, mais pour prendre une leçon.

— Est-ce que Cénéri n'a pas un cheval dans la course?

Hélouis ne prenait guère d'intérêt à cette conversation, et il regardait Friardel plutôt qu'il ne l'écoutait. Tout d'abord il lui avait paru assez insignifiant; un gentillâtre campagnard, chétif et finaud; mais en parlant, ce gentillâtre, par ses gestes, ses regards, le ton de sa voix, ses manières doucereuses et câlines, accusait une personnalité: on sentait qu'on avait affaire à un homme, et l'on se sentait d'autant plus mal à l'aise, qu'il était impossible de deviner quel homme c'était. Bon? son accueil ouvert semblait l'indiquer. Méchant? cela pouvait bien être si l'on remarquait ses lèvres minces et ses yeux de pie; dans tous les cas, un homme de volonté, actif et entreprenant; pour cela il n'y· avait pas de doute possible.

Au nom de Cénéri, jeté dans l'entretien, Hélouis devint plus attentif.

— Oui, poursuivit Friardel, il fait partir un cheval, *Nélombo*, que vous avez peut-être vu en courses plates, où il ne pouvait pas suivre le train. On dit qu'il saute bien; mais je ne lui crois aucune chance. Il n'a encore couru qu'une fois en Bretagne; il a gagné, c'est vrai; mais il n'avait rien à battre. Ainsi, *Satan* et *Lune-de-Miel* à moi, *Nélombo* à Cénéri, *Queen-of-Trumps*, au colonel Gibson *Escamoteur*, à Chicot-Palluel; *Housemaid*, au duc! voilà très probablement lo champ, avec quatre ou cinq *outsiders* qui ne feront pas la moitié du parcours. *Escamoteur* et *Housemaid* sont bons, mais à deux livres de poids *Satan* doit les battre; vous voyez que votre succès est certain. Allons, dites un mot.

D'Ypréau se fit longtemps prier, demanda des explications, parla de poids léger, de *Top-Weight*, de banquette, de rivière, de *bull-finche*, tous mots parfaitement incompréhensibles pour Hélouis, et finalement donna sa parole d'assez mauvaise grâce.

Friardel la reçut avec béatitude. Dans l'expression de son contentement, il semblait qu'il allait embrasser d'Ypréau; néanmoins il se contenta de lui tapoter la main avec frénésie.

— De cette victoire, dit-il en se levant, datera, j'espère, notre amitié. J'ai pour vous la plus vive sympathie, pour votre mérite, pour votre caractère; vous m'écrirez quand vous partirez de Paris, je serai au-devant de vous à la gare; bien entendu, tout le temps de votre séjour à Condé-le-Châtel ma maison sera la vôtre; ah! là-dessus je n'écoute rien; n'ayez pas trop peur

de vous ennuyer, je vous trouverai des distractions.

Et, après avoir salué Hélouis, il se dirigea vers la porte; mais, prêt à la franchir, il s'arrêta.

— Ah! j'allais oublier, dit-il en baissant la voix, j'ai encore un service à vous demander.

Pour ne pas être indiscret, Hélouis se retourna et se mit à examiner d'un œil attentif l'ensemble du fumoir.

C'était une assez grande pièce ovale, prenant jour par trois fenêtres garnies de vitraux armoriés; les tentures de ces fenêtres et des portes répétaient les écussons des armoiries. Un tapis turc, posé sur un autre tapis qui lui faisait doublure, enfonçait sous le pied comme l'herbe d'une prairie au mois de mai. Aux murs, tendus d'un cuir brun estompé, on ne voyait ni tableaux ni gravures; sur leur nudité se détachaient seulement une espèce de bibliothèque et deux petits dressoirs.

Comme l'entretien se prolongeait à voix étouffée, Hélouis, pour se donner une contenance, se dirigea vers cette bibliothèque dans l'intention de prendre un livre où il pût paraître s'enfoncer; il n'en trouva point, car, derrière les glaces de cette fausse bibliothèque, c'était une collection complète de tous les cigares qui se fabriquent dans le monde, qui était tassée en ordre et étiquetée. Sur l'un des dressoirs étaient rangés des pots en terre, en faïence, en porcelaine, en marbre, en cristal, en bois, pleins des différents tabacs connus; sur l'autre, des pipes étaient appliquées; une tablette était réservée aux pipes en écume, une autre aux pipes en terre, une autre aux narguilhés. Sur deux petites tables roulantes placées à chaque angle de la cheminée, il n'y avait ni livres ni journaux; mais sur l'une un cabaret à liqueurs, sur l'autre un immense pot à bière entouré de verres de Transylvanie.

Hélouis était en train de suivre les guirlandes bariolées que les chibouks enroulaient comme les anneaux d'un serpent autour des dressoirs, lorsqu'il s'entendit appeler par d'Ypréau, et en même temps celui-ci se rapprocha, suivi de Friardel.

— Croirai-tu, s'écria-t-il, que Cénéri a

l'esprit dérangé? C'est au moins ce que
M. le baron Friardel, son beau-frère, me
dit.

— Ce que je crains, interrompit celui-ci.

— C'est impossible! fit Hélouis.

— Vous le connaissez? demanda Friardel, en l'examinant d'un coup d'œil per-
çant.

— J'ai été son camarade.

— Eh bien, Monsieur, nous qui sommes
ses parents, ses meilleurs amis, nous disons
comme vous qui le connaissez sans doute
moins: c'est impossible, et cependant il y
a dans ses habitudes, dans ses manières,
dans son état général quelque chose de
troublé et d'incohérent qui nous inquiète.
Voilà pourquoi je demandais à ce cher
d'Ypréau, dont je connais l'amitié pour
mon pauvre beau-frère, s'il n'a point conservé des lettres de celui-ci. Vous pensez
que nous n'avons pas été sans consulter les
médecins; mais il est fort difficile de se
prononcer sur l'état d'un malade qu'on ne
voit pas. Tous demandent quelque chose de
plus précis, de plus positif que des paroles,
par exemple une correspondance sur laquelle il serait possible de suivre pas à
pas la marche du mal, s'il existe réellement.

— Mais enfin en quoi consiste-t-il ce
mal? demanda Hélouis.

Friardel leva les yeux au ciel avec une
expression qui disait clairement qu'on lui
demandait là des explications trop cruelles
pour sa sensibilité; puis il se tourna vers
d'Ypréau comme pour le prier de lui épargner la douleur de ce récit qui, une première fois, l'avait brisé.

— Il paraît, dit celui-ci, que Cénéri fait
atteler des hommes à des chariots et leur
donne des fardeaux à traîner en les conduisant le fouet à la main.

— Mais tous les jours, interrompit Hélouis, cela se fait ainsi dans les travaux de
terrassement; et j'ai vu dans des villes de
province les pauvres des hospices attelés à
des tombereaux.

Friardel, à cette objection, retrouva la
parole.

— Assurément, fit-il avec tristesse; seulement, ce qui caractérise la manie chez

Cénéri, c'est que ces transports par des
hommes n'ont pour lui ni but ni utilité, car
après les hommes il attelle des chevaux,
après les chevaux des bœufs, après les
bœufs des ânes; c'est tout simplement pour
lui un plaisir; et un pareil plaisir, par malheur, semble bien indiquer un trouble dans
les idées. Au reste, si je vous parle de cette manie plutôt que d'une autre, c'est qu'elle nous a été révélée par les hommes mêmes qui avaient traîné ces chariots et par
tous les gens du pays; car pour nous, son
père, sa sœur et moi, nous ne le voyons
plus, pour ainsi dire. Depuis qu'il a introduit chez lui une espèce de gourgandine,
nous avons été forcés de renoncer à l'aller
voir, et elle a si bien fait, qu'elle est arrivée à l'empêcher de venir chez nous.

— Quelle est donc au juste cette femme?
demanda d'Ypréau, je l'ai vue une seule
fois aux courses de Rennes, il y a un an;
elle est très jolie et elle paraît tout à fait
honnête.

— Une fille qui courait le cachet, une
maîtresse de piano, qu'il a connue par hasard; il l'adore, et elle a pris sur lui un pouvoir absolu; elle a eu l'adresse d'en avoir
un enfant.

— Est-ce qu'il veut l'épouser? interrompit Hélouis.

— Est-ce qu'on épouse ces femmes-là?
D'ailleurs, quand même il le voudrait, M.
d'Eturquerais ne donnerait pas son consentement.

— Cénéri est d'âge à s'en passer, il me
semble.

C'était Hélouis qui avait lâché cette observation. Friardel, qui l'avait longuement
observé, sentit qu'il avait devant lui un
auditeur hostile; il voulut lui répondre de
manière à lui clore la bouche; cela paraissait facile, car l'avoué, qui n'était pas connu comme avoué, avait pris un air niais et
vide.

— Dans notre monde, dit-il d'un ton rogue, l'âge ne fait rien au respect qu'on
doit à ses pères; Cénéri n'aurait garde d'y
manquer en recourant, contre l'opposition de son vénéré père, aux subtilités de
la loi.

— Ah! bien, tant mieux! fit Hélouis, d'un
ton bonhomme, je suis heureux de voir

que vous ne le croyez pas si fou que vous nous le disiez. Pauvre Cénéri! ça me désolait.

Friardel comprit qu'on lui avait tendu un piège; il ne savait en présence de qui il se trouvait; il ne voulut pas prolonger un entretien qui prenait une pareille tournure.

— Ainsi c'est entendu, n'est-ce pas, mon cher d'Ypréau, dit-il en s'adressant à celui-ci, vous voudrez bien prendre la peine de chercher dans vos papiers, et si vous trouvez des lettres de Cénéri qui ne renferment rien de trop intime, vous nous rendrez le service de nous les communiquer lors de votre voyage à Condé-le-Châtel; c'est peut-être sa santé que vous avez entre les mains. Pauvre garçon, il nous inquiète bien. Son vieux père se désole; ma femme en est toute nerveuse. Une si bonne nature, un cœur si droit; cette maudite femme est cause de tout, j'en suis sûr.

Sa voix était tremblante; il se dirigea vers la porte; d'Ypréau le retint.

— Restez donc avec nous ce soir, dit-il, nous avons quelques amis, Naïma-Effendi, Altaras, le comte La Briffe, on va tailler un bac.

— C'est bien tentant; mais, vous savez, je ne joue jamais.

— Qu'à coup sûr, acheva d'Ypréau.

— Charmant, charmant, et il se mit à rire en tapotant les mains de d'Ypréau.

En traversant la cour il riait encore.

— Eh bien! firent les deux camarades lorsqu'ils se trouvèrent seuls.

— Comment, s'écria d'Ypréau, tu ne me remercies pas de t'avoir fait connaître un si curieux personnage.

— L'affaire est claire, dit Hélouis, ce rusé matois, affable et doux, prépare quelque machination contre d'Eturquerais.

— Tu ne crois plus que la fortune de sa mère peut le mettre à l'abri des mauvais tours de son beau-frère?

— Je crois qu'on veut le faire déshériter par son père, très probablement lui nommer un conseil judiciaire, peut-être même l'interdire.

— Oh! oh!

— Mon cher, pardonne-moi ce que je vais te demander; tu sais, je ne suis pas au courant des usages de votre monde;

c'est un honneur qu'on te fait en te proposant de monter *Satan*, n'est-ce pas?

— Oui, et un avantage, puisque, si j'arrive premier, je serai dans les paris du baron.

— Eh bien! cette proposition n'avait d'autre but que de te disposer à livrer les lettres de Cénéri.

— Parbleu! je le vois maintenant; c'est une malice un peu bête; il est vrai que si tu n'avais pas été là, je m'y serais peut-être laissé prendre. Mais quel diable de parti pourraient-ils tirer de ces lettres?

— On tire d'une lettre tout ce qu'on veut, avec un peu d'habileté et de fausseté, j'entends; or, le baron Friardel me paraît posséder ces deux qualités à un très haut point. Ainsi cette histoire d'hommes attelés à des chariots...

— Crois-tu qu'elle est inventée?

— Non, elle doit être vraie; au fond, je suis sûr qu'elle est réelle; seulement je parierais tout ce qu'on voudra que les choses ne se sont pas passées telles qu'il le dit, et par conséquent que les conclusions qu'il en tire ne sont pas celles qui en ressortent. Nous connaissons ce procédé, c'est l'*a b c* du métier.

— Cependant, si c'était vrai; si ce pauvre garçon avait l'esprit dérangé; il a toujours été fantastique; tu sais combien il avait la tête chaude; il n'y aurait rien d'étonnant à ce que, tourmenté, exaspéré par Friardel, il n'eût éclaté.

— Condé-le-Châtel est sur la route de Bretagne, n'est-ce pas?

— Pas précisément, mais à peu près.

— Eh bien, je verrai Cénéri, toi-même tu vas aller à Condé-le-Châtel; nous nous arrangerons pour nous y trouver ensemble et juger par nos yeux. Si tout ce que prétend le baron Friardel est vrai, il faudra bien abandonner Cénéri à son malheur; si au contraire, comme j'en ai le pressentiment, il n'y a dans tout cela rien de sérieux, nous verrons à le défendre. Bien entendu ne livre tes lettres à aucun prix.

— Sois tranquille, Friardel me paiera le piège qu'il a voulu me tendre; je monterai *Satan* parce qu'il faut tenir sa parole quand même, mais si je gagne, ce qui paraît probable, je ferai cadeau de mes paris à l'enfaut de Cénéri. Vois-tu d'ici la figure de Friardel? Allons, on pourra s'amuser un peu.

Depuis quelque temps déjà on entendait un murmure confus de voix dans le salon sur lequel le fumoir ouvrait une de ses portes.

— Je crois que ton monde est arrivé, dit Hélouis; je te laisse et vais me coucher pour me lever demain de bonne heure.

— Et souper?

— Merci pour ce soir; mon voyage à Condé-le-Châtel change toutes mes dispositions; pour me rencontrer avec toi je serai forcé de partir deux jours plus tôt que je ne pensais, et il faut que je prépare mes affaire en conséquence.

— Entre toujours cinq minutes, que je te mette en rapport avec Sainte-Austreberthe; il doit être maintenant descendu.

Sans attendre de réponse, il écarta la tenture et ouvrit la porte.

Le salon était faiblement éclairé par trois ou quatre lampes qui concentraient la lumière sur une grande table ovale recouverte d'un tapis vert; autour de cette table une douzaine de joueurs; ils étaient tellement attentifs à la partie que personne ne leva les yeux sur les nouveaux venus.

— Fais-moi connaître un peu ton monde, dit Hélouis en retenant d'Ypréau dans l'ombre, et mets-moi à l'abri des maladresses si je dois ouvrir la bouche.

— Celui qui est en face de nous et qui tient les cartes est Sainte-Austreberthe.

A ce moment Sainte-Austreberthe abattit une carte; il y eut une explosion de murmures parmi les joueurs.

— C'est trop fort, s'écria une voix; voilà mille louis que je perds, je suis décavé.

Aux murmures succédèrent quelque rires.

— Celui qui vient de parler, poursuivit d'Ypréau à voix basse, est Guéhenno, un Breton, un charmant garçon. A droite de Sainte-Austreberthe est Naïma-Effendi.

— Ça, ce gros homme clignotant, il est horrible.

— On a dit que la nature l'avait fait naître sanglier et que la civilisation l'avait fait devenir porc, tu vois si c'est vrai. A gauche de Sainte-Austreberthe, est le comte La Briffe.

— Est-ce qu'il a vraiment de la fortune ?

— Il dit lui-même que son père ne lui a laissé que vingt-cinq mille francs de rente, et que depuis sa majorité il n'a jamais dépensé moins de quatre cent mille francs par an.

— Comment ça?

— Ah! voilà! Le grand blond, là au bout, est M. Noakes, un Américain. Tu vas voir tout à l'heure son groom lui apporter un révolver. Est-ce pour se brûler la cervelle s'il perd, ou défendre son gain s'il gagne ? On n'a jamais pu savoir. Mais c'est comme cela tous les soirs et dans toutes les maisons.

Pendant cette conversation, Sainte-Austreberthe avait perdu, et les cartes étaient passées aux mains de Naïma-Effendi.

— Je tiens tout ce qu'on voudra, dit-il d'une voix grave, cinq mille, dix mille.

— *Banco!* dit le comte La Briffe.

Guéhenno s'était approché de d'Ypréau et lui serrait la main.

— Je te croyais en Bretagne pour l'été, dit celui-ci.

— Ah! mon pauvre enfant, est-ce qu'il y a moyen d'habiter la campagne maintenant? figure-toi qu'une fille de basse-cour demande cent francs par an, est-ce possible? Arrivé le samedi, j'ai couru le dimanche chez le notaire lui dire de vendre tout de suite le château de mes ancêtres; ma foi, tant pis!

Hélouis regarda avec une stupéfaction vraiment comique ce jeune gentilhomme qui venait de perdre vingt mille francs sur un coup de cartes et qui vendait son domaine héréditaire pour ne pas donner cent francs de gages à une servante. Mais il n'eut pas le temps de s'absorber dans ses réflexions, son attention fut attirée par le jeu. D'Ypreau et Guéhenno s'étaient approchés de la table. Naïma-Effendi avait déjà passé quatre fois.

— Cent soixante mille francs, disait-il de sa même voix lente et épaisse.

Ce n'était plus un jeu, c'était un duel, et pour la galerie un spectacle. Tous les yeux étaient collés sur le drap vert. Naïma caraissait les cartes du dos de sa main droite

et leur donnait en riant des noms d'amitié :
« Ah! ma belle, ah! ma petite cocotte ! »
La Briffe, immobile sur sa chaise, ne disait
rien.

Naïma tourna les cartes. Un seul mot
sortit de toutes les poitrines:

— Gagné!

— Trois cent vingt mille, dit Naïma, voulez-vous?

— Banco! répéta La Briffe.

Il ne bougea pas sur sa chaise, seulement il passa ses doigts entre le col de sa
chemise et son cou; évidemment sa respiration était gênée.

Naïma ne laissa pas l'anxiété s'exaspérer. Il n'avait pas tourné la carte décisive
qu'un rire formidable s'échappa de sa large
poitrine; il se renversa sur sa chaise et l'on
vit son gros ventre tressauter.

— C'est bien, dit La Briffe pâle et froid,
demain, avant-midi, je ferai remettre chez
vous six cent quarante mille francs.

— Messieurs, dit Naïma, il y a quatre
millions à la Banque.

Personne ne répondit.

Hélouis paraissait plus ému que le comte
La Briffe; il courut à d'Ypréau.

— Adieu, dit-il.

— Tu t'en vas?

— Je deviendrais fou à vous voir.

Il se dirigea vers la porte, suivi de d'Y-
préau.

A ce moment Naïma éleva la voix:

— Si vous ne voulez plus du baccarat, je
vous fais « une chouette » à l'écarté.

Hélouis était déjà dans le vestibule; à la
façon dont il endossa son pardessus on eût
pu croire qu'il avait perdu la tête. Tout à
coup il s'arrêta, et prenant d'Ypréau par
le bouton de son gilet:

— Dire, fit-il d'une voix sourde, que vous
êtes là une douzaine de jeunes gens portant les plus grands noms de France, et que
vos seules émotions, vos seules préoccupa-
tions, c'est de savoir s'il tournera pique ou
trèfle; et cela tous les soirs ainsi; comme ça
doit rendre l'intelligence haute et le cœur
fier! Quelle drôle de vie! Sais-tu à quoi je
pensais durant cette partie? sais-tu ce que
je regrettais? c'est que ce ne fût pas toi qui
perdisse ces six cent quarante mille francs,
parce que, tout à fait ruiné, tu serais forcé

de travailler pour vivre, et que tu rede-
viendrais homme.

D'Ypréau se mit à rire en haussant les
épaules.

— Tu ris, malheureux! adieu!

Mais revenant sur ses pas:

— Si tu n'as pas perdu tout sens moral,
souviens-toi que de lundi en huit nous devons nous trouver à Condé le-Châtel.

— Sois tranquille, le plaisir avant tout,
mais au-dessus du plaisir l'amitié et l'honneur.

III.

L'une des plus jolies petites villes de
l'ouest de la France est certainement Condé-
le-Châtel.

Bâtie au milieu d'une vallée ouverte, elle
est arrosée par l'Audon, qui s'arrondit en
cet endroit et lui fait une sorte de clôture
liquide. Le peu de profondeur de la rivière
et la paresse du courant n'ont pas permis
l'établissement de moulins et de machines
hydrauliques, si bien que l'eau s'écoule limpide, se divisant çà et là pour entourer de
petites îles plantées de saules et de peupliers.

A l'aise dans cette presqu'île, la ville n'a
pas dépassé son enceinte naturelle; les
maisons se sont arrêtées à la rivière et de
leurs terrasses qui trempent leurs pieds
dans le courant, l'œil s'étend librement sur
les prairies environnantes, toujours pleines
de bœufs et de jumens suitées de leurs poulains.

A cette heureuse position Condé-le-Châtel doit une physionomie qu'on ne retrouve
guère qu'à Nogent-le-Rotrou: c'est à la fois
une ville et un village. Le caractère de
ville, elle le doit à sa population, à ses magasins, à son tribunal, à sa sous-préfecture;
le caractère de village, elle le doit à ses
jardins et à ses rues plantées de tilleuls et
bordées de fossés d'eau courante. C'est
vraiment le pays de la verdure, et lorsque
du haut des tours du vieux château on regarde autour de soi, on voit plus de feuilles
que d'ardoises, plus de cimes d'arbres que
de combles de maisons.

Bâti en forme de trapèze sur un petit
monticule, c'est ce château qui a donné son

nom à la ville. Autrefois c'était un apanage des Juveigneurs ou branche cadette des comtes du Perche; aujourd'hui c'est le siége du tribunal, de la mairie et de tous les services publics et administratifs de l'arrondissement.

Comme toujours, cette appropriation d'un monument construit au moyen âge pour la guerre, aux usages de la vie moderne, s'est faite au détriment du caractère historique; cependant lorsque de loin, en arrivant par les routes de la vallée, on aperçoit ses tours qui dressent au-dessus des clochers de la ville leurs toits en poivrière, lorsqu'en approchant on distingue dans les détails sa masse imposante, on voit que, malgré les dévastations de la guerre et des âges, c'est encore une de nos plus belles ruines féodales.

Il n'était pas encore six heures du matin lorsque Hélouis, du haut de la diligence, aperçut les tours du vieux château rougies par les rayons du soleil levant. Depuis plus de deux heures il était en voiture, car, situé à égale distance des deux grandes lignes de Normandie et de Bretagne, Condé-le-Châtel n'a point de chemin de fer, et probablement il n'en aura jamais. Les propriétaires n'en désirent pas, « cela fait augmenter les vivres », disent-ils; et comme les produits de leurs terres consistent en bœufs gras et en chevaux; ils n'ont pas besoin de moyens de transport pour les expédier au loin; « c'est de la marchandise qui marche elle-même », disent-ils encore.

Son premier soin, en descendant dans la cour du *Bœuf couronné*, fut de demander à quelle distance se trouvait le Camp Héroult et quelle route y conduisait.

— La distance? deux lieues. La route? prendre à droite en sortant de la ville, tourner à gauche, traverser la rivière, tourner à droite; un chemin pour le diable.

— Si difficile qu'il soit, interrompit-il, je ne veux pas de voiture; n'essayez donc pas de me faire croire que j'en ai besoin. Prendre à droite d'abord, dites-vous, merci; après je demanderai, j'ai une langue et des yeux.

Et il s'engagea dans la rue qui lui avait été indiquée, au grand étonnement de l'aubergiste, interloqué d'avoir trouvé un monsieur aussi paysan que lui pour la finauderie.

En cinq minutes il fut hors la ville; le brouillard montait doucement le long des peupliers dont les cîmes restaient encore encapuchonnées d'un nuage de fumée blanche; les herbes de la prairie étaient ruisselantes de rosée, et quand les bœufs levaient la tête, l'eau, en deux filets de bave, roulait de leurs mufles noirs. Bientôt la route s'éloigna de la rivière, et, au lieu de suivre les prairies, coupa à travers des terrains accidentés. Les champs étaient divisés par des berges de terre plantées de haies vives et d'arbres de haute tige, chênes, hêtres, châtaigniers, et cette confusion de feuillage, vue de loin, donnait au pays l'aspect d'une forêt bien aménagée.

Elevé dans la Beauce, d'où il n'était sorti que pour venir à Paris, Hélouis était habitué aux plaines plates, aux chemins nus, aux fermes enfermées entre quatre murailles blanches; il n'avait aucune idée d'un pays si vert et si touffu. Au lieu de grandes plaines où l'œil se perd dans le vide jusqu'à la courbe de l'horizon, une succession de clos se répétant à l'infini; au lieu d'une route monotone bordée d'un fossé, avec, çà et là, des chardons autour d'une touffe d'épine, un chemin s'allongeant entre deux talus couronnés de grands arbres, qui font penser aux allées d'une haute futaie; derrière ces talus, des bâtiments de ferme isolés aux quatre coins d'une cour. Pas de fumiers devant la porte de la cuisine; pas de chemins boueux, mais des sentiers qui, partant de la maison d'habitation, conduisent aux granges, aux étables, aux poulaillers, en dessinant leur trace sur l'herbe courte et serrée; sous les pommiers trapus, des vaches et des poulains paissant en liberté; aux abords des maisons, des troupes de poules et de dindes.

Au milieu de ces cours dont elle respectait les clôtures, la route tournait et retournait si souvent en des dessins capricieux qu'il était difficile à un étranger de ne pas s'égarer. Les paroles de l'aubergiste du *Bœuf couronné* étaient plus justes que l'avoué ne l'avait cru tout d'abord; désorienté, perdu, il était obligé de se faire renseigner presque à chaque pas.

Comme à la sortie d'un village il interrogeait une femme qui, sur le seuil de sa porte, empâtait de soupe un gros enfant, celle-ci de sa cuillère lui indiqua un homme qui s'éloignait.

— Voilà le piéton de la poste qui justement va au Camp Héroult, dit-elle, vous n'avez qu'à le suivre. Le chemin n'est pas trop facile, hé, dame... ma foi ..

Hélouis, par prudence, n'avait pas voulu interroger l'aubergiste sur Cénéri; mais le facteur, qui tous les jours entrait dans la maison, qui en connaissait les habitudes, les domestiques, on pouvait le faire causer sans danger, et c'était une bonne fortune que de le rencontrer.

Il se hâta de le rejoindre; ce qui ne fut pas difficile, car celui-ci, marchant de ce pas long et lourd des gens fatigués, était en plus pesamment chargé: sur une épaule, il portait un énorme bissac en toile blanche, plein à crever; sur l'autre, une boîte à chapeau, par-dessus la boîte une lame de faux empaillée avec des ros, enfin sur son ventre le sac aux dépêches.

— Vous allez au Camp Héroult, dit Hélouis; comme j'y vais aussi et que je ne sais pas le chemin, si vous voulez, nous ferons route ensemble.

— Tout de même.

— Vous êtes bien chargé; est-ce que tout cela c'est des dépêches? à vingt centimes les dix grammes c'est une bonne recette.

Le facteur voulut bien prendre cela pour une plaisanterie.

— Si c'était seulement à vingt centimes le kilogramme, ça serait encore une fortune, dit-il en riant. Un métier de chien, allez, mon bon monsieur; dix lieues tous les jours, la neige, la pluie, le verglas, le tonnerre, ça ne fait rien, il faut rentrer à l'heure au bureau. Tout ça pour cinq cent quarante francs par an. On dit que l'administration des postes gagne de l'argent, je le crois; mais, pour moi, sans les commissions, il y a longtemps que je serais mort de faim. Une femme, Monsieur, quatre enfants, et trente sous par jour.

— C'est pour le Camp Héroult, toutes ces commissions?

— Non, le pain de Madame seulement,

parce que, avec ses petites dents blanches, elle ne peut pas manger le pain brié; ça se comprend, pas vrai? Ah! si tout le monde était comme elle, le métier serait bon.

— Et M. d'Eturquerais?

— M. Cénéri, il ne faut pas en parler, c'est connu, c'est même trop connu, vu qu'il y en a d'aucuns qui en abusent.—« M. Cénéri, ma vache est morte en vêlant; — monsieur Cénéri, ma femme est malade; — monsieur Cénéri, j'ai du mal de saint. » — Et lui, toujours la main à la poche. Quand il est revenu au pays, il m'a dit: « Gadebled, puisque vous venez tous les jours à neuf heures, vous déjeunerez avec les gens. » Et depuis ça j'y déjeune. Voilà son caractère à M. Cénéri. Vous êtes de sa connaissance peut-être bien?

— Nous avons été camarades.

— Pour lors, vous voyez si c'est vrai. Foi de bon Dieu! c'est un homme. Il y en a comme ça dans le pays qui crient, qui disent ceci, qui disent cela. C'est des bêtises.

— Quoi donc?

L'interrogation partit trop tôt. En racontant son histoire, le facteur se fût peut-être laissé aller; on l'interrogeait, il se tint sur ses gardes. Hélouis vit que les paysans étaient partout les mêmes. N'obtenant rien de ce côté, il changea sa façon de procéder.

— Est-ce qu'il n'est pas malade depuis quelque temps?

— Malade, M. Cénéri! Il assommerait d'une claque un bœuf de neuf cents. Malade, ah! bien oui! il y a quelqu'un ici qui peut dire s'il est malade.

— Vraiment.

— S'il y a du monde qui est malheureux, il y en a aussi qui n'est pas raisonnable, ça, c'est vrai, n'est-ce pas? Eh bien! il y a un gas d'ici qui est de ce monde-là. Toutes les nuits il allait dans le bois de M. Cénéri, et ce n'était pas pour sa provision, ce qui est bien permis, n'est-ce pas? c'était pour vendre les arbres qu'il abattait: les frênes à un charron, les chênes à un charpentier. C'était si bien connu, que M. Cénéri lui avait dit lui-même, parlant à sa personne, qu'il fallait que ça finisse. Ah bien oui, mon gas y retournait toujours, parce qu'il savait bien que M. Cénéri ne voulait pas lui faire faire un procès par ses gardes, vu que les procès, ce n'est pas dans ses idées. A la fin des fins, voilà qu'un matin, avant le soleil levé, M. Cénéri se trouve dans le bois en face de Tournebu, qui était en train d'abattre un frêne. Ah! bon Dieu, le nom est lâché! Je ne voulais pas le nommer; mais vous n'êtes pas homme à l'inquiéter, pas vrai, puisque vous êtes l'ami de monsieur Cénéri. — Il y a longtemps que je t'ai prévenu, dit M. Cénéri; tu ne veux pas m'écouter, il faut que je te règle ton compte; je pourrais te faire envoyer en prison, mais j'ai pitié de ta femme, jette ta hache au loin. — Vous voulez me tuer, dit Tournebu. — Non, répondit M. Cénéri en jetant son bâton, mais t'administrer une correction. Là-dessus Tournebu se mit à rire en se tenant les côtes, parce qu'il faut que vous sachiez qu'il est fort comme quatre hommes et qu'il ne connaît pas son maître. Mais il ne rit pas longtemps. M. Cénéri s'avance et lui applique un coup de poing sur l'œil droit. Tournebu étend les bras; avant d'avoir pu les refermer, il reçoit un autre coup de poing sur l'œil gauche; naturellement ça l'étourdit et ça l'aveugle; avant qu'il soit remis, un coup droit dans la poitrine l'envoie tomber à quatre pas sur le dos. C'était de la boxe, vous comprenez bien: trois coups; il n'en a pas reçu un de plus. J'ai bu une *mocque* hier avec lui, il dit lui-même qu'il en a eu assez et que jamais il ne retournera dans les bois de M. Cénéri. Hé ! père François, j'ai là une lettre pour vous, c'est six sous.

Par-dessus la haie, il tendit la lettre à un vieux paysan qui, dans l'herbe mouillée, ramassait des pommes vertes.

— Une lettre pour moi, dit celui-ci en relevant la tête, d'où ça peut-il venir?

— D'Alger; c'est bien sûr de votre garçon.

— Montre ça, vite.

Le facteur, sans lâcher la lettre, allongea le bras de telle sorte, que le père François l'eut presque sur le nez: celui-ci la regarda, la flaira, mais sans la prendre.

— C'est six sous, répéta le facteur.

— Oui, c'est bien ça, c'est l'écriture de mon garçon; dis donc, Gadebled, puisqu'il écrit, c'est qu'il est vivant, pas vrai? Quand je lirais sa lettre, je n'en saurais pas plu long; garde-là, je garde mes six sous.

Ils quittèrent bientôt la grande route pour s'engager dans un chemin de traverse qui, par une pente douce, s'élevait dans un bois de haute futaie: le sol était devenu sablonneux; çà et là quelques roches de porphyre et de granit se dressaient entre les arbres.

— Nous serons bientôt au château, dit Gadebled.

Mais ils n'allèrent point jusque-là. Sous bois on entendait un bruit confus: un murmure de voix, des craquements, le galop de plusieurs chevaux.

— C'est M. Cénéri qui fait travailler ses chevaux dans l'allée de la *Fuie,* dit Gadebled.

— Lui-même?

— Ah! bien sûr, comme tous les matins; si vous voulez couper par ce sentier, vous le trouverez avant dix minutes.

Les doutes d'Hélouis sur la sincérité de Friardel s'accentuaient de plus en plus: était-il possible que ce facteur, qui vivait dans le pays, qui mangeait tous les jours avec les domestiques du Camp Héroult, ne sût rien de ce dérangement d'esprit qui, au dire de Friardel, était de notoriété publique?

En arrivant à une large et longue allée, dont le sol était émietté et pulvérisé comme le sable d'un jardin, il aperçut à une petite distance un groupe de chevaux encore haletans; il était évident qu'ils venaient de galoper; autour d'eux des gens d'écurie s'occupaient à gratter la sueur et à leur rafraîchir la bouche avec une éponge mouillée; dans un grand jeune homme blond qui, à quelques pas du groupe, dirigeait ce travail et donnait des ordres en anglais, Hélouis reconnut Cénéri; mais celui-ci ne reconnut pas tout de suite son ancien camarade, et, marchant vers lui le fouet à la main, il lui cria d'une voix brusque:

— Eh ! Monsieur, que venez-vous faire ici? On ne passe pas dans cette route.

Sans répondre, Hélouis attacha les yeux sur lui. Qu'il ne le reconnût pas, c'était possible; mais pourquoi cet emportement?

Comme il se posait cette question avec

inquiétude, Cénéri ouvrit les bras et poussa un formidable éclat de rire.

— Hélouis! Ah! par exemple; à mesure que je te reconnais, je me demandais si je ne déménageais pas: comment diable es-tu ici?

— Parce que j'ai rencontré d'Ypréau l'autre jour, qui m'a dit que tu habitais aux environs de Condé-le-Châtel; comme je partais pour la Bretagne, j'ai fait un petit détour pour te voir en passant.

— Ah! mon pauvre vieux, quel plaisir tu me fais! C'est Cyprienne qui va être contente. Et moi qui croyais que tu espionnais le travail de mes chevaux.

— Qui est Cyprienne?

— Ma femme.

— Tu es marié?

— A peu près; mais ça c'est mon histoire; en allant à la maison, je vais te la conter.

Et se tournant vers les gens d'écurie:

— Tom, dit-il en anglais, vous rentrerez les chevaux; qu'on mène Nélombo en main.

IV.

— Tu arrives à propos, dit-il, car ce que je vais te raconter, je veux depuis un mois te l'écrire pour te demander conseil. C'est la paresse d'un homme qui tient plus souvent un fouet qu'une plume qui m'en a jusqu'à présent empêché. Voilà pourquoi je disais tout à l'heure que Cyprienne allait être contente en te voyant; depuis un mois nous parlons de toi à chaque instant, et c'est le sort de la pauvre enfant qui jusqu'à un certain point est entre tes mains, ou plutôt entre tes griffes d'avoué.

— Un procès?

— Quelque chose comme ça si tu ne trouves pas un moyen, quelque finasserie, n'importe quoi enfin pour l'éviter. Voici de quoi il s'agit:

Il y a trois ans, j'allais tous les deux jours à Saint-Léonard, dans la forêt de Chantilly, où j'avais des chevaux à l'entraînement; Saint-Léonard est à peu près à moitié chemin entre Chantilly et Senlis; je prenais donc à la gare de Chantilly l'omnibus qui fait la correspondance du chemin de fer. En même temps que moi montait

régulièrement dans cet omnibus une jeune femme brune, jolie, plus que jolie, belle, très belle même, à l'air honnête et distingué; comme elle avait toujours à la main une serviette de toile vernie dans laquelle était roulée de la musique, il n'était pas difficile de deviner que c'était une maîtresse de piano ou de chant.

Ce fut ce que le conducteur de l'omnibus me confirma: cette jeune femme était une jeune fille, elle se nommait Mlle Cyprienne et elle venait de Paris les lundis, mercredis et vendredis, pour donner des leçons de piano dans la pension des demoiselles Picot, à Senlis.

Pendant une semaine, et malgré sa beauté, je n'y fis pas autrement attention: j'étais pris ailleurs. En omnibus, elle tirait de sa poche un petit volume à couverture pâle et lisait sans lever les yeux; en chemin de fer, elle montait dans le wagon de seconde réservé aux dames, tandis que je montais dans le wagon de première réservé aux fumeurs.

Mais insensiblement je me pris pour elle d'une sorte d'intérêt. Que lisait-elle? Un livre en dit long sur le goût et le caractère des gens. Je m'assis près d'elle, et par-dessus son épaule, je vis que c'était un roman anglais de la collection de Tauchnitz. Qu'une femme soit en état d'enseigner les croches, qu'elle joue plus ou moins brillamment une étude quelconque, cela ne prouve en rien qu'elle a été élevée, mais qu'elle lise l'anglais à livre ouvert, il y a là une forte présomption d'éducation supérieure: toutes les femmes apprennent le piano plus ou moins, comme toutes portent chapeau, duchesse aussi bien que cuisinière; la langue anglaise, c'est autre chose.

Sans savoir pourquoi, je fus bien aise d'avoir cette preuve que ce n'était pas une fille de portière.

Après l'histoire du livre, j'eus la curiosité de voir où elle demeurait. Ce n'était pas bien difficile, il n'y avait qu'à la suivre quand elle descendrait de wagon à Paris. Ce que je fis. Avec la conscience d'une honnête fille qui ne pense pas à mal, elle ne se retourna pas une seule fois, bien que la distance soit bonne de la gare du Nord à la rue du Rocher. Arrivée là, elle entra par une petite porte verte dans une maison entourée d'un jardin, qui avait l'air d'une espèce de couvent ou d'un pensionnat. Demeurait-elle là, ou bien venait-elle seulement y donner des leçons? Deux jours après, à l'heure où je savais qu'elle était à Senlis, je vins demander Mlle Cyprienne à la concierge. On me répondit qu'elle ne rentrerait que vers quatre heures: c'était donc là qu'elle demeurait.

Quelques jours après, j'allai jusqu'à Senlis pour connaître la pension des demoiselles Picot. En me promenant devant la grille, l'idée me prit d'entrer. Je dis au bureau que que cherchais une pension pour ma petite sœur, et que je désirais visiter la maison. Ce fut une des demoiselles Picot elle-même qui me la fit parcourir de la cave au grenier. Sans aucun doute, c'était très confortable, mais je désirais pousser loin les études musicales de ma sœur, cela était-il possible à Senlis ? Précisément je ne pouvais pas m'adresser mieux, la maîtresse de musique, Mlle Cyprienne Jobert, premier prix du Conservatoire, étant une artiste de grand talent, et de plus une jeune femme tout à fait distinguée.

Tout cela, n'est-ce pas, était de ma part assez ridicule; j'en conviens d'autant mieux que je ne lui avais encore jamais parlé. Une fois seulement je m'étais hâté de descendre de l'omnibus et je lui avais tendu la main pour l'aider; mais elle avait sauté légèrement à terre en me disant avec un sourire moqueur:

— Mille remercîments, Monsieur, ce n'est pas la peine.

Si mes lèvres étaient muettes, mes yeux parlaient. Que disaient-ils? Pas grand'chose de précis. Ce qui se passait en moi était fort trouble, et j'aurais éprouvé d'autant plus d'embarras à l'expliquer clairement, que je ne me l'expliquais pas moi-même.

De vrai elle me plaisait infiniment; j'avais du plaisir à être près d'elle, du bonheur à la regarder; c'était une régal pour mes yeux. Le mot te paraît peut-être grossier, mais enfin c'était juste, cela; une fleur qui me faisait venir l'eau à la bouche; on aurait mordu dedans.

Je m'arrangeais toujours pour la laisser

monter la première en voiture, et je me plaçais en face d'elle: alors mes yeux ne la quittaient pas. J'avais lu quelque part, je ne sais plus où, qu'en concentrant toute notre volonté dans notre regard, il pouvait agir comme un aimant ou une machine électrique. Bien que ne croyant pas beaucoup à cette affirmation de magnétiseur, il me vint à l'idée d'essayer. Un jour ce fut son oreille que je choisis; un jour ses bandeaux noirs simplement lissés sur le front; un jour ses lèvres rouges et fraîches comme la fleur d'un grenadier; un jour ses mains; eh bien! je t'affirme, tu vas peut-être rire, je t'affirme que plus d'une fois j'ai vu son oreille rougir sous le feu de mon regard; plus d'une fois, j'ai vu sa poitrine se gonfler et battre comme si un fluide, quelque chose d'inconnu et d'innommé, dardé par mes regards, passait en elle, éveillait une sympathie, une sensibilité, la vie dans cette oreille ou cette poitrine, et la mettait en communication avec moi. Tout cela, bien entendu, sans qu'elle levât les yeux de dessus son diable de livre, c'est-à-dire sans qu'elle vît que je la regardais.

A ce jeu-là, on ne joue pas impunément; j'avais commencé par pure distraction, pour occuper l'ennui de la route; je ne tardai pas à sentir que j'étais pris, et il fallut bien convenir avec moi-même que je l'aimais.

C'est d'ordinaire un moment très agréable que celui où l'on se sent amoureux: c'est quelque chose dans notre vie, n'est-ce pas, comme la venue du printemps; on voit tout en rose, on est joyeux, on est confiant, on escaladerait le ciel; et une douceur dans la rêverie, une fougue dans l'espérance! Eh bien, en reconnaissant que j'aimais Cyprienne, je n'éprouvais rien de tout cela, mais seulement une véritable tristesse et un vif dépit. Je n'étais pas encore assez fou pour ne pas raisonner. Si elle était une honnête fille, je faisais son malheur; si elle ne l'était pas, elle faisait le mien. La logique de ce raisonnement devait donc me conduire à l'éviter. J'essayai un jour. Puis le lendemain je m'embarquai en chemin de fer, décidé au contraire à parler. Si je te disais toutes les contradictions par lesquelles je passai, mon récit ne finirait pas, et comme nous n'en avons plus que pour vingt minutes avant d'arriver à la maison, il faut que j'abrége.

Un jour, notre voiture faillit écraser un enfant qui jouait sur la route. Cela nous délia la langue à tous les deux, et, le lendemain, je repris la conversation où nous l'avions interrompue la veille: les romans anglais furent abandonnés.

Ces amours en omnibus te paraissent peut-être prosaïques, eh bien! quoique j'aie rapporté de doux souvenirs de ces pays romantiques où les soirées sont si enivrantes quand la brise de la mer se mêle au parfum des orangers, et qu'on s'endort alangui sur une épaule de femme; quoique j'aie été l'amant d'une duchesse qui est la gloire du monde parisien; quoique j'aie eu pour maîtresses les plus tapageuses des gueuses célèbres, ces heures rapides passées dans une mauvaise petite voiture, au milieu de gens niais ou grossiers qui parlaient de leurs affaires ou de leurs plaisirs, sont les plus charmantes de ma vie.

Je l'avais aimée sans trop savoir pourquoi, à première vue, pour la profondeur de ses yeux noirs, pour la blancheur satinée de sa peau, pour un petit signe rose qu'elle avait au-dessus de la lèvre, pour le charme de son attitude, pour la grâce de sa démarche; je l'aimai bien davantage quand je la connus, je l'aimai pour la musique de sa voix, pour la franchise de son sourire, je l'aimai pour chaque découverte que je fis en elle.

J'étais alors dans un état moral qui, si je pouvais te bien l'expliquer, te ferait comprendre mon enivrement: depuis cinq ans je vivais d'une vie à outrance, au milieu d'un monde dont vous autres, honnêtes bourgeois, n'avez heureusement aucune idée.

— Celui de d'Ypréau, interrompit Hélouis, je le connais; continue donc.

— Alors tu dois sentir la joie que me causaient la fraîcheur d'esprit, la pureté et la simplicité de cœur de Cyprienne; j'étais comme un buveur d'absinthe qui se met au lait pur. Au milieu de ce tranquille bonheur, je fus obligé d'aller passer quelque temps en Angleterre. Les romans anglais, qui m'avaient si souvent agacé, me fournirent un excellent prétexte pour lui deman-

der ses commissions à Londres, puis, une fois que j'en fus chargé, pour lui écrire et m'arranger de telle sorte qu'elle fût obligée de me répondre. Ne crois pas que je fis comme les collégiens qui, n'osant affronter le regard de leur idole, lui font l'aveu de leur amour dans une lettre généralement imitée de *Werther* ou de *la nouvelle Héloïse*. Ce n'était point la timidité qui avait arrêté le mot amour sur mes lèvres, ç'avait été un sentiment de respect et de loyauté; je ne fus donc pas plus entreprenant la plume à la main, et je continuai tout simplement nos conversations de tous les jours. D'ailleurs j'étais à ce moment même l'amant de cette belle duchesse dont je te parlais tout à l'heure, laquelle m'avait choisi entre tous parce que, sous ses yeux, dans une course à Vincennes, j'avais battu Lamplugz et Cassidy, les deux célèbres jockeys de *steeple-chase*, et tu dois bien penser que tout ce qui ressemblait à des amours de ce genre ne m'inspirait que dégoût; ce n'était pas de plaisir que j'étais affamé. Cyprienne m'avait élevé jusqu'à elle dans un ciel de sentiments et de désirs qui m'était inconnu; j'avais le malheur de n'avoir jamais été jeune, elle m'avait donné dix-huit ans.

En revenant de Londres, je ne pus pas attendre au lendemain pour la voir. Le train m'avait déposé à la gare à sept heures du soir; sans prendre le temps d'aller jusque chez moi, j'entrai dans un hôtel, et, après m'être nettoyé de la poussière du voyage, je me dirigeai vers la rue du Rocher.

Je n'étais jamais allé chez elle, bien entendu; les trois volumes que je lui avais achetés à Londres, et que je portais sous mon bras, étaient-ils un prétexte suffisant pour me présenter ainsi à l'improviste? Le cœur me battait fort quand je tirai la sonnette de la grille d'entrée de sa maison.

Cette maison, dirigée par des religieuses, est une sorte de couvent libre où, moyennant pension fixe, on donne le logement et la nourriture aux femmes veuves et aux jeunes filles qui veulent échapper aux ennuis de la vie matérielle, toujours si difficile pour une femme seule à Paris. Je savais que Cyprienne habitait les deux chambres supérieures d'un petit pavillon isolé dans le jardin, lequel n'avait pour locataire au rez-de-chaussée qu'une vieille femme sourde.

— Le pavillon au fond du jardin, me dit la concierge; Mlle Cyprienne est chez elle.

Je n'avais pas besoin de ce renseignement, car j'entendais le son d'un piano qui me guida à travers les allées touffues de ce jardin.

En montant l'escalier, je me demandai si je ne ferais pas mieux de redescendre et de me sauver. Je persistai cependant, et frappai à la porte.

Cyprienne elle-même vint m'ouvrir.

En voyant quel était celui qui avait frappé, elle recula de quelques pas, et je me sentis moi-même si bien embarrassé, que nous restâmes plusieurs secondes les yeux baissés et sans parler.

Enfin, pour sortir de cette situation gênante, je lui dis que j'arrivais de Londres, et que, pensant qu'elle serait bien aise d'avoir les livres qu'elle m'avait chargé d'acheter, j'avais voulu les lui apporter en descendant de wagon.

Elle me remercia en quelques mots, puis il s'établit un nouveau moment de silence plus difficile que le premier. Evidemment cette visite lui paraissait étrange.

La pièce dans laquelle j'étais entré était un petit salon meublé de quelques fauteuils très simples, d'un piano fort ordinaire, pour ne pas dire plus, et d'une bibliothèque-étagère qui lui faisait pendant. Par une porte entr'ouverte, j'apercevais les rideaux blancs d'un lit de pensionnaire. Cet intérieur de jeune fille, sa simplicité, son ingénuité, me troublaient terriblement, et, dans mon émotion, je ne trouvais autre chose à dire que ceci: « Mademoiselle, je suis une brute; pardonnez-moi et laissez-moi m'en aller »; et naturellement je ne le disais pas.

Elle vint à mon secours, et, comme il fallait bien dire quelque chose, elle mit la conversation sur mon voyage de Londres; nous retrouvâmes alors la franchise et la liberté de nos entretiens de chaque jour.

Mais pour moi cela dura peu; bien que nous fussions en mai, au moment où les soirées commencent à être belles et longues, la nuit arrivait vite, et l'obscurité nous

enveloppait insensiblement: il allait falloir se lever, partir, la quitter. Avec cette pensée irritante, je ne pouvais jouir de l'heure présente. Les séductions mystérieuses de cette soirée d'été, le parfum des lilas et des fleurs giroflées qui me montait à la tête, les excitations mauvaises qui m'arrivaient par cette porte entr'ouverte, les provocations de l'occasion, la violence de mon amour, le bouillonnement de la jeunesse me dominaient malgré moi; dans la même minute je passais de la langueur à l'emportement; je voulais m'échapper et la fuir; je voulais la prendre dans mes bras.

Elle-même me semblait émue; sa voix avait dans les paroles les plus insignifiantes des intonations vibrantes qui me faisaient bondir le cœur, et, lorsque son visage se tournait vers le ciel étoilé, je voyais ses yeux briller dans l'obscurité avec un éclat et des lueurs qui me brûlaient.

Enfin je me levai; puis, tout à coup, comme si j'avais été seul, et bien involontairement, je t'assure, je m'écriai:

— Ah! chère petite chambre!

Mais je sentis aussitôt le ridicule de ce lyrisme déplacé, et croyant rentrer dans la raison:

— Il faut que je vous rende vos lettres, lui dis-je·

— Et pourquoi?

Il y eut un silence pénible; elle comprenait ce qu'il y avait sous mes paroles, et moi je comprenais ma bêtise.

J'étais resté le bras tendu, mes lettres à la main. Sans les voir, je sentis ses doigts qui touchaient les miens.

— Donnez, dit-elle.

Mais à ce contact, je ne fus plus maître de moi: de mon bras resté libre je l'enlaçai et la serrai contre ma poitrine. Sous mes lèvres brûlantes ses lèvres froides s'ouvrirent. Elle m'aimait.

Le lendemain, je ne revins pas chez elle, mais je lui envoyai une lettre de trois lignes dans lesquelles je lui disais: « Je ne vous reverrai, ma chère Cyprienne, que pour vous nommer ma femme; je pars à l'instant pour aller demander à mon père son consentement à notre mariage. »

Naturellement je ne racontai pas à mon père tout ce que tu viens d'entendre; je lui dis simplement que j'aimais une jeune fille très jolie, très honnête, et que, bien qu'elle n'eût aucune fortune, je désirais l'épouser.

Il faut que tu saches que mon père a débuté dans la vie avec une vingtaine de mille francs pour tout patrimoine, et qu'il serait probablement resté un pauvre petit magistrat de province, s'il n'avait eu l'habileté, grâce à son titre de comte et à une belle tournure, d'épouser ma mère. Ce sont les deux millions de ma mère qui ont fait de lui successivement, et malgré les changements de gouvernement, un conseiller, un président de chambre, un premier président, un chevalier, un officier et un commandeur de la Légion-d'Honneur; les gardes des sceaux de tous les régimes n'ont jamais rien eu à refuser à des magistrats qui honorent de cent mille francs de rente les fonctions que le gouvernement leur confie.

En entendant son fils dire qu'il voulait épouser une femme sans fortune, tu peux te faire une idée des cris qu'il poussa; il me dit que s'il avait pu supporter la douleur de me voir renoncer à la magistrature, c'était en espérant que je ferais au moins un beau mariage, et que si maintenant j'abandonnais cette dernière chance, c'est qu'assurément j'étais fou à lier.

A quoi je répondis, que se marier suivant son goût, sans considération de fortune, n'avait jamais été une marque de folie, et que dans tous les cas je ne faisais que suivre l'exemple de ma mère; si Cyprienne était sans dot, elle avait des qualités de cœur et d'esprit qui pour moi valaient mieux que la fortune; son père, peintre distingué, lui avait laissé un nom considéré, sa famille était honorable; je l'aimais, je l'épouserais.

Commencée en ces termes, la lutte fut vive et longue; mais au fond c'est un brave homme que mon père et très faible; il finit par me promettre de venir à Paris; il verrait Cyprienne, et si les choses étaient telles que je les croyais, peut-être ne s'opposerait-il pas à ma folie.

A mes yeux, c'était un engagement formel; cependant, afin de ne rien négliger et de ne pas le laisser revenir à ses idées premières, j'allai voir ma sœur, et comme elle a pour moi beaucoup d'amitié, je la mis facilement dans mes intérêts. Elle me promit de maintenir notre père dans sa bonne résolution, et, s'il faiblissait, de me le ramener.

Quelle ne fut pas ma surprise, huit jours après mon retour à Paris, de recevoir une lette de mon père: « Décidément il ne pouvait consentir à notre mariage; mon amour était sans doute un caprice qui s'en irait comme il était venu; si au contraire c'était un sentiment durable, l'attente le confirmerait, et quand j'aurais accompli mes vingt-cinq ans, je pourrais épouser Cyprienne après une épreuve sérieuse. »

Aussitôt je revins à Condé, mais tout fut inutile, mon père ne voulut rien entendre; à la prière, à la colère, il ne répondit que par un mot: « L'article 148 du Code est pour moi, j'en use; quand l'article 151 sera pour toi, tu en useras. »

Assurément il obéissait à une presssion étrangère, car il ne lui demandais pas de dot, me contentant de ce qui restait de l'héritage de ma mère. D'où venait cette pression? ce n'était que trop facile à deviner. Un frère de mon père nous avait, il y a quatre ans, institué ses légataires ma sœur et moi; mais, peu content de la vie que je menais alors, il avait arrangé les choses de manière que je n'eusse pas immédiatement la disposition de sa fortune; pour cela, il avait laissé à ma sœur la toute-propriété de la terre qu'elle habite avec son mari, à la charge, par elle, de me payer le jour de mon mariage une somme de trois cent mille francs en capital et les intérêts courus depuis l'ouverture de la succession jusqu'à ce moment. Or, à ce moment il y avait deux ans que mon oncle était mort; c'était donc trois cent trente mille francs que mon beau-frère devait me compter le jour de la signature de mon contrat.

— Je comprends, interrompit Hélouis.

— Tu comprendrais bien mieux si tu connaissais mon beau-frère, le baron de Friardel.

— Mais je le connais; je l'ai rencontré il y a quelques jours chez d'Ypréau.

— Alors, tu vois quel intérêt il avait à empêcher mon mariage, et pourquoi il a circonvenu et trompé mon pauvre bonhomme de père. Mais à quoi cela l'avancera-t-il? Aujourd'hui, au lieu de trois cent trente mille francs, c'est trois cent soixante-quinze mille qu'il doit me payer.

— S'il te les paie.

— Comment peut-il y échapper?

— Continue, je te prie.

— Le reste est bien simple: Cyprienne m'aimait, elle eut foi en moi. Nous avions un peu moins de trois ans à attendre; la question qui se posait était celle-ci: Devions-nous rester à Paris ou venir ici? Rester à Paris, c'était sauvegarder les convenances par une vie cachée; mais en même temps j'étais exposé, en me laissant entraîner un jour ou l'autre, à retomber dans mes anciennes habitudes que précisément je voulais rompre à tout prix. Venir ici, c'était avouer nos relations et ainsi compromettre Cyprienne aux yeux du monde, mais aussi c'était donner à notre amour la liberté, l'intimité; nous étions dans cet état d'exaltation où l'amour seul est écouté, nous vînmes ici.

De l'héritage de ma mère, s'élevant à un peu plus d'un million, je n'avais sauvé que cette terre, qui vaut de vingt à vingt-cinq mille francs de rente; en cinq ans, de dix-huit à vingt-trois ans, j'avais englouti six cent mille francs sans mes revenus. Il fallait s'arrêter. Cyprienne était enceinte; je voulais pour elle et pour notre enfant réparer mon gaspillage. Parmi ceux qui m'ont connu, lequel eût osé dire que je compterais un jour ce que je dépensais et que j'aurais des idées de père de famille? L'amour a fait ce miracle.

Ils étaient arrivés à la lisière du bois, et par une pente douce, le chemin descendait dans une étroite et longue vallée, au milieu de laquelle serpentait une rivière qui allait baigner les fondations d'un vieux château; d'un groupe de gros ifs qui n'avaient jamais été taillés émergeaient deux tourelles moussues, et leurs murailles couvertes de lierre se confondaient avec le feuillage sombre de ces arbres âgés de plusieurs siècles.

— C'est le Camp Héroult, dit Cénéri; on croit que les fossés qui l'entourent ont servi de retranchement aux Normands, d'où son nom camp de Harold; le château remonte à Henri II; heureusement il a été réparé par mon grand-père. Voilà mes « paddocks »; c'est là que j'élève mes « yearlings. »

En même temps s'adressant à un paysan qui nettoyait les abreuvoirs:

— Auguste, lâchez les poulains!

Puis se retournant vers Hélouis:

— La prairie qui est là devant nous a juste 1,000 mètres de long; c'est à l'autre bout qu'on donne l'avoine aux poulains; ils savent, quand on les lâche, que leur déjeuner est servi; tu vas les voir partir.

En effet, une large barrière ayant été rapidement ouverte, les poulains qui s'étaient tassés contre elle s'élancèrent en s'éparpillant comme une volée de mitraille; leur crinière volait au vent, des plaques de gazon sautaient en l'air et le sol résonnait sous leur sabot.

— N'est-ce pas qu'ils galopent, dit Cénéri avec une satisfaction orgueilleuse; quand ils courront sur un hippodrome, ils sauront par expérience que celui qui part le premier n'est pas celui qui arrive le premier, et qu'il faut se ménager; tous les jours, je me donne le plaisir de cette lutte en liberté. Tu sais, j'ai toujours eu la passion des chevaux, si bien même que tout enfant je n'ai jamais fait un pas qu'au trot ou au galop, et que je me donnais à moi-même des coups de cravache, en imagination, pour m'exciter à sauter un fossé. Pour te faire comprendre quelle influence Cyprienne a sur moi, sur mon intelligence aussi bien que sur mon cœur, il faut que tu voies quelle direction elle a su donner à cette passion, qui n'est pas d'un ordre bien élevé, j'en conviens. Tu ne m'as jamais connu homme de travail ni de tête. Eh bien! éveillé, excité par elle, je me suis amusé à étudier et bientôt après à calculer la force musculaire des animaux; j'ai fait construire toute sorte de petites machines; j'ai attelé des bœufs, des chevaux, des hommes, des chiens, des hannetons, des puces, et je suis arrivé à reconnaître que si l'on prend deux espèces différant entre elles de poids, c'est la plus légère qui est la plus forte.

— Ainsi, voilà pourquoi tu attelais des hommes à des tombereaux.

— Pas pour autre chose. Cela m'a valu

dans le pays la réputation d'être toqué. Toqué? je ne dis pas que je ne le sois pas un peu; mais enfin il n'en est pas moins vrai que j'ai noté toute une série d'expériences comparatives qui ont de l'intérêt; ainsi l'homme, moins pesant que le cheval, a une puissance musculaire plus grande que ce quadrupède; le chien, moins pesant que l'homme, traîne davantage; enfin, les insectes dont le poids est le plus faible sont ceux qui traînent les fardeaux les plus lourds, si bien qu'on peut dire que la force musculaire est en raison inverse du poids. Et dans la pratique je crois que c'est là une vérité bonne à connaître.

Hélouis avait écouté ces explications les yeux attachés sur ceux de son ami; lorsque celui-ci s'arrêta il lui prit la main et la lui serra longuement avec émotion.

— Eh quoi! fit celui-ci en riant aux éclats, ça te produit tant d'effet de voir que je suis devenu presque un savant. Je ne te connaissais pas cette passion pour la science. Je te tiendrai au courant de mes expériences. Je vais en faire maintenant sur la nourriture, et je crois qu'elles seront assez curieuses. Quels aliments augmentent les forces, quels aliments les diminuent?

Hélouis hésita un moment s'il parlerait du vrai but de son voyage et s'il dirait comment des doutes lui étaient venus sur les desseins de Friardel. Maintenant que par la connaissance des affaires de Cénéri et du testament de son oncle il voyait quelles conséquences pourrait avoir une interdiction, ces doutes s'étaient changés en certitude. Faire interdire Cénéri, par là empêcher son mariage, c'était un moyen excellent pour ne pas payer les trois cent milles francs et leurs intérêts.

Fallait-il ou ne fallait-il pas mettre Cénéri au courant des machinations qui se préparaient contre lui? Après avoir pesé le pour et le contre, il résolut d'attendre encore.

— Quel âge as-tu au juste? dit-il en continuant son enquête, mais en la faisant porter sur un autre point.

— Dans trois jours j'aurai vingt-cinq ans accomplis.

— Donc, dans quatre jours tu peux faire faire à ton père une première sommation respectueuse; il en faut trois avec un mois d'intervalle entre chaque, et un mois de délai après la troisième; en tout quatre mois. Ainsi dans quatre mois et quatre jours tu seras marié si tu veux.

— Sois certain que je n'ajouterai pas une heure au délai légal. J'ai hâte d'en finir; ne serait-ce que pour mon petit Henriot.

— Ton fils est ton fils.

— Je ne l'ai pas reconnu.

Hélouis s'arrêta stupéfait.

— Puisque je devais le légitimer par notre mariage.

— Et si tu meurs avant ce mariage? Reconnu, ton fils porte ton nom, et il a droit à la moitié de ta fortune; non reconnu, il n'est rien et n'a droit à rien.

— Par un excès de délicatesse, Cyprienne a voulu me laisser libre envers elle et envers l'enfant.

— Mon cher, en affaires la délicatesse est une bêtise; avant tout, il faut commencer par bien établir son droit; après, si on est un galant homme, on met de la délicatesse à le faire exécuter. Et tu as été clerc d'avoué...

— Est-ce que j'ai jamais lu la loi?

— Pendant que tu étais clerc, je le comprends, puisqu'à l'étude j'avais la faiblesse de te laisser faire ce que tu voulais; mais depuis? Quand on est dans une position fausse on lit la loi, on l'étudie; elle est surtout faite pour les gens qui sont dans cette position-là. Si tu n'avais pas le courage d'ouvrir le Code, il fallait m'écrire, consulter un avocat. Tu ne sais pas comme on est fort quand on a la loi pour soi. A la place d'un tas de balivernes, c'est la loi qu'il faudrait enseigner aux jeunes gens; le filou qui sait s'en servir est maître des imbéciles, c'est-à-dire du monde, et l'honnête homme qui peut s'en faire un bouclier est à l'abri de tous les coups. Il y a un maire ici?

— Oui.

— Où est la mairie?

— Derrière le château.

— Alors, mon ami, nous allons nous y rendre immédiatement. Je ne veux entrer chez toi que lorsque le sort de ton enfant sera assuré. Mon Dieu! que les gens du monde sont bêtes!

— Il me semble qu'il n'y a pas si grande urgence.

Une fois encore la vérité vint sur les lèvres de l'avoué, mais il la refoula. Puisqu'il avait une raison suffisante pour expliquer et justifier cette reconnaissance immédiate, il n'avait pas besoin de parler des menaces d'interdiction.

— Ne montes-tu pas demain ton cheval dans les courses? dit-il.

— Sans doute.

— Donc tu peux te tuer demain.

— C'est possible, ce n'est pas probable, *Nélombo* est sûr.

— Il suffit que ce soit possible pour que nous ne perdions pas une minute. Tu sais que des témoins sont nécessaires pour cet acte de reconnaissance. Qui veux-tu prendre! J'aimerais assez des gens qui représentent un peu.

— Est-ce que le premier venu n'est pas bon?

— Sans doute, mais, pour un acte de ce genre, la valeur morale des témoins ajoute à sa solidité.

— Nous pouvons prendre le suppléant du juge de paix et un officier retraité.

— C'est parfait; le suppléant du juge de paix surtout. Si plus tard notre acte était attaqué, entends-tu notre avocat? « On récuse mes témoins, mais, Messieurs, l'un d'eux appartient à cette magistrature devant laquelle j'ai l'honneur, etc... » Jugée d'avance, la reconnaissance serait maintenue. Tu n'as pas de répugnance à les initier à tes affaires.

— Aucune. Tout le monde ici connaît notre situation, et l'on sait pourquoi Cyprienne n'est pas encore ma femme.

Cette raison du steeple-chase du lendemain, avec ses dangers d'accident, était trop bonne pour ne pas paraître naturelle aux témoins. Ils crurent même devoir féliciter Cénéri de sa détermination.

— Jamais testament n'a fait mourir son homme, dit le suppléant, qui avait été notaire.

— Le sac vide et la conscience légère, voilà comment il faut aller à la bataille, dit l'officier.

Le maire, tout aussi approbatif, fut moins laconique; c'était un gros bonhomme majestueux à force d'obésité; il voulut profiter de cette occasion pour prononcer quelques paroles mémorables.

— Si nos modestes fonctions, dit-il, ont leurs ennuis, leurs fatigues, j'ajouterai même, si vous le permettez, leurs dangers, elles ont aussi leurs joies et leurs récompenses. C'en est pour moi de considérables d'avoir pu, dans la faible mesure de mes moyens, m'associer au grand acte, je dirai plus, à l'acte important que vous venez de réaliser. Comme autorité, je vous félicite; comme père et comme homme, je...

En le voyant s'engager dans ce discours, Cénéri avait donné des marques d'impatience; à ce mot il éclata.

— Comme homme, vous ne trouvez rien à me dire.

— Ah! monsieur d'Eturquerais, pouvez-vous penser...

— Parfaitement. A votre place, je serais comme vous. Allons, mon cher maire, avouez que la loi est quelque chose de particulièrement drôlatique.

— Jamais, Monsieur; moi, son représentant, faire un pareil aveu!

— Comment! jamais. Elle a constitué le mariage n'est-ce pas dans le but d'avoir des enfants?

— Assurément.

— Eh bien! elle me défend le mariage et elle me permet l'enfant. Est-ce logique?

— Monsieur, dit le maire après quelques secondes de réflexion, ce que vous formulez là est peut-être très profond, mais j'ose vous avouer que je n'y comprends rien.

— Ça ne m'étonne pas, je ne le comprends pas moi-même.

Le maire le regarda avec stupéfaction; sa tête avait encore rougi comme s'il était menacé d'apoplexie.

— M. le maire veut-il signer, dit Hélouis en intervenant.

— Certainement, Monsieur; je signerais même des deux mains, si j'en étais capable.

Puis, après avoir dessiné un paraphe qui

encadrait sa signature, il déposa la plume et tendit la main à Cénéri.

— Sans rancune, n'est-ce pas? et, de cette main qui vient de donner le dernier sacrement à cet acte que, malgré tout, je persiste à qualifier de réparateur, permettez-moi de serrer la vôtre. Ce que nous venons de faire là causera une grande joie à quelqu'un que je connais.

— Qui donc?

— Pas plus tard qu'il y a huit jours, M. le baron Friardel...

— Oh! Friardel?

— Oui, je sais; par malheur, la concorde ne règne pas entre vous; eh bien! cela n'empêche pas que, pas plus tard qu'il y a huit jours, comme j'avais l'honneur de dîner chez lui, M. le baron me faisait *celui* de me demander si vous n'aviez jamais manifesté l'intention de reconnaître votre fils. A quoi je lui répondais, sans me permettre de scruter vos projets par la pensée: Pas que je sache.

— Eh bien! en allant lui faire votre visite de digestion portez-lui cette nouvelle, si vous le voulez bien, mon cher maire, et comptez qu'il vous en sera reconnaissant.

— Naturellement, dit le maire, le nom d'Eturquerais est maintenant assuré.

— Pourquoi diable as-tu fait cette sortie à ce pauvre brave homme de maire? demanda Hélouis, lorsqu'ils furent seuls.

— Le père Bridoux est une vieille bête qui s'est fait nommer maire pour être pris au sérieux par sa femme; si je l'avais écouté, nous serions restés jusqu'à ce soir à la mairie; d'ailleurs, c'est un ami de Friardel.

— Si tu as l'habitude de ces charges sérieuses avec les gens d'ici, je comprends jusqu'à un certain point que tu passes pour toqué.

La messe sonnait à toute volée, et dans la grande rue du village qu'on appelait ainsi parce qu'elle était la seule, les femmes et les enfants endimanchés se hâtaient vers l'église. Les hommes, n'ayant pas encore quitté leurs habits de travail, étaient assis devant la porte du barbier, attendant leur tour pour se faire raser.

Hélouis, qui connaissait les paysans, sentit, à la façon dont ils saluaient Cénéri, qu'il était aimé dans le pays.

L'avenue qui de la route conduit au château commence en face l'église: elle est formée d'une double rangée de hêtres dont les cimes, en se rejoignant, couvrent le chemin, et le regard, enfermé dans cette lorgnette de verdure, faite en bas d'un tapis de mousse, en haut de feuillage, n'aperçoit du chemin que le rez-de-chaussée du château; c'est seulement à une courte distance que, s'échappant à droite et à gauche, il peut en embrasser l'ensemble imposant.

— Allons, dit Hélouis en arrivant au perron, nous n'avons pas perdu notre journée. Maintenant je déjeunerai volontiers.

V.

Lorsqu'il s'était installé au Camp Héroult, abandonné depuis vingt ans à ses fermiers, Cénéri avait pris ce vieux domaine tel qu'il était; et il ne ressemblait en rien ni aux riches maisons de campagne des environs de Paris, ni aux immenses châteaux de la Bourgogne, ni aux élégants castels des bords de la Loire: c'était à la fois un château et une ferme.

Le château se composait d'un grand bâtiment en pierre, flanqué aux deux bouts de deux grosses tours; la ferme se composait de diverses constructions formant avant-corps et s'appuyant sur ces tours.

Sans rien changer à cette destination première, et sans vouloir éloigner les bâtiments de ferme, ce qui eût forcé à les démolir, Cénéri s'était contenté d'introduire dans l'aménagement du faire-valoir les habitudes de comfort et de propreté que ses voyages en Angleterre lui avaient appris à apprécier. Le trou à fumier qui était au milieu de la cour d'honneur avait été comblé, et sur la terre on répandait l'été un gravier fin tiré de la rivière, l'hiver une couche de paille et de litière à l'instar des « strawyards » d'outre-Manche. Les orties et les ronces, qui poussaient librement où elles voulaient, avaient été arrachées; les mousses avaient été grattées à vif, et les murailles intérieures et extérieures des bâtiments d'exploitation avaient été passés à la chaux.

Par ces simples travaux d'appropriation qui n'avaient pas coûté bien cher le Camp Héroult avait tout de suite été métamorphosé, et lorsqu'on arrivait par l'avenue, on lui trouvait un air de propreté qui réjouissait les yeux. Au fond, le château proprement dit, sombre sous les lierres qui, s'élançant du soubassement comme les fusées d'un bouquet de feu d'artifice, l'avaient escaladé jusqu'aux cheneaux et aux gargouilles d'où ils retombaient en cascade:—à droite et à gauche les bâtiments de la ferme; le charretil avec les voitures aux limons polis par le travail; la sellerie avec ses harnais et ses gros colliers à toison bleue; les écuries des chevaux *en traîne* où retentissait toute la journée ce sifflement particulier au moyen duquel les garçons occupent l'attention de leurs bêtes pendant les longues heures du pansage.

Le même système simple et peu coûteux avait été mis en œuvre dans l'intérieur.

Pendant vingt années, deux ou trois pièces seulement avaient été tenues en état pour loger les propriétaires lorsqu'ils venaient chasser; le reste, abandonné, avait pris l'aspect du château de la Belle au Bois dormant, les araignées avaient tendu leurs toiles, les tarets avaient rongé les boiseries, les oiseaux avaient laissé tomber dans les âtres des cheminées assez de brindilles pour allumer un feu de joie. Cependant, après avoir ouvert les fenêtres, chassé les chauves-souris et les chats-huants, laissé s'évaporer l'odeur de la moisissure et du remucle, le château s'était trouvé encore habitable, ayant été bâti à une époque où l'on travaillait pour l'éternité.

Les chaises et les tables étaient, il est vrai, percées de millions de trous par les vers; quelques corniches des boiseries s'étaient émiettées; les tapisseries qui tendaient les murailles avaient pâli; les arbres bleus devenant jaunes, les eaux vertes passant au gris sale; les velours des meubles, autrefois rouges, avaient pris des teintes indéfinissables; les glaces s'étaient piquées de taches noires avec des bavures en zigzag; les serrures s'étaient rouillées à faire grincer les dents d'un sourd; les gonds s'étaient oxidés, mais enfin, si l'on ne portait pas en soi le préjugé de la mode trop vivement développé, on pouvait se contenter de tout cela. Ni le temps ni les hasards de l'abandon n'avaient pu mordre sur la vaisselle et les verreries enfermées dans les placards. Et comme Mme d'Eturquerais mère, en bonne Normande qu'elle était, avait toujours eu la religion de la toile, il se trouvait entassé plein les armoires tout le linge de maison qu'elle avait recueilli dans quatre ou cinq successions, c'est-à-dire en draps de Lisieux, en nappes, en serviettes de Vimoutiers, de quoi former le trousseau de cinquante Parisiennes.

En entrant dans la salle à manger, Hélouis éprouva une singulière sensation: les tentures des murailles, les porcelaines, les verres, le linge qui garnissaient la table, les siéges qui l'entouraient, la pendule et les flambeaux sur la cheminée, les landiers dans l'âtre, tout datait de Louis XV; c'était à croire qu'une fée, vous reportant dans un autre âge, vous avait invité à déjeuner chez un président de chambre au parlement de Normandie, exilé dans ses terres par le chancelier Maupeou.

Mais son attention fut bien vite détournée de ces choses matérielles par l'arrivée de Cyprienne que Cénéri avait été chercher.

Dans le portrait que celui-ci avait fait d'elle, il n'y avait pas d'exagération d'amoureux: elle était vraiment belle, très belle. Et dans l'éclat de sa carnation sanguine, dans la profondeur de ses yeux bruns, dans la fraîcheur de sa poitrine et la grâce de sa démarche ondoyante, il y avait de quoi expliquer le développement de la passion de Cénéri.

L'histoire de cette passion telle qu'elle lui avait été contée avait mal disposé l'avoué pour celle qui l'avait fait naître. Incrédule en amour autant par suite des confidences qu'il avait reçues dans l'exercice de sa profession que par une disposition particulière de son tempérament froid, il n'admettait pas la passion. Aussi Cyprienne était-elle pour lui,—ou une femme intrigante qui avait spéculé sur un riche mariage,—ou une femme facile qui avait cédé à un caprice se présentant avec les avantages d'une vie agréable. Quand il la vit, son opinion, qui flottait entre ces deux hypothèses, se fixa aussitôt: « C'est une belle drôlesse », se dit-il, et comme c'était un homme logique, il se demanda s'il devait aider au mariage de Cénéri avec une pareille créature. A son insu, et malgré les justes motifs de suspicion qu'il pouvait avoir, il cédait à ce sentiment bien commun qui fait que nous blâmons presque toujours nos amis dans leur choix: il aime une brune, comment peut-on aimer d'autres femmes que les blondes? une blonde, il était né pour une brune.

On s'était mis à table pour déjeuner, et dans les domestiques, de même que dans les choses de la maison, Hélouis fut surpris de remarquer qu'il régnait un ordre rigoureux, auquel d'ordinaire les drôlesses ne tiennent guère.

Dans Cénéri aussi, au moins dans son attitude et sa manière d'être avec Cyprienne, il y avait une retenue, une déférence assez étonnante; et au respect qu'il lui témoignait, on eût pu croire qu'elle était encore jeune fille, et qu'il lui faisait sa cour sous les yeux de sa mère.

Quant à elle, à mesure qu'on l'étudiait, apparaissaient des révélations jusqu'à un certain point contradictoires avec un naturel de drôlesse. La pureté de son regard, la franchise de sa parole, son air de simplicité et de loyauté candide, criaient hautement qu'il y avait en elle mieux qu'une maîtresse, si désirable qu'elle parût au premier abord. Et si, ne s'en tenant pas à une sensation d'épiderme, on voulait aller au fond des choses, il ne paraissait pas impossible que sous cet aspect provocant se cachât une âme d'honnête femme. Mère, bonne mère, elle l'était assurément; cela sautait aux yeux rien qu'à la voir tenir dans ses bras son petit Henriot qu'elle allaitait elle-même. Si elle ne le gardait pas toujours sur ses genoux et le remettait quelquefois aux mains de sa bonne, l'enfant criait pour le plaisir de crier, et il n'était pas besoin d'être un grand observateur pour comprendre qu'elle eût préféré l'apaiser elle-même, et qu'elle ne l'éloignait que pour qu'il n'agaçât point son père.

Après le déjeuner, on amena devant le perron un petit vis-à-vis attelé de deux chevaux, et l'on partit pour visiter le pays: Cyprienne, tenant son fils sur ses genoux, prit le siége de derrière, Hélouis et Cénéri s'assirent sur le siége de devant, c'est-à-dire en face d'elle.

Aménagée en herbages et en bois taillis, la terre du Camp Héroult est d'un faire-valoir très commode pour un propriétaire. Les taillis, on les adjuge aux marchands de bois en gros quand l'époque de la coupe est arrivée: les herbages, on les fait paître par ces bœufs qu'on achète maigres et que l'on revend gras. Dans les parties de ces herbages où l'herbe est moins nourrissante, on peut mettre des poulinières. C'était ce que Cénéri faisait; il avait aussi une douzaine de juments de pur sang dont les produits étaient vendus d'avance à l'un de ses anciens camarades, le comte de la Meurdrac, sous le nom duquel ils couraient.

A la façon dont il expliquait les charges et les bénéfices de cette exploitation, on voyait qu'il avait sérieusement étudié son affaire. L'oisif des clubs, le flâneur des boulevards, l'habitué des théâtres de filles était devenu un esprit pratique. Jeté par un caprice d'amoureux en pleine vie champêtre, il s'était attaché à cette vie. Ce n'était plus le gentilhomme futile et inutile des salons parisiens, c'était le véritable gentleman qui, établi sur ses terres, n'a pas honte du travail des mains et n'a pas peur du travail de l'esprit. Sans se laisser absorber par l'un ou par l'autre, il les pratiquait tous deux dans cette juste mesure qui fait la vie saine et forte. Comme les gentilâtres ses voisins, il ne croyait pas qu'il n'y avait rien autre chose à faire en ce monde que pêcher, chasser, monter à cheval et manger: comme les agriculteurs en chambre, il ne croyait pas davantage que tout était fini quand on s'était fourré dans la cervelle les formules des agronomes anglais et les chiffres des statisticiens allemands. Mais il voulait à la fois lire et agir: de sorte que, s'il pouvait soutenir brillamment une discussion sur les forces et les besoins du cheval avec le théoricien le plus ferré de l'*Association agricole des dé-*

partements de l'Ouest, il pouvait aussi, en sortant de cette séance, monter n'importe quel cheval et courir un *steeple-chase* de sept mille mètres.

Pour quiconque l'avait connu trois années auparavant, il était difficile d'admettre que c'était de lui-même et sans une direction étrangère qu'il avait pu modifier ainsi sa nature. Assurément une influence toute-puissante avait pesé et agi sur lui. Or, comme la seule influence qu'il eût subie était celle de Cyprienne, il devenait tout à fait invraisemblable que la femme qui avait accompli ce miracle fût une drôlesse.

Hélouis, toujours de bonne foi avec lui-même, reconnut qu'il avait dû se tromper dans son jugement sur elle, et que cette belle femme était peut-être, malgré sa beauté, une femme de tête et de cœur. C'était à voir et à étudier.

Toute la journée, il la donna à cette observation, et comme tout ce qu'il vit, tout ce qu'il entendit, apporta successivement un démenti à ses préventions, il se rendit à l'évidence.

Le soir les avait réunis sous une charmille qui du château descendait à la rivière. Par les portiques ouverts avec symétrie dans le feuillage, la vue s'étendait librement aux alentours, et, de tous côtés, en suivant le cours sinueux de l'Andou, comme en remontant le long des collines couronnées de bois, elle glissait sur une verdure dont l'intensité et la fraîcheur étonnent toujours ceux qui n'ont pas vécu dans les pays humides. Bien qu'on fût en automne, les plantes fourragères dans les prairies étaient encore si hautes et si foisonnantes que les grands bœufs poitevins, couchés pour ruminer, y disparaissaient à moitié. Çà et là les chênes et les châtaigniers, sur les coteaux, dans les bas-fonds des aulnes et les peupliers dressaient leurs cimes aussi feuillues, aussi verdoyantes que si l'été n'eût pas été torride. C'est que plantes et arbres enfonçaient leurs racines et puisaient leur nourriture dans un sol fertile toujours imprégné d'humidité. Quand parfois un couple d'amoureux quittait le bal dont on entendait le crincrin et venait à passer au bas de la charmille, il y

avait dans leurs yeux bleus, dans leur carnation rose, dans leur haute taille, dans leurs mouvements puissans, une solidité de santé, un calme, une douceur pleinement en rapport avec cette nature plantureuse et qui la complétait.

Lorsque la teinte dorée qui était restée au couchant commença à pâlir, et qu'entre les bouquets d'arbres une vapeur blanche qui s'élevait de la rivière en petits flocons légers rasa les herbes de la prairie, Cyprienne prit Henriot dans ses bras et se dirigea avec lui du côté de la maison. L'enfant, très occupé à faire des petits pâtés de sable, se fâcha, mais elle l'apaisa par des baisers et une chanson.

— Voilà notre vie, dit Cénéri lorsqu'elle eut disparu au tournant du sentier. Il y a sans doute moins de recherche dans la table, et nous ne nous offrons pas à nous-mêmes le Clos-Vougeot qui a fêté aujourd'hui ta visite; mais, au fond, ce que tu as aujourd'hui se répète tous les jours. Le matin, au jour, je galope mes chevaux. J'ai laissé Cyprienne au lit endormie. En arrivant pour déjeuner, je la trouve habillée, qui m'attend, quand elle ne vient pas au-devant de moi avec Henriot. Après déjeuner nous montons à cheval, ou bien, quand le temps est bon pour l'enfant, on attelle le vis-à-vis; elle prend Henriot sur ses genoux et nous faisons une promenade de deux ou trois heures en visitant nos faneurs ou nos bucherons. Quand nous rentrons, les revues sont arrivées, je travaille un peu; si je n'ai pas d'expériences en train, je mets mes notes en ordre. Avec l'éducation que j'ai reçue, j'ai terriblement de choses à apprendre. Bien entendu, je n'ai pas la prétention d'être jamais un savant, mais je voudrais devenir un homme utile, — utile à moi et aux autres. Mes expériences m'ont forcé d'étudier la physique; pour mes terres, j'ai appris la chimie. Oui, mon cher, je peux te parler une heure de phosphates, de sulfates, de nitrates. C'est invraisemblable, je le sais bien, mais enfin c'est comme ça. Le soir nous amène sous cette charmille. C'est l'heure de l'intimité. Je t'avoue qu'il n'y a pas de jour où je ne l'attende avec impatience. Nous sommes heureux, et j'ai sur la plupart des gens heureux cet avantage que je sens mon bonheur.

Dans l'ombre qui s'était épaissie, Cyprienne parut. Henriot était couché.

— Nous parlions de vous, Madame, dit Hélouis, et la conclusion de notre entretien est dans la prière que je vous adresse de me considérer comme votre ami, — un ami dévoué.

VI.

Pour la plupart des villes de province, les courses de chevaux sont nées du caprice ou de la mode; on les organise parce que cela pose une ville, on y va parce que c'est le genre.

A Condé-le-Châtel elles sont un affaire sérieuse.

Tout le monde dans le pays, depuis le propriétaire d'herbages jusqu'au petit marchand ou au simple faucheur, vit de l'élevage des chevaux. Qui gagnera? Longtemps à l'avance les chances des concurrents sont discutées dans les cabarets, les jours de foire ou de marché, en buvant des glorias d'eau-de-vie de cidre. Ce n'est pas une vaine question de curiosité, car si le vainqueur est un cheval élevé dans le pays, la conséquence naturelle de cette victoire sera l'accroissement des valeurs des jeunes poulains du même sang. Les prix de vente augmenteront à la prochaine visite des entraîneurs parisiens.

Les propriétaires, qui dès le mois de mai s'en sont allés à la campagne surveiller leurs herbages, rentrent en ville pour cette époque. Durant quelques jours les vieilles maisons de Martroy et de la Courtine reprennent un air hospitalier. Les visites, les dîners, même les baptêmes et les mariages, tout se règle à l'avance pour le moment des courses. Et comme en même temps se tient une foire importante, la ville devient trop petite. L'étranger qui arrive se croit tombé en plein pays de Cocagne, au jour solennel de la grande mangeaille.

Il avait été décidé que Cyprienne et Hélouis verraient les courses de dedans la calèche, et que pour cela on partirait de bonne heure du Camp Héroult, afin de prendre une place favorable sur l'hippodrome.

Hélouis n'avait été pour rien dans cette détermination, et, s'il avait osé, il eût même déclaré qu'on arriverait toujours assez tôt, car il avait pour ce genre d'amusement, qu'il ne connaissait pas d'ailleurs, le plus profond mépris. Mais quand la calèche tourna devant le perron, il fit contre fortune bon cœur, jeta gaîment sa serviette sur la table et présenta la main à Cyprienne.

Les chevaux partirent, défilant grand train dans les chemins creux tapissés d'herbe; ils avaient des nœuds de rubans roses à la tête, et ils en paraissaient très fiers. Il faisait un temps splendide, et l'humidité qui s'élevait des prairies et des eaux courantes tempérait l'ardeur du soleil.

Cyprienne avait revêtu une toilette de course: une robe courte de foulard couleur poussière et un chapeau rond, ombragé de feuillages de maïs, mais aussi de la plus douce harmonie, et le contraste de ces nuances pâles, avec ses cheveux noirs, ses yeux brillants et ses lèvres vermeilles produisait un effet délicieux. Mieux que des paroles, les regards attendris que Cénéri fixait longuement sur elle disaient combien il la trouvait charmante et comme il était fier d'elle.

Quand ils approchèrent de la ville, les voitures, sur la route, devinrent plus nombreuses. Aux carrefours, devant les barrières, ils étaient souvent obligés d'arrêter. C'était un boc qui sortait d'une cour; les dames, en bonnet à rubans; la chaîne d'or par-dessus le châle, occupaient toute la place, et le mari, assis de côté, conduisait du bout des bras, gêné aux entournures pas ses habits du dimanche. Pendant quelques minutes on luttait de vitesse; mais les purs sang de Cénéri, tranquilles dans leur allure, tandis que les percherons ou les normands étaient hors de train, ne tardaient pas à dépasser et à laisser loin derrière les bocs et les carrioles.

— Adieu, monsieur Cénéri, criaient les paysans; retenez-nous une bonne place.

Et la calèche soulevait des tourbillons de poussière qui allaient s'abattre sur le dos des bœufs massés contre les barrières.

Dérangés par le bruit, ils restaient là à regarder comme s'ils voulaient savoir ce que signifiait ce défilé qui les troublait dans leur engourdissement.

Dans le faubourg, une triple rangée de carrioles dételées et enchevêtrées les unes dans les autres étaient alignées sur les côtés de la route. Des quartiers de viande, des volailles, des cochons de lait encombraient les devantures des auberges. Et dans les cuisines d'où sortait l'odeur âcre des roux, on voyait les marmitons s'essuyer le front sur la manche de leur veste blanche.

Ils traversèrent la ville dans toute sa longueur; tandis que les paysans, hommes et femmes saluaient Cénéri et Cyprienne d'un même bonjour affectueux, les bourgeoises prenaient un air pincé, et quand les maris soulevaient leurs chapeaux elles détournaient la tête ou baissaient les yeux.

— Tu n'aurais pas dû saluer.

— Parce que?

— Parce que, quand on est avec sa femme, on ne salue pas un monsieur qui se promène avec sa maîtresse.

— Elle sera sa femme demain.

— Si elle n'était pas jolie, tu n'aurais pas salué.

— Jolie! je ne vois pas ce que vous lui trouvez de joli.

Au pont il fallut, de peur d'accidents, ralentir l'allure. Les paysans normands n'ont pas l'habitude de se déranger, et ils ne s'y décident que lorsqu'ils ont la tête des chevaux sur l'épaule; alors il se détournent lentement, prêts à discuter ou à gouailler.

Au bout du pont, dans la prairie, commençait le champ de courses, avec ses mâts et ses drapeaux, blancs d'un côté, rouges de l'autre, qui dessinaient la piste.

— Voilà notre hippodrome, dit Cénéri, étendant la main; je ne connais que celui de Caen qui le vaille comme situation. Tu vois que du boulevard qui borde la rivière et des terrassses des jardins, on peut, sans sortir de la ville, suivre les courses. Il a encore un autre avantage, c'est que presque tous les obstacles sont naturels; tiens, voilà la rivière.

— Vous ne sautez pas ça?

— Mais si. Elle n'a que 4 mètres de large, et celle de Vincennes 4 mètres 50 centimètres; il est vrai que celle-ci a ceci de particulièrement difficile, au moins pour les chevaux parisiens habitués aux obstacles factices, que les bords, au lieu d'être solides et élastiques, sont défoncés tous les jours par les bœufs quand ils viennent boire. Aussi j'espère bien que tantôt il n'y aura que le cheval de Friardel, le mien et les steeple-chasers irlandais qui pourront se dépêtrer dans cette bourbe.

La foule commençait à déboucher de tous côtés sur la pelouse. Il en sortait de derrière les buissons, de dedans les chemins creux, d'entre les haies. Les filles de la campagne marchaient, se tenant par la main de peur de se perdre, et il y avait des garçons qui, le cigare d'un sou aux lèvres et le chapeau sur l'oreille, tournaient autour d'elles avec des airs de dindon qui fait la roue.

Quelques voitures seulement étant arrivées, ils purent choisir leur place, en face de la tribune du juge: de là l'œil embrassait la piste entière, la prairie ou les bonnets blancs, les fichus rouges et les jupes bariolées ondoyant dans l'herbe, les jardins de la ville déjà noirs de monde, et au loin, par-dessus les toits, l'horizon de verdure.

Cénéri voulut voir son cheval parti du Camp Héroult dès le matin, et Hélouis resta seul avec Cyprienne.

— Comment donc, demanda celui-ci, n'usez-vous pas de l'influence si heureuse que vous avez prise sur lui pour le faire renoncer à ces amusements dangereux?

— Il m'a semblé que si je voulais garder un peu de cette influence dont vous parlez, il ne fallait pas le contrarier dans tous ses goûts. Il y a quelques années, il montait le premier cheval venu, dans toutes les courses; aujourd'hui il ne monte plus que ses chevaux, ceux qu'il connaît et dont il est sûr. C'est déjà beaucoup.

— Vous avez eu raison, et c'est agir en femme sage.

— Cénéri est très doux, très bon, mais il a aussi une volonté de fer quand il veut une chose, le monde entier ne le ferait pas

céder. Au reste, il eût été mal à moi d'a-
buser de mon influence pour le faire renoncer à ces courses qui chez lui sont une
passion. Elles me font mourir de peur,
mais je tâche de ne pas le montrer.

Les voitures arrivaient à la file: landaus,
dorsays, victorias, briskas, tous les genres
étaient représentés, et, à côté des calèches
neuves commandées à Paris pour se mettre à la mode et éclipser ses voisins, il y
avait encore de vieux berlingots à rideaux
de cuir datant de la Restauration, et ce
n'étaient pas les chevaux les moins beaux
qui traînaient ces vieilles guimbardes; la
voiture pouvait être grotesque, mais l'at-
telage montrait que si son propriétaire ne
la remplaçait pas pour une neuve, ce n'é-
tait pas la faute de la pauvreté.

Il se fit un mouvement dans la foule;
une de ces grandes voitures anglaises
qu'on appelle un *mail-coach* entrait sur
l'hippodrome, conduite en *four-inhands*:
les siéges supérieurs étaient occupés par
des hommes; dans l'intérieur on apercevait
deux femmes seules.

— Voici M. Friardel, dit Cyprienne; la
sœur de Cénéri est la dame blonde et pâle
qui regarde de notre côté, l'autre dame est
mistress Forster.

Toutes les places étant prises le long de
la corde, le *mail-coach* vint se ranger au
second plan, juste contre la voiture de
Cénéri. Les yeux de Cyprienne et de Mme
Friardel se rencontrèrent, et celle-ci dé-
tourna la tête. Mais, dans son geste, il y
avait plus d'embarras que de dédain.

Friardel, tout à ses chevaux qu'il conduisait lui-même, n'avait pas vu quel
voisinage il se plaçait. Lorsqu'il s'en aperçut, il était trop tard pour aller plus loin.

La présence d'Hélouis aux côtés de Cyprienne parut grandement le surprendre,
et il resta quelques secondes à le regarder:
le fouet à la main, penché en avant, il
avait l'air étrangement intrigué. Pourquoi
retrouvait-il là ce Parisien? Que venait-il
faire? Que voulait-il? Quelles étaient ses relations avec Cénéri et avec Cyprienne? Toutes ces questions se pressaient devant
sa curiosité inquiète.

Près de lui, sur le siége, se tenait d'Y-
préau, en culotte de peau et en bottes mol-

les. En reconnaissant Hélouis, il descendit vivement du *mail-coach* et vint à la
calèche. Puis, après quelques mots de ba-
nale politesse, il demanda à Cyprienne la
permission d'emmener l'avoué pour quelques minutes.

— Eh bien! dit-il, lorsqu'ils se furent
éloignés de quelques pas, de manière à pouvoir parler librement sans craindre les
oreilles indiscrètes,— Cénéri?

— Cénéri est aussi sensé que toi et moi,
et ce Friardel est un parfait gredin.

— Tu vois que je n'avais pas tort.

— Pour la greddinerie, assurément; mais
pour la finesse, je crois qu'il en faut ra-
battre. Il faudrait qu'il fût fou pour songer à intenter un procès en interdiction.
Et, je suis si parfaitement sûr qu'il ne l'o-
sera pas, que je n'ai pas parlé de mes
soupçons à Cénéri: il est déjà bien assez
monté sans l'exciter encore.

— Je ne suis pas si tranquille que toi;
il est vrai que j'ai causé avec Friardel.

— Comment cela?

— En arrivant hier soir, ma première
parole a été pour demander des nouvelles
de Cénéri. Sais-tu ce qu'il m'a répondu?
« Mauvaises, le mal augmente tous les
jours; dans un accès, il a battu un pauvre
diable et l'a laissé sur place à moitié assommé. » Il faudrait tâcher de savoir ce
qu'il y a de vrai là-dedans.

— Le fait lui-même, qui est tout aussi
vrai que celui des hommes attelés à des
tombereaux. Seulement, le pauvre diable
à moitié tué était un voleur d'arbres à qui
Cénéri a donné une bonne correction, et
les hommes attelés à des tombereaux con-
couraient à des expériences sur la trac-
tion, expériences très curieuses qui, au
lieu de classer Cénéri dans les fous, lui vau-
dront peut-être un jour une réputation de
savant.

— Alors le Friardel est bien l'homme
que je te disais.

— Très dangereux, et à la façon dont il
tire parti des moindres choses, je vois
maintenant que j'ai eu tort de me laisser
si facilement rassurer, et il ne serait pas
impossible qu'un jour ou l'autre il deman-
dât l'interdiction.

— Et qu'en résulterait-il!

L'avoué ne répondit pas. En allant au hasard, ils étaient arrivés à un bouquet d'ormes sous l'ombrage desquels on promenait les chevaux, et, le dos appuyé contre un arbre, on apercevait Cénéri qui examinait attentivement ce défilé. La tête basse et tenus en main par des grooms, les chevaux marchaient d'un grand pas nonchalant et régulier qui ressemble aux mouvements d'une mécanique; de temps en temps il y en avait qui redressaient leur long cou, et de leurs yeux intelligents et fiers ils regardaient leurs concurrents avec un hennissement. Autour d'eux on faisait cercle en les discutant. *Satan,* vainqueur d'une vingtaine de courses importantes, était entouré de fanatiques; *Nélombo,* presque inconnu, était délaissé ou critiqué, car sur ce public d'éleveurs le prestige de la victoire avait presque autant d'influence que sur les amateurs platoniques de crottin qui encombrent les hipprodromes parisiens.

— C'est donc toi qui viens exprès de Paris pour me battre, dit Cénéri en tendant la main à d'Ypréau.

— Je n'ai pas pu refuser.

— Je ne t'en veux pas; au contraire, je suis content de cette rencontre, qui me rappelle notre camaraderie d'autrefois.

— Es-tu si certain que cela d'être battu? ton cheval a l'air bien.

— Dame, je lui crois une chance; mais le tien est favori, et l'on parie dix contre un contre le mien.

— A propos, j'ai prévenu ton beau-frère que je dînais ce soir chez toi: il s'est fâché, mais j'ai tenu bon: ta sœur m'a chargé de ses amitiés; il m'a semblé qu'elle me savait gré de préférer ta maison à la sienne.

— Pauvre femme! elle n'est pas heureuse.

— Est-ce que Mme Forster règne toujours?

— Plus que jamais, sans compter les autres.

La cloche sonna pour la première course. C'était seulement dans la seconde que *Nélombo* devait courir. Hélouis et Cénéri retournèrent près de Cyprienne.

L'hippodrome s'était rempli. Autour des pipes de gros cidre en chantier sur les voitures qui les avaient apportées, on s'entassait déjà; on tirait à la champlure dans des tasses de faïence blanche, et, en passant près des charrettes, Hélouis remarqua avec curiosité que le teint roux des buveurs était exactement de la même couleur que le cidre qu'ils avalaient; c'était à croire que sans élaboration ce cidre circulait dans leurs veines engorgées; avec cela l'air solide et placide.

Sous une tente en toile qui, tant bien que mal, tenait lieu de tribune, se tenaient, dans des poses de figures de cire, les autorités du pays.

Au centre, le député, membre du cercle de l'Arcade, dévoué à la Société de Saint-Vincent-de-Paul, à genoux devant le clergé. On disait qu'il n'aurait pas l'appui du gouvernement lors des prochaines élections; mais comme il avait encore le pouvoir de faire donner aux courses un prix de cinq mille francs pris au budget de l'administration des haras, il avait néanmoins droit à la place d'honneur; le jour où le préfet se serait franchement prononcé, on verrait si on devait la lui conserver ou le reléguer dans sa voiture.

Derrière lui, le sous-préfet, le président du tribunal, le maire, de chaque côté de cette loge d'honneur enguirlandée de drapeaux, l'obscure bourgeoisie pêle-mêle, les avocats, les médecins, les boutiquiers.

Dans les voitures, au contraire, l'aristocratie de la naissance ou de l'argent. Suivant l'usage anglais, beaucoup de coffres avaient été remplis de provisions de bouche, et déjà les bouchons argentés du champagne sautaient en l'air, au grand ébahissement des paysans qui faisaient cercle et se donnaient des coups de coude.

— Quelle est donc cette mistress Forster dont j'ai entendu le nom plusieurs fois? dit Hélouis s'asseyant dans la calèche aux côtés de Cyprienne, tandis que Cénéri se plaçait en face.

— La femme du gentleman qui doit monter *Satan,* répondit Cyprienne.

— C'est-à-dire la maîtresse de Friardel, interrompit Cénéri.

— Oh! Cénéri! fit Cyprienne.

— Il n'est pas besoin de faire tant de mystères d'une chose qui est notoire; d'ailleurs il est bon que notre ami connaisse sous tous ses côtés l'esprit pratique de mon aimable beau-frère. Forster, mon cher, est un avocat anglais qui, par amour des chevaux, a abandonné les Cours de Chancery lane et de Lincoln's Inn Fields, et est devenu une espèce de jockey. Il faut que tu saches que dans les courses il y a deux classes de cavaliers: les jockeys que nous appelons des *professionnels*, et les *gentlemen* comme d'Ypréau ou comme moi, qui montent pour leur plaisir. Forster, par son éducation et par ses relations, n'est pas un *professionnel*, mais, par son habileté, c'en est un, et aussi par le prix dont il se fait payer.

— S'il se fait payer, quel avantage trouve-t-on à réclamer ses services? Il me semble qu'un jockey de profession, même médiocre, doit être supérieur au gentleman le plus habile.

— Parfaitement raisonné en thèse générale; seulement, dans l'espèce, ton axiome n'est pas tout à fait vrai, attendu que Forster est l'égal du meilleur jockey anglais; de plus, comme il est accepté et reconnu pour gentleman, il jouit en cette qualité de l'énorme avantage de recevoir une décharge de six livres.

— Je n'y suis plus du tout.

— Deux mots d'explication vont te faire comprendre. L'expérience a démontré qu'une once de plus ajoutée au poids que porte un cheval se traduit par un mètre de retard sur 1,000 mètres; ceci admis, tu dois voir quel avantage il y a pour un cheval à recevoir une diminution du poids de 6 livres. Ainsi aujourd'hui *Satan*, s'il était monté par un jockey de profession, porterait 78 kilogr.; monté par Forster, il n'en portera que 75; c'est donc exactement comme s'il partait avec une avance de 4 à 500 mètres.

— Je comprends.

— Tu comprends aussi alors qu'il y a un réel intérêt pour un propriétaire à faire monter ses chevaux par un homme tel que Forster. Notre Friardel l'a compris avant nous, et il s'est attaché Forster, il le loge chez lui, il le nourrit, il le défraie de tout et

il lui abandonne 10 pour 100 sur tous les prix qu'il gagne. L'année dernière, ces prix s'étant élevés à deux cent mille francs, la part de Forster a été de vingt mille. Pour lui, c'est donc une excellente affaire; mais Friardel n'aime pas qu'on fasse de bonnes affaires à ses dépens, et il a tâché de rattraper quelque chose de ce qu'il donnait. Son moyen très simple a consisté à prendre Mme Forster pour maîtresse; s'il avait voulu en entretenir une à Condé, elle lui eût bien dépensé une vingtaine de mille francs; Forster donc ne lui coûte rien.

— Et le mari, et ta sœur?

— Le mari, on suppose qu'il ne sait rien, et cela est assez vraisemblable, étant donné son caractère; quant à ma sœur, c'est un mouton. Regarde donc si la résignation n'est pas imprimée sur sa figure pâle. Nous autres Normands, nous nous divisons en deux classes: l'une composée de ceux qui défendent leurs droits jusqu'à la mort par tous les moyens, c'est celle-là qui, par sa ténacité, a formé le type national; l'autre composée de ceux qui, pour avoir la paix et la tranquillité, cèdent tout ce qu'on leur demande; c'est à celle-là qu'appartient ma sœur. Elle n'a d'énergie que pour rendre service. Et jusqu'à un certain point il est heureux qu'il en soit ainsi; si, au lieu de céder, elle eût voulu lutter et se défendre, elle eût été brisée; on ne résiste pas à Friardel.

— Pourquoi diable l'a-t-elle épousé?

— Parce qu'il l'a voulu, et que pour lui chose voulue est chose obtenue. Sa vie, sa position, sa fortune, tout chez lui est fait de volonté. Friardel a débuté dans le monde avec une vingtaine de mille francs à peine, non de rente, mais de capital. Pour l'aider, une mère, une sœur à soutenir. Il a commencé par acheter deux mauvais chevaux de *steeple-chase*, et il s'est mis à courir la province ni plus ni moins qu'un misérable directeur de cirque ambulant. Ce n'était pas aux grands prix qu'il s'attaquait mais aux petits, à ceux qui, par leur médiocrité, n'attirent pas de concurrents. Il montait ses chevaux lui-même pour économiser un jockey. C'est alors qu'il fallait le voir. Généralement il arrivait deux ou trois jours avant les courses, et il faisait ses vis sites aux organisateurs. La veille, il se faisait montrer l'hippodrome; à ce moment il avait déjà su se mettre bien avec les commissaires, leurs femmes, leurs enfants, leurs maîtresses. Il trouvait tout charmant, ravissant; puis, au milieu d'un flot de compliments et de cajoleries, il glissait une petite observation: « Cette haie était un peu haute, la rivière n'était pas assez large », et presque toujours il arrivait à faire disposer les obstacles de telle sorte qu'ils fussent plus faciles pour ses chevaux et plus difficiles pour ceux de ses concurrents, car chaque cheval a des aptitudes propres, et tel qui saute bien la hauteur saute mal la largeur. La première année il eut bien du mal à faire ses frais; l'année suivante il gagna une vingtaine de mille francs, il acheta de meilleurs chevaux, et ainsi toujours marchant en avant, sans reculer jamais, surtout ne dépensant pas un sou inutilement ou pour son plaisir, il en est arrivé à sortir de la misère et à réaliser des bénéfices annuels de 150 à 200,000 fr. Tous les métiers lui ont été bons. Il a acheté des chevaux en Angleterre pour les revendre en France; il a fait le commerce des bijoux et des pierres précieuses; c'est le typé du véritable Normand « gagnant toujours. » C'est cette qualité, si qualité il y a, qui a séduit mon père. Si mon père n'est pas si âpre au gain que Friardel, il lui ressemble au moins par ce côté qu'il ne veut pas perdre. Le gendre selon son cœur était celui qui conserverait sûrement sa fortune ou l'augmentant, et qui, se tenant dans une sphère modeste, ne l'éclipserait ni par son luxe ni par une haute position. En voyant comment Friardel, qui était notre voisin, avait su organiser sa vie, il crut trouver en lui le gendre de ses rêves, et, bon gré, mal gré, sans écouter les plaintes de ma sœur, sans s'arrêter à mes observations, il fallut que la pauvre fille épousât ce gredin. Ajoute à cela que par toute sorte de séductions, de petits moyens, de sourires, d'hypocrisies, de finesses, de caresses, de bassesses, Friardel avait complétement dominé le bonhomme, et tu comprendras comment ce mariage s'est fait. La domination dure toujours; mon père, presque en enfance, n'écoute que son gendre et ne voit que par lui; ma sœur

et moi nous ne sommes rien, moins que rien; ma sœur, « une poule »; moi, « un pauvre hère. »

Cependant trois ou quatre gendarmes tâchaient de faire évacuer la piste; mais les paysans ne bougeaient point, et pour les déranger il fallait les pousser par les épaules; à chaque pas ils se retournaient pour argumenter. Les tribunes, les voitures étaient complètement garnies. Les chevaux parurent; il y eut une agitation dans la foule, et quand le drapeau rouge s'abaissa, un grand mugissement.

C'était une course pour chevaux de demi-sang montés par des jockeys français, c'est-à-dire un lever de rideau, une petite pièce avant la grande; aussi le public qui se piquait de connaissances hippiques n'y prit-il pas grande attention; mais le populaire, moins correct dans ses amusements, ne fut pas si difficile. A chaque obstacle que les chevaux franchissaient, on entendait les cris et les hourras de la foule, et quand le vainqueur arriva au poteau il fut salué par de formidables applaudissements ni plus ni moins que si sa généalogie eût été régulière.

— Allons au pesage, dit Cénéri.

— Reviendras-tu? demanda Cyprienne.

— Je n'aurai pas le temps.

Hélouis vit qu'elle lui prenait la main et qu'elle la lui serrait avec un regard ému.

— N'aie donc pas peur!

— Je n'ai pas peur, c'est bonne chance que je te souhaite.

Mais son visage était en contradiction avec ses paroles, elle était extrèmement pâle, et ses lèvres frémissaient.

Dans l'enceinte du pesage déjà on ne s'occupait plus que de la course qui allait avoir lieu. Un jeune gentleman, vêtu comme un palefrenier et marchant les jambes arquées, les talons en dehors, aborda Cénéri.

— Voyons, cher ami, est-ce votre cheval qui va nous gagner ça?

— Si je ne lui croyais pas une chance je ne le ferais pas partir.

— Je pense bien, mais une chance ce n'est pas assez; je ne vous cache pas que j'aurais besoin de gagner mille louis aujourd'hui.

— Pariez, ne pariez pas; je ne peux pas

vous dire autre chose si ce n'est que le cheval est bien.

— Vous savez, Cénéri, que vous êtes l'homme le plus étonnant qu'on puisse voir; Friardel n'y met pas tant de coquetterie, il dit tout haut qu'il est sûr de gagner.

— Avec quel cheval?

— *Satan*, parbleu.

— Alors, prenez *Satan*.

— C'est ce que j'ai fait, mais vous savez aussi bien que moi que Friardel est un malin, et j'ai peur, tandis qu'avec vous...

— Moi je ne suis donc pas un malin?

— Non, mon cher, non; et franchement je vous en félicite.

Tous ceux qui ont assisté une fois aux courses du bois de Boulogne connaissent un immense champignon en paille, sous lequel se réunissent deux ou trois cents individus qui, à en juger par leurs cris et leurs contorsions, paraissent tourmentés de la même maladie que les agents de change qui s'agitent et se démènent autour de la corbeille de la Bourse. C'est le *ring*, ou, comme disent nos voisins, le *magic-ring*, c'est-à-dire le cercle des parleurs. Cette honorable institution, qui rend tant de services aux fils de famille en les débarrassant de leur superflu, ne s'est pas encore établie à Condé-le-Châtel. Les paris s'y concluent directement, bêtement, entre amis ou tout au moins entre gens de connaissance qui ont l'habitude provinciale de faire honneur à leurs engagements.

A chaque pas Cénéri était arrêté, mais à toutes les propositions il faisait la même réponse.

— J'ai déjà dix mille francs sur mon cheval, je trouve que c'est assez.

Friardel ne paraissait pas apporter la même modération dans ses paris; il allait en sautillant, de groupe en groupe, et l'on voyait son crayon courir sur son carnet. Il était gai, souriant, caressant, et il donnait à chacun de longues poignées de main dans lesquelles il paraissait mettre tout son cœur.

Les chevaux qui avaient couru étaient au milieu de l'enceinte, la tête basse, les flancs haletants, épuisés, morts. Autour d'eux des hommes d'écurie s'occupaient à les râcler avec un long couteau flexible; l'écume ruisselait sur leur peau et tombait à terre, mêlée au sang qui s'échappait des trous d'éperon et des petites veines crevées. Ceux qui allaient courir continuaient leur promenade circulaire d'un air indifférent, sans paraître comprendre que quelques minutes plus tard ils seraient eux-mêmes dans ce triste état.

Sous les ormes un groupe de cinq ou six personnes attirait l'attention par l'importance qu'il se donnait : les autorités de Condé-le-Châtel. Au centre, discourant le bras arrondi, le président du tribunal, Bonhomme de la Fardouyère, que son nom seul faisait admirablement connaître: bon homme, cela était vrai; mais l'orgueil et la vanité d'être de la Fardouyère, d'où il était, mais dont il n'était pas, gâtait cette qualité native; près de lui souriant, bon enfant, l'air vain et vide, le sous-préfet Albéric Angiboust, semblant avoir pour unique souci de plaire à tout le monde; immobile près d'eux, une attitude étudiée, une figure longue, osseuse et ascétique, en face de laquelle l'observateur le plus fin serait resté longtemps embarrassé se demandant si c'était un cuistre de collège, un domestique d'évêque ou un ambitieux maladif, et qui, n'étant rien de tout cela, était tout simplement le procureur impérial Rabatel. Bien que ces quatre personnages fussent marqués chacun d'un cachet individuel qui sautait aux yeux, ils étaient effacés par un petit homme, le seul non décoré, qui tout de suite appelait le regard, et qui, par son apparence chétive, son dos voûté, ses mouvements rapides, son énergie fiévreuse, l'arrêtait inquiet et perplexe: c'était le maire de Condé, M. Gillet, un médecin célèbre par des expertises judiciaires qui en sept ans avaient envoyé trois empoisonneurs à l'échafaud.

Hélouis, qui n'écoutait les explications de Cénéri que d'une oreille assez distraite, s'arrêta devant ce groupe. Si un jour Friardel engageait son procès, ce seraient ces gens-là qui en connaîtraient! Cela avait pour lui un tout autre intérêt que ces chevaux maigres et que ce monde de sportsmen.

Angiboust quitta le président et son grou

pe pour venir avec empressement au-devant de Cénéri.

— Vous savez, cher ami, que je compte sur vous pour nous gagner ce prix, dit-il en souriant, vous ou Friardel, Friardel ou vous, je ne sors pas de là, il y va de l'honneur de mon arrondissement.

— Eh bien, cher Monsieur, comment allez-vous aujourd'hui? demanda Gillet en s'avançant.

— Ah ça ! docteur, vous m'effrayez en me demandant toujours des nouvelles de ma santé; ai-je l'air mourant?

— Vous savez bien qu'on est malade de trop de santé, comme de pas assez, et que dès lors l'air ne signifie pas grand'chose.

Le président ne dit rien, mais il sembla à Hélouis qu'il examinait Cénéri d'une façon étrange et qu'il échangeait avec le procureur impérial des signes mystérieux. Une cloche qui sonna ne lui permit pas d'approfondir cette impression.

— Excusez-moi, dit Cénéri, il faut que 'aille me faire peser.

Et il se dirigea vers un petit kiosque qui ervait de vestiaire; lorsqu'il en sortit débarrassé de son pardessus, il apparut la taille serrée dans une casaque de satin carlate, coiffé d'une casquette de velours noir, botté, éperonné, prêt pour la course. Hélouis fut tellement surpris du changement qui s'était fait dans sa physionomie, deux minutes auparavant, calme et souriant, maintenant agité et inquiet, qu'il ne put s'empêcher de lui demander ce qu'il avait; sans répondre, Cénéri posa son doigt sur ses lèvres.

Mais lorsque l'importante opération du pesage fut terminée, il l'emmena à l'écart.

— Tiens, dit-il à mi-voix, lis ça.

Et il lui donna un petit morceau de papier gris plié et roulé de manière à n'être pas plus gros qu'une plume.

Hélouis le déroula et lut, écrit au crayon dans un caractère d'écolier de dix ans: « Vou pouvé pariez contre *Satan*, ier il avé la cueux naté. »

— Tu ne comprends pas?

— Pas un mot.

— « Vous pouvez parier contre *uvpvs*, hier il avait la queue nattée? »

— Ce qui veut dire?

— Ce qui veut dire que *Satan* ne gagnera pas, attendu qu'il a été drogué et que hier il était en médecine.

— D'où te vient cet avis?

— D'un vieux valet d'écurie autrefois chez mon père, maintenant chez Friardel; il m'a glissé ce papier au moment où j'entrais dans le vestiaire.

— Ce serait donc Friardel qui aurait lui-même drogué son cheval?

— Assurément, et je vois clair dans son jeu; il veut gagner avec *Lune-de-Miel*, qui est à dix contre un, et il a fait parier contre *Satan*.

— Mais c'est une volerie, ça!

— Et pour mieux la masquer, il s'est couvert avec d'Ypréau, dont la réputation est une garantie de loyauté.

— Il faut prévenir d'Ypréau.

— Telle a été ma première pensée; elle était mauvaise; si d'Ypréau refusait de partir maintenant qu'il est pesé, on l'accuserait d'avoir parié contre son cheval, il serait déshonoré, car la tricherie de Friardel ne peut pas se prouver, ce morceau de papier n'a aucune valeur. Si au contraire il partait, étant prévenu, il n'aurait peut-être pas tout son sang-froid pendant la course; ce qui est une question de vie ou de mort.

— Un cheval peut-il courir dans l'état où est celui-là?

— C'est dangereux, mais d'Ypréau aimera mieux s'exposer à la mort qu'au soupçon; il faut donc ne rien dire en ce moment et le laisser monter, quoi qu'il puisse arriver. Tu vois de quoi Friardel est capable.

Nélombo avait été sellé pendant que ces quelques mots s'échangeaient rapidement. Les autres chevaux étaient déjà sortis de l'enceinte du pesage pour se rendre sur la piste. Cénéri se mit en selle.

— Va rejoindre Cyprienne, fais-la parler, tâche de l'étourdir; qu'elle ne pense pas trop à la course.

Hélouis n'eut que le temps de regagner la calèche; les chevaux, après un court galop d'essai, s'étaient déjà rangés pour le départ devant les tribunes.

Debout dans sa calèche, Cyprienne tenait sa lorgnette braquée sur Cénéri, qui était sorti le dernier. Calme en apparence, elle était agitée d'un petit tremblement nerveux qui trahissait son émotion intérieure. Entre le gant et la manchette, on voyait perler des gouttelettes de sueur. Cependant elle gardait bonne contenance.

Hélouis voulut lui raconter ce qui s'était passé, et à quel danger d'Ypréau était exposé, mais elle ne le laissa pas aller loin.

— Oh! M. d'Ypréau! dit-elle avec l'égoïsme féroce de la passion.

Que lui importait d'Ypréau? c'était Cénéri qu'elle regardait, c'était pour lui que son cœur battait à coups redoublés.

Les chevaux avaient pris leur galop d'essai et ils s'étaient rangés pour le départ. Le drapeau rouge du *starter* s'abaissa; ils s'élancèrent: *Satan* en tête, *Nélombo* et *Lune-de-Miel* en queue, les autres par peloton au centre.

Le premier obstacle était une haie de genêts; les vieux chevaux, qui savaient qu'il fallait se ménager, la franchirent en brochant au travers; les jeunes, en sautant bravement par-dessus.

Il y eut un hourra dans la foule, puis, comme par enchantement, il se fit un silence de mort: les chevaux allaient aborder, à portée des tribunes, un obstacle en terre de plus d'un mètre de haut sur près de six mètres de large, qu'on nomme la banquette irlandaise. Toutes les têtes, par un mouvement automatique, s'étaient tournées du même côté.

Les chevaux arrivaient à fond de train, excités de la voix et de l'éperon par leurs cavaliers qui, entraînés par d'Ypréau, chargeaient cette formidable masse de gazon comme s'ils s'élançaient à l'assaut. Le sol tremblait, les selles craquaient, le souffle haletant des chevaux s'échappait de leurs naseaux rouges en un formidable mugissement.

Hélouis sentit la main de Cyprienne qui se posait sur son épaule et se crispait convulsivement; puis la main se détendit: l'obstacle était heureusement franchi. Toujours en tête avec cinq ou six longueurs d'avance, *Satan*; et dans le tourbillon de poussière soulevé par les chevaux groupés, la casaque écarlate de *Nélombo* et la casaque blanche avec écharpe bleue de *Lune-de-Miel*.

A la façon dont *Satan* galopait, il était évident qu'il voulait, par la puissance de son train, écraser ses adversaires et les semer sur le parcours les uns après les autres comme les grains d'un chapelet. C'est là une tactique dangereuse qui demande un cheval de premier ordre; mais bien des fois elle lui avait réussi, et rien ne pouvait faire supposer qu'elle ne lui réussirait pas encore. Il allait avec une telle énergie, il sautait avec une telle légèreté, une telle sûreté qu'il était impossible au public de deviner que cette noble bête était malade, et même Hélouis se demandait si l'avis donné à Cénéri n'était pas un piége.

D'abord droite, la piste, en quittant les tribunes, décrit une courbe qui enserre un bouquet de bois, à la sortie de ce bois se présente la rivière.

Ils ne restèrent pas vingt secondes derrière ce rideau, mais ces vingt secondes furent longues comme une journée d'attente. Tout à coup une tache blanche sortit de la verdure, c'était *Satan*; il avait progressivement augmenté son avance, et il s'écoula deux ou trois secondes avant que les autres concurrents apparussent derrière lui; ils étaient encore au complet: *Nélombo* dernier, le nez à la croupe de *Lune-de-Miel*.

La rivière devait changer cet ordre et réaliser ce que Cénéri avait prédit: *Satan* sauta bien, mais quand les chevaux qui suivaient arrivèrent sur ces bords détrempés, il se produisit une étrange confusion, deux ou trois colonnes d'eau jaillirent en l'air, et quand elles furent retombées, le public vit qu'il ne restait plus que six chevaux dans la course; les autres barbotaient dans l'eau avec leurs cavaliers ou restaient enfoncés dans la vase.

Hélouis, qui n'avait jamais suivi une course, était incapable de se reconnaître dans ce pêle-mêle, surtout à pareille distance; mais au soupir de soulagement qui s'échappa de la poitrine de Cyprienne, il comprit que *Nélombo* avait passé. Le cheval, en effet, était toujours à la même place; devant lui galopaient *Lune-de-Miel*, les deux chevaux irlandais, *Escamoteur* et tout en tête, *Satan*.

En arrivant la seconde fois devant la calèche, Cénéri fit de la tête un signe pour dire que tout allait bien, car ses deux bras étaient occupés à retenir son cheval qui tirait tant qu'il pouvait.

La foule battait des mains et saluait les chevaux de ses applaudissements; *Satan*, qui avait conservé son avance, était blanc d'écume. Cela inquiéta quelques uns de ses partisans; mais cependant, il allait si franchement qu'ils n'osèrent pas se couvrir en pariant contre lui.

Escamoteur avait probablement fait de la rivière une première expérience qui l'en avait dégoûté, car au second tour il refusa obstinément de passer.

Il ne resta donc plus dans la course que les deux chevaux irlandais, ceux de Friardel, et *Nélombo*. Si la vitesse augmentait, les chevaux irlandais, meilleurs comme sauteurs que comme coureurs, ne pourraient probablement pas continuer, car ils donnaient déjà des signes de fatigue.

Elle augmenta; *Nélombo*, qui était resté attaché à *Lune-de-Miel*, sans paraître se soucier de l'avance de ses concurrents, commença à s'étendre; *Lune-de-Miel*, le sentant venir, avança aussi, et tous deux dépassèrent rapidement les irlandais.

La distance qui les séparait de *Satan* se trouva vite singulièrement diminuée. Il devint évident pour tout le monde que celui-ci faiblissait. A chaque pas en avant il semblait dire: Je n'en peux plus, encore cent mètres je les ferai, plus je ne pourrai pas, ce n'est pas le courage qui me manque, c'est la force. Il fouettait l'air de sa queue et donnait des signes de détresse auxquels les gens du métier ne se trompent pas.

Quatre cents mètres seulement les séparent du poteau d'arrivée; à chaque foulée il perd, tandis que *Nélombo* et *Lune-de-Miel* gagnent.

Une grande clameur s'élève dans la foule.

— *Satan* est battu.

Les deux jeunes chevaux courant tête à tête, naseaux contre naseaux, botte contre botte, sont sur lui. La courageuse bête veut lutter encore; la force lui manque; il est dépassé.

— *Lune-de-Miel* est au fouet.

Couché sur l'encolure de sa jument, Forster la sangle de coups de cravache, tandis que de ses éperons il lui laboure le ventre.

Cénéri debout sur ses étriers, n'a pas encore bougé. Il se penche sur le garrot, tire la bride de la main gauche, et de la droite lève sa cravache. Le cheval répond à son appel et allonge la tête.

— *Nélombo! Nélombo!*

La lutte ne dure pas une seconde. *Nélombo* arrive le premier au poteau, gagnant facilement.

La foule envahit la piste et applaudit avec enthousiasme. Dans les voitures, au contraire, il y a un mouvement de surprise silencieuse. Le favori est battu, on ne peut pas demander de la joie à ceux qui perdent leur argent.

Mais le populaire qui n'a rien risqué et qui est là pour son plaisir pousse des hourras. C'est un cheval du pays qui a gagné : « Bravo! monsieur Cénéri! » On fait cortège à *Nélombo*, qui peut à peine s'ouvrir un passage.

Cependant, dans l'enceinte du pesage éclate une agitation désordonnée. La défaillance inexplicable de *Satan* d'un côté, la persistance de *Lune-de-Miel* de l'autre, ont éveillé les soupçons de ceux qui connaissent les roueries du turf, soupçons que confirme encore l'état des deux chevaux. *Satan* est anéanti, vacillant sur ses jambes, ses yeux sont morts, l'écume mousse sur tout son corps. *Lune-de-Miel*, presque sèche tant sa préparation a été sévère, est charcutée de coups d'éperon, cerclée de coups de cravache; le sang qui coule de ses flancs dit combien vivement on voulait la faire gagner.

On ne se gêne pas pour formuler tout haut les accusations. Si Friardel ne les entend pas, c'est qu'il se bouche les oreilles. Blême, les lèvres pincées, évitant les regards, il se dirige vers d'Ypréau. Mais celui-ci, en l'apercevant, lui épargne la moitié du chemin.

— Mon cher baron, dit-il à très haute voix, de manière à être entendu de tous ceux qui les entourent, ne m'en veuillez pas, je suis sûr que ces Messieurs vous diront que pour un cheval malade je n'ai pas trop mal monté.

A ces mots, qui dans leur ironie dégageaient sa responsabilité et disaient clairement qu'il ne voulait passer ni pour complice ni pour dupe de cette étrange défaite, des applaudissements éclatent de tous côtés, et trente mains se tendent vers lui.

Friardel pâlit encore davantage.

— Malade! tous mes paris étaient sur lui.

— Assurément, nous en sommes tous convaincus, aussi je vous réitère mes excuses.

Et lui tournant le dos avec une parfaite impertinence, il se dirige vers le kiosque du pesage, où il trouve Cénéri assis sur le fauteuil pour faire vérifier son poids.

Là aussi les commentaires sur la course de *Satan* allaient leur train, et toujours les mêmes récriminations revenaient nettes et précises.

D'Ypréau perça le rang des curieux, et, prenant la main de Cénéri:

— Les compliments du vaincu au vainqueur, dit-il cordialement, tu as fait l'arrivée la plus fine et la plus juste qu'on puisse voir.

— La course de ton cheval est encore bien plus juste, dit Cénéri en souriant, et surtout bien plus fine.

Friardel, qui venait de s'approcher, entendit ces derniers mots; il était dans une de ces situations où l'exaspération fait oublier toute prudence; les premières accusations, il avait feint de ne pas les comprendre, mais il était à bout, et d'ailleurs sa haine contre Cénéri l'emporta.

— Savez-vous ce que vous voulez dire? fit-il en s'avançant et en se plaçant en face de son beau-frère.

Cénéri le regarda un moment; puis d'une voix basse:

— Vous êtes le mari de ma sœur; je suis plus honteux de votre défaite que joyeux de ma victoire.

Bien que prononcées d'une voix sourde, ces paroles furent entendues des quelques personnes qui entouraient les deux beaux-frères. Il se fit un moment de silence qui rendit la situation plus difficile encore.

Mais d'Ypréau avait tout son sang-froid: il passa son bras sous celui de Cénéri et l'emmena à l'écart avant que Friardel eût répliqué.

— Tu savais donc que *Satan* était drogué? dit-il.

Cénéri lui raconta comment il en avait été informé.

— Pas tué, pas déshonoré, fit d'Ypréau en riant; ni mort, ni filou, décidément j'ai une fameuse chance.

— Allons rejoindre Cyprienne, dit Cénéri. A ce propos, j'ai un service à te demander; tu sais que je n'ai pas pu me marier parce que mon père m'a refusé obstinément son consentement. Dans quelques jours, je toucherai à ma majorité de vingt-cinq ans et pourrai lui faire les sommations légales. Promets-moi d'être témoin de mon mariage, avec Hélouis.

— Alors, c'est un amour sérieux?

— Comment sérieux! mais je suis l'homme le plus heureux du monde!

— Au fond des bois, après trois ans, quel gaillard! Il est donc dit qu'en tout et partout tu nous humilieras.

— Tu me plains, et, chose étrange, je te plains aussi. Tu trouves ma vie vide; justement, c'est ce que je pense de la tienne. Enfin ne discutons pas là-dessus. Ce qu'il y a de certain, c'est que pour moi je suis heureux. Je ne te cache pas que dans les premières années nous avons eu des ennuis d'argent. Mais cela est fini; sur la course d'aujourd'hui je gagne une centaine de mille francs; le jour de mon mariage j'en toucherai près de quatre cent mille, l'avenir est donc à nous. C'est dit, n'est-ce pas, dans quatre mois je compte sur toi.

— Dans quatre mois.

VII.

Le lendemain matin Cyprienne assistait au premier déjeuner de son fils lorsqu'on vint la prévenir qu'une espèce de monsieur demandait M. d'Eturquerais.

Dans le vestibule elle trouva ce monsieur qui était un grand homme extrêmement long, extrêmement maigre, extrêmement pâle.

Il salua jusqu'à terre, et ses bras, ses jambes et son torse se plièrent avec les mouvements d'un faucheux.

— Vous désirez voir M. d'Eturquerais, dit-elle en faisant entrer ce singulier personnage qui ressemblait à Pierrot en habit noir.

Il s'inclina de nouveau, se frotta la tête des deux mains, ouvrit la bouche jusqu'aux oreilles, et de cette bouche sortit une petite voix de ventriloque qui répondit:

— Oui, Madame, si je ne le dérange pas trop. Sans quoi je puis très bien vous remettre ce dont il s'agit, à savoir quelques petites significations et une sommation.

Il dit cela tout courbé, comme s'il tirait péniblement ses paroles du plus profond de ses entrailles, puis il se releva avec la rigidité d'un bon ressort qui se déclique son travail fini.

Bien que de nature sérieuse, Cyprienne fut prise d'une folle envie de rire.

— M. d'Eturquerais est très fatigué de la journée d'hier, dit-elle, cependant si vous voulez me donner votre nom.

— Espérandieu, Madame, huissier à Condé-le-Châtel, y demeurant, rue du Pont; mais inutile de troubler son repos, je peux très bien laisser entre vos mains les dites significations et sommation.

Son grand bras s'engouffra dans la poche de son habit, et il en tira une liasse de papiers; puis ayant débouché une petite bouteille d'encre suspendue à une boutonnière de son gilet, il se recourba pour écrire sur son genou.

— Parlant à la personne de qui, s'il vous plaît? demanda-t-il.

— Mme d'Eturquerais.

La déclique du ressort se défit, et il se redressa la bouche ouverte, les yeux écarquillés.

— Pardon, je demandais vos noms et qualités.

La figure de Cyprienne s'empourpra et elle baissa les yeux; comme elle les relevait, elle aperçut par la fenêtre ouverte Hélouis qui se promenait dans le jardin.

— Monsieur Hélouis, dit-elle.

Cet appel était si pressant, la voix était si inquiète, qu'il accourut.

— C'est un monsieur, dit-elle en allant vers la fenêtre, un huissier.

— Espérandieu, huissier à Condé-le-Châtel, dit l'homme au ressort répétant son refrain, pour signification de quelques pièces de procédure.

Hélouis tendit vivement la main.

— Comment remplir « le parlant à? » dit l'huissier sans se dessaisir de ses papiers.

— Une personne à son service.

— Pardon, mais ne vois ici personne au service de M. d'Eturquerais.

Et d'un air narquois il se frotta la tête comme s'il la brossait.

— Veuillez appeler un domestique, dit Hélouis à Cyprienne; puis se tournant vers l'huissier:

— Je suis avoué près le tribunal de la Seine, je vous avertis de cesser ces grimaces.

— Pardon, vous savez les formalités.

Puis après avoir écrit quelques mots, il tendit la liasse à Hélouis, et saluant jusqu'à terre, il sortit.

— Eh bien, dit Cyprienne en revenant vers l'avoué qui feuilletait les papiers, qu'est-ce donc? ce n'est pas grave, n'est-ce pas?

Hélouis resta quelques secondes sans répondre, tournant rapidement les feuillets.

— Vous êtes une femme courageuse, fit-il en relevant les yeux et en la regardant en face.

— Mon Dieu!

— Il faut garder tout votre calme, votre force, non seulement pour vous, mais pour lui.

— Mais qu'est-ce donc?

— Une infamie dont vous triompherez, mais qui va vous causer de terribles tourments. On veut interdire Cénéri.

— L'interdire!

— On l'accuse d'être fou.

La porte s'ouvrit, et Cénéri entra, marchant lentement, les yeux encore ensommeillés. D'un bond, elle fut près de lui et se jeta dans ses bras.

Il la regarda en souriant, mais à sa figure décomposée, à son tremblement, à l'air sombre d'Hélouis, il comprit qu'il se passait quelque chose de grave.

— Je vais près de vous, dit l'avoué toujours dans le jardin, répondant à sa muette interrogation.

Quittant la fenêtre sur laquelle il était appuyé, il entra dans la maison.

— Que se passe-t-il donc? demanda Cénéri.

Avant de répondre, Hélouis alla fermer la fenêtre, puis, revenant la liasse de papiers à la main:

— En arrivant ici, dit-il, je l'ai laissé

croire que je te rendais tout simplement une visite d'amitié. Ce n'était pas absolument vrai. Quelques jours avant mon départ de Paris, j'avais rencontré ton beau-frère, Friardel, chez d'Ypréau.

— Tu me l'as dit, interrompit Cénéri.

— Oui, mais je ne t'ai pas dit que de notre entretien il m'avait semblé résulter qu'un danger te menaçait.

— Un danger! quel danger?

— Un danger que j'espérais conjurer en venant ici, mais contre lequel maintenant je ne peux plus que t'aider à te défendre.

— Tu me fais mourir avec ces précautions; explique-toi. Je ne suis pas un enfant.

— Mon ami...... essaya doucement Cyprienne.

— Voyons ces papiers.

— Les voici: la première pièce est une requête présentée au président du tribunal par ton père, pour demander qu'il soit rendu contre toi un jugement d'interdiction.

— M'interdire!

— Attendu ton état habituel de démence et de fureur, dit la requête.

— J'ai vu mon père il n'y a pas huit jours, et il a été avec moi comme à l'ordinaire.

— La seconde pièce est un avis de ton conseil de famille, disant qu'il y a lieu de poursuivre l'interdiction; enfin la troisième est un jugement ordonnant que tu devras comparaître demain en la chambre du conseil pour y être interrogé.

— Voyons, voyons, dit Cénéri en balbutiant, c'est impossible, n'est-ce pas? Mon père, qui, au vu et au su de tout le monde, est pour ainsi dire en enfance, ne peut pas demander mon interdiction.

— Ton père n'est pour rien là-dedans; il agit parce que, aux termes de l'article 490, l'interdiction ne peut être provoquée que par un parent, et que ton beau-frère n'est que ton allié; mais tu dois bien sentir que le coup vient de Friardel seul, qui, par ce moyen, espère empêcher ton mariage.

Il y eut un moment de silence; Cyprienne et Cénéri échangèrent un long regard.

— Franchement, ton avis, dit Cénéri; ce procès peut-il réussir?

— Si quelqu'un est assuré de vivre de-main, c'est ce grand gaillard de jardinier qui passe là-bas, n'est-ce pas; cependant il peut mourir avant ce soir. Si fort que soit ton droit, tu peux succomber, c'est là le sort de tous les procès.

— Je serais déclaré fou!

Il repoussa Cyprienne et marcha vers la porte; le sang lui jaillissait des yeux, les veines de son cou étaient gonflées à crever.

Elle courut à lui:

— Où vas-tu?

De la main qui restait libre, il ouvrit la porte. Elle se cramponna à son bras.

— C'est comme cela, s'écria l'avoué, et comme cela seulement que ton affaire peut être perdue. Mais enfin tu vois qu'elle peut l'être Qu'un juge, qu'un étranger soit témoin de cet emportement, n'admettra-t-il pas la fureur? Tu veux tordre le cou à Friardel, eh bien! après? D'abord on ne tord jamais tout à fait le cou aux gens, et le lendemain vous êtes coffré dans une prison ou dans une maison de fous. Ferme cette porte et causons sérieusement. As-tu confiance en moi?

— En toi oui, mais je n'ai confiance ni dans la loi ni dans la justice. Comment puis-je avoir confiance, quand je vois qu'un procès aussi absurde est possible? Il passe par l'idée d'un misérable de dire que je suis fou, et tout de suite la loi met son arsenal à sa disposition. Moi, qui n'ai rien fait, me voilà accusé, traqué, forcé de me défendre comme si j'avais commis un crime. A qui la loi est-elle favorable? A l'honnête homme ou au gredin, à l'innocent ou au coupable?

— Il est certain qu'on peut toujours intenter un mauvais procès, mais pour celui qui le commence il y a à la fin une pénalité.

— Qui me dit ce que sera cette fin quand je vois ce qu'a été le commencement? Ainsi, voici des requêtes, des jugements qui ont été rendus contre moi, et je n'en ai rien su; qui me dit que la loi ne va pas permettre qu'on m'enferme dans une maison de fous sans que j'aie été davantage appelé à me défendre?

— Oh! oh!

— Enfin, voyons les différentes mesures qui ont été prises contre moi, et voyons offoff

aussi comment jusqu'à présent la loi m'a protégé.

— Il y a eu requête présentée au président du tribunal par ton père;—ordonnance du président portant que la requête serait communiquée au procureur impérial et commettant un juge pour faire un rapport; — sur ce rapport et les conclusions du procureur impérial, ordonnance du tribunal pour obtenir l'avis de ton conseil de famille; — réunion et délibération de ce conseil, — jugement du tribunal décidant que tu serais interrogé dans la chambre du conseil.

— Tout cela arrière de moi, dans le plus grand secret. Ni le président, ni le procureur impérial, ni le juge de paix, aucun de ceux entre les mains desquels la loi nous met, ne m'a prévenu. J'arrive à la veille du jugement sans rien savoir. Est-ce que si j'avais été appelé devant le président, il eût rendu son ordonnance; si le procureur impérial m'avait entendu, aurait-il conclu qu'il y avait lieu à convoquer mon conseil de famille, si j'avais été interrogé, est-ce qu'il eût donné un avis favorable à mon interdiction? Où vois-tu dans tout cela la protection de la loi? Ne m'a-t-elle pas livré au contraire à mes ennemis? Ils ont eu le temps de préparer leurs attaques, et, quand tout est disposé de leur côté, la loi me dit à l'improviste: Tu te défendras demain; tes ennemis ont pris le temps qui leur a été nécessaire; toi, nous te donnons vingt-quatre heures.

— La loi est la loi, nous n'avons pas à la discuter, mais à la subir.

— C'est bien de cela que je me plains.

— Parfaitement; mais, dans l'état des choses, il est temps encore d'organiser notre défense. Je ne te demande que de la modération. Si mystérieusement, si habilement que l'affaire ait été conduite, nous en sortirons, si tu peux ne pas te laisser emporter par la colère.

— Tu en parles à ton aise.

— Non, je comprends les sentiments d'indignation qui bouillonnent en toi; mais comme la colère peut nous perdre et que le calme doit nous sauver, je tâche de te calmer.

— Enfin sur quoi s'appuie cette demande d'interdiction?

— C'est justement ce qu'explique la requête.

— Eh bien! lisons-là.

Tremblante d'angoisse pendant cet échange de paroles rapides, Cyprienne était restée contre la porte, et ses yeux allaient de l'un à l'autre pour tâcher de comprendre ces grands mots de requête, de conclusions, d'ordonnances qu'elle entendait pour la première fois. L'avoué, qui savait parfaitement de quels éléments se composent d'ordinaire ces sortes de requête, voulut lui épargner certains détails qui assurément allaient la faire rougir et plus tard la feraient souffrir; il fit un signe à Cénéri pour remettre cette lecture à un autre moment. Mais celui-ci n'était pas dans une situation à écouter les conseils de la prudence.

— Non, dit-il, tout de suite; tu sais bien que je n'ai rien à cacher.

— Cependant...

— Ne me trouvez-vous pas digne de partager ses douleurs?

— Je trouve qu'il est des calomnies qu'une honnête femme ne doit pas connaître, surtout lorsqu'elles frappent l'homme qu'elle aime.

Aux regards qu'ils échangèrent, il comprit que toute observation serait inutile. D'ailleurs, lors même qu'il parviendrait à lui cacher le contenu de cette requête pour le moment, ne la connaîtrait-elle pas toujours tôt ou tard?

— Voici cette requête, dit-il; l'un et l'autre souvenez-vous qu'elle a pour but de provoquer l'interdiction, et que, par conséquent, les faits qu'elle présente sont groupés et arrangés pour ce résultat.

« A MM les président et juges composant le tribunal civil de Condé-le-Châtel.

» M. François-Joseph Bonnard, comte d'Eturquerais, commandeur de la Légion-d'Honneur, président honoraire de la Cour de Caen, demeurant à Angerville, a l'honneur d'exposer:

» Qu'il vient accomplir un pénible mais impérieux devoir en provoquant des mesures indispensables pour assurer à son fils Cénéri d'Eturquerais les soins et la surveillance spéciale que nécessite son état mental, et en même temps sauvegarder, s'il en est temps encore, ses droits contre les tentatives cupides auxquelles l'expose sa triste situation. »

— Quelles tentatives cupides, s'écria Cénéri, de la part de qui?

— Vous voyez, Madame, que j'avais raison de vouloir vous cacher ces infamies; ce que je prévoyais se réalise, et il faut, par ce début, vous attendre à vous trouver mêlée à ce débat, si même vous n'en êtes pas la pièce importante.

— Je ne me plaindrai pas des coups dirigés contre moi.

L'avoué haussa les épaules pour dire qu'elle ne savait pas ce qui l'attendait, puis continuant:

« Que pour éclairer la religion du tribunal et le mettre à portée d'apprécier la nécessité qu'il y a de pourvoir sans retard à l'administration de la personne et des biens de ce malheureux jeune homme, il convient d'entrer dans quelques détails.

» I. Dès son enfance, il donna des marques nombreuses de son caractère violent et emporté; et malheureusement, au lieu d'être sévèrement dirigé, il a été abandonné à lui-même par sa mère, qui, obéissant à un sentiment de tendresse extrême, s'est toujours montrée de la plus grande faiblesse pour son fils. C'est ainsi qu'il a grandi dans l'éducation de la famille et qu'il est devenu une nature ardente pour ses caprices et ses passions, molle et efféminée pour les épreuves de la vie. »

— Pauvre maman, comme elle morte, on ne peut l'accuser de folie, mais on la rend responsable de la mienne.

« II. A peine arrivé à Paris, où il avait été envoyé pour faire ses études de droit et se préparer à suivre dans la magistrature la trace glorieuse que ses ancêtres y ont laissée, il se livre avec emportement à sa passion pour le plaisir. La sollicitude pleine de prévoyance de son père lui avait imposé un travail régulier chez un des meilleurs avoués du Palais, l'honorable Me Têtevuide. En agissant ainsi, on avait surtout en vue de le soustraire à des entraînements auxquels il n'était que trop disposé à succomber. Soins inutiles d'un père sage. Non

seulement il ne travaille pas dans cette étude, mais il y est une cause de trouble. Il entraîne plusieurs de ses camarades et les arrache à une vie laborieuse pour les jeter dans le désordre. »

— Je crois bien que nous y passerons tous, dit l'avoué. Voilà pour d'Ypréau.

« C'est à ce moment qu'on peut suivre régulièrement chez lui la marche de plusieurs manies: manie des achats inutiles, manie des vêtements ridicules. Ceci est constaté par plusieurs lettres de M. Têtevuide, ci-jointes, lesquelles sont un tissu de plaintes; plaintes sur la conduite, plaintes sur le travail, plaintes sur le caractère emporté et désordonné.

» III. Ayant vécu jusque-là sous l'œil de son père, M. Cénéri d'Eturquerais n'avait pu se livrer à toutes les passions dont il portait le germe. Mais à Paris il en est tout autrement. Il n'est pas nécessaire de dresser une liste de ses maîtresses. »

— Voilà précisément, dit l'avoué en s'interrompant, ce que je voulais vous éviter, Madame; il est temps encore.

Mais voyant qu'elle ne répondait pas, il continua:

« Sans doute les passions de la jeunesse sont jusqu'à un certain point explicables; mais chez lui il y a plus que l'ardeur d'un sang jeune. Les femmes, dont il devient le jouet, exercent sur son intelligence faible et frivole un pouvoir despotique, et déjà l'on peut voir ce qu'il deviendra entre leurs mains. Sans entrer dans des détails dont le récit serait peu convenable pour le tribunal, un fait choisi entre mille suffira pour montrer quel était l'état moral de ce jeune homme de vingt ans.

» Pendant les vacances, il avait été rappelé par son père. Il arrive à Condé, suivi d'une de ces femmes élégantes et brillantes dont le sourire est si redoutable. Elle a trente ans, elle est dans tout l'éclat d'une beauté qui lui a valu une certaine renommée dans le monde où fleurissent ces enchanteresses. »

— Décidément, fit Hélouis, voulant atténuer l'effet de ces détails, on écrit bien en province; ce n'est pas à Paris que mes clercs trouveraient de si belles choses.

Mais cette plaisanterie fut en pure perte.

Cyprienne, qui tenait ses yeux fixés sur le parquet, ne les releva pas, et Cénéri n'interrompit pas le tapotement nerveux de sa main sur le bord de la table où elle était posée. Par les intermittences de ce mouvement machinal, on pouvait suivre l'intensité des impressions qui se succédaient en lui au hasard de cette lecture.

» Il installe cette créature à deux pas de son père, dans les meilleurs appartements de l'hôtel du *Bœuf couronné*, qui, n'étant point assez beaux pour recevoir cette femme, sont meublés à neuf avec un luxe insensé. Nous n'entrerons pas non plus dans le récit des scènes honteuses dont cet hôtel fut le théâtre, scènes qui portaient le désespoir dans sa famille et le scandale dans la ville. Si le tribunal voulait faire jaillir une plus grande lumière sur ce point, que nous voilons par respect pour la décence publique, rien ne serait plus facile; ces faits déplorables ont laissé une profonde trace dans la conscience des habitans, il n'y aurait qu'à interroger leurs souvenirs. De tous ces faits nous n'en évoquerons qu'un seul qui prouve sans réplique possible une attaque de folie. La paix ne régnait pas toujours entre les deux amans: Un jour que la jeune femme voulait aller à une partie de campagne avec quelques jeunes gens qui l'avaient invitée, M. Cénéri, que cela contrariait, ne trouva rien de mieux que de lui brûler sa robe sur les épaules, et cela au risque de la tuer. Le maître d'hôtel, les voisins accoururent aux cris de la malheureuse, et l'on put éteindre ce commencement d'incendie. Un quart d'heure après, il se traînait aux genoux de celle qu'il avait voulu brûler vive, en l'appelant « mon ange adoré. »

— Quelles niaiseries! s'écria Cénéri, et c'est sur de pareilles folies qu'on prétend me déclarer fou.

— Cependant « mon ange adoré. »

— Je n'ai pas envie de rire.

— Ni moi non plus, bien que vouloir interdire un homme parce qu'il a appelé sa maîtresse « mon ange adoré » soit assez drôle. Mais je vois par ce commencement que rien ne sera épargné dans ta vie, et que les choses les plus innocentes vont être singulièrement défigurées. Continuons:

» IV. En même temps il se livrait à des dépenses qui n'étaient nullement en rapport avec la pension que lui servait son père, cinq cents francs par mois. Il achetait de tous côtés les objets les plus inutiles: une voiture de cinq mille francs chez un carrossier des Champs-Elysées, des robes de trois ou quatre mille francs; plusieurs factures sont ci-jointes.

» Une fois il rencontre sur le boulevard M. le maire de Condé-le-Châtel, et il lui montre une bague magnifique qu'il vient d'acheter. M. le maire lui demande combien elle coûte; il répond d'un air superbe qu'il n'en sait rien, que quand un homme comme lui a quelque fantaisie, il achète sans s'inquiéter du prix.

» V. Sa majorité, en lui donnant la libre disposition de la fortune de sa mère, lui permet de satisfaire librement ses passions. Jusqu'à présent nous l'avons vu plus ardent au plaisir que ne le sont les jeunes gens de cet âge, prodigue, emporté, avec çà et là des accès de fureur aveugle (l'incendie de sa maîtresse), maniaque dans ses goûts, étrange dans ses toilettes; nous allons le voir maintenant, à partir du moment où il peut se précipiter dans des excès de tout genre, arriver à une impuissance absolue, à une véritable imbécillité de volonté qui lui font perdre tout libre arbitre, tout sens moral, et le livrent sans défense à tous ses appétits matériels, à tous les caprices de son imagination déréglée, et aussi à toutes les suggestions des intrigans qui veulent s'emparer de lui. »

Cyprienne, qui avait jusque-là gardé un silence absolu, fit un geste d'indignation, en même temps que Cénéri frappait la table avec violence.

— Voilà donc cette loi qui doit nous sauver! s'écria-t-il; en attendant, elle permet qu'un homme innocent soit traité ainsi. Que dirait-on de plus si j'étais resté dix ans à Charenton?

— La phrase est vive.

— Fou ou monstre; et cette requête va traîner dans les études, être lue par tout le monde, imprimée peut-être dans des Mémoires, même reproduite dans des journaux; quelle réparation la loi me donnera-t-elle?

— En repoussant la demande en inter-diction, elle proclamera que les faits énon-cés dans cette requête sont faux.

— Si un passant m'insulte parce qu'il est de mauvaise humeur ou parce que ma figure lui déplaît, je peux lui donner un coup d'épée ou le faire punir par la justice. Mais si celui qui m'outrage, au lieu d'être entraîné par un mouvement de vivacité, a pour mobile le vol et la lâcheté; si, au lieu d'une insulte légère, il publie partout que je suis atteint d'imbécillité, que j'ai per-du le sens moral, que je suis un monstre honteux, la loi ne peut rien pour moi, et même c'est lui qu'elle protège. Si tu en-tends tout cela avec calme, tu ne seras pas fou; mais si tu cèdes à l'indignation de l'honnête homme, tu seras fou.

Reprenons cette lecture. L'avoué conti-nua:

» V. La fortune qui lui revenait de sa mère s'élevait, d'après les pièces ci-jointes, à plus d'un million; en moins de trois an-nées elle fut réduite à la seule terre du Camp Héroult, qui vaut à peu près quatre cent mille francs; six cent mille francs dis-paraissent, dissipés, gaspillés suivant les caprices de sa folie. Faut-il dire comment? Un fait entre mille suffira: une paire de chevaux, qu'il paie dix mille francs pour l'une de ses maîtresses, est revendue par celle-ci, deux jours après, au marchand même qui l'avait livrée, moyennant deux mille francs. Cela a été révélé dans un procès en escroquerie intenté à ce mar-chand par l'un de ses associés, procès qui a été jugé à la 7e chambre du tribunal de la Seine. »

. — Pour les faits de prodigalité, dit l'a-voué en suspendant sa lecture, la défense sera assez difficile.

— Malheureusement; mais il me semble que c'était à ce moment qu'il fallait s'en in-quiéter. Quels reproches peut-on m'adres-ser maintenant, puisque depuis deux ans ma fortune, au lieu de diminuer, s'est aug-mentée?

— C'est ce que nous allons voir, dit Hé-louis en reprenant la requête.

« VI. En allant à Chantilly, où il avait une écurie de course, il fait la rencontre d'une jeune femme qui, en qualité de maî-

tresse de musique, donnait des leçons dans un pensionnat de Senlis. Il s'éprend d'elle, et, avec l'emportement qu'il met en toute chose, il la poursuit d'une façon si grossière, que plus d'une fois il scandalise les voya-geurs qui sont témoins de ses épanche-ments. »

Cyprienne, pourpre de honte, détourne la tête.

« Son état mental était alors des plus gra-ves, à ce point qu'il se présentait dans les maisons sous des noms supposés, louait des appartements qu'il n'occupait pas, arrêtait des pensions pour des personnes de sa fa-mille qui n'avaient jamais existé que dans son imagination délirante. C'est ainsi qu'il s'introduit chez les demoiselles Picot, maî-tresses de pension à Senlis, visite leur éta-blissement, et retient une place pour une de ses jeunes sœurs qu'il promet d'amener prochainement. Or, la seule sœur qu'il ait eue est Mme la Baronne Friardel, à ce mo-ment déjà mère de famille. Ce fait de dé-mence bien caractérisée pourra être attesté par la demoiselle Picot l'aînée, qui s'aper-çut du dérangement de sa raison aux dis-cours incohérents qu'il lui tint, et fut forcée de l'écondire avec les ménagements qu'on prend vis-à-vis d'un fou. »

— Tu sais comment les choses se sont passées, interrompit Cénéri; tu vois com-ment elles sont dénaturées. Ah! vous êtes des gens habiles, messieurs les avoués...

« VII. Sa fortune, réduite au chiffre que nous avons dit, ne lui permet plus d'habiter Paris. Alors il revient au Camp Héroult, et dans ce vieux domaine tout plein des sou-venirs sacrés de son vénérable grand-père, il ne craint pas d'introduire sa maîtresse. »

Hélouis s'interrompit brusquement et bredouilla quelques mots.

— Qu'as-tu donc?

— Cette requête est absurde.

Mais avec son intuition de femme, Cy-prienne avait compris qu'il voulait passer sous silence quelque accusation dirigée con-tre elle.

— Je vous en prie, dit-elle, lisez tout, je rougirais davantage si j'avais été épargnée.

D'une voix rapide et à peine distincte, l'avoué reprit:

« Son aveuglement va jusqu'au point

qu'il la veut épouser, et il faut la résistance énergique de son père pour empêcher ce malheur. Les lettres qu'il écrit alors, et qui sont ci-annexées, démontrent le désordre de son esprit, et seules elles suffiraient pour justifier notre demande.

» Ne pouvant obtenir le consentement de son père, il s'en passe. Il vit publiquement avec elle, et il en a un enfant qu'il traite comme son fils, auquel il donne son nom, de même qu'il traite cette aventurière comme sa femme et lui donne ce titre. C'est un scandale public qui désole ceux qu'il n'indigne pas. L'effet qu'il produit sur d'honnêtes populations n'est atténué que par la connaissance que tout le monde a acquise de son état mental.

» VIII. Sous l'influence des excès de tout genre auxquels il se livre, cet état s'aggrave tous les jours. A Paris, ses désordres nous ont échappé, noyés dans le mystère d'une grande ville; mais au Camp Héroult, nous pouvons suivre sa dégradation pas à pas.

» Sa faiblesse d'esprit est telle que son plus grand plaisir consiste à atteler ses gens de service, ses domestiques à des voitures qu'il s'amuse à leur faire traîner en les fouaillant ni plus ni moins qu'un enfant. Ce jeu a un tel attrait pour lui qu'il le répète tous les jours. C'est la récréation qui suit son déjeuner. Et depuis le mois d'octobre dernier jusqu'au mois de mai de cette année, il n'a pas laissé passer un jour sans s'y livrer. Cette manie est de notoriété publique et pourra être attestée par plus de vingt témoins qui, pour ne pas exaspérer sa fureur, toujours prompte à éclater, se sont prêtés à cette étrange fantaisie...

» IX. Il continue ses achats de choses inutiles, et, bien que sa situation financière soit très précaire, il jette l'argent à pleines mains de tous côtés. Sa prodigalité est si bien connue, qu'à dix lieues à la ronde tous ceux qui n'ont pas de scrupules la mettent à contribution. On tire de lui ce qu'on veut; il n'y a qu'à demander; souvent même il n'attend pas qu'on demande. »

— Ce n'est pas la première fois, dit Hélouis, que je vois une qualité transformée en un vice; il ne faut pas être meilleur que les au'res, que cela te serve de leçon.

« Cette générosité lui donne naturellement une foule de cliens, et quand il se rend aux foires, on le voit entrer dans les cabarets avec des gens de la plus basse extraction. Là il jette des poignées d'or sur les tables et paie pour tous ceux qui n'ont pas d'argent; c'est ainsi qu'à la foire de Guibray il a nourri une troupe entière de saltimbanques.

» X. Lorsqu'il ne trouve personne pour l'aider à gaspiller sa fortune, il invente des manières nouvelles; il y a quelques mois, lors de la livraison d'une vente de bois, il a voulu mettre le feu à un immense tas de cotterets: empêché par les personnes présentes, il a tenu, malgré les représentations les plus énergiques, à allumer un véritable incendie, disant qu'il voulait voir si son bois brûlait bien: les témoins de ce fait ont été unanimes à le considérer comme un acte de folie. »

— Est-ce une invention? demanda Hélouis.

— Non, il en est de cela comme de tout le contenu de cette infernale requête; le fond est vrai. Les marchands cherchaient des chicanes pour se livrer du bois sous prétexte qu'il était pourri; j'ai fait prendre cinq ou six fagots au hasard; je les ai mis en tas et les ai allumés; ils ont bien brûlé, et mon marché a été exécuté sans procès.

« XI. De tout ce qui précède il résulte bien évidemment que la vie de M. Cénéri d'Eturquerais n'est qu'une suite non interrompue de contradictions, — qu'il est sous l'empire d'une instabilité incessante, — qu'il est le jouet de tous ceux qui veulent s'emparer de lui, — que depuis sept ou huit ans il a donné des marques non interrompues de folie; — enfin qu'il est dans un état mental qui ne lui permet d'observer aucune règle de conduite physique et morale, et ne lui laisse pas l'usage raisonnable de la liberté.

» Cependant, tant que cet état n'a porté préjudice qu'à lui-même ou à sa fortune, nous n'avons pas voulu provoquer l'interdiction: cette mesure rigoureuse répugne toujours à un père; mais voici que la folie, qui pendant plusieurs années a gardé un caractère assez doux, inoffensif pour les autres, s'exaspère par les excès auxquels il se livre et devient dangereuse pour la sûreté publique. Ses accès de fureur prennent une violence telle, que ce serait pour la famille assumer une grave responsabilité si elle ne recourait pas à la loi.

» Souvent, depuis qu'il habite le Camp Héroult, il avait proféré des menaces contre plusieurs personnes; souvent il avait effrayé par ses accès de fureur des paysans qu'il rencontrait dans ses bois ou sur ses terres; souvent il avait maltraité des enfants. Il y a quelques jours, ayant rencontré dans un endroit écarté un pauvre diable nommé Tournebu, il s'est jeté sur lui et l'a roué de coups si violens qu'il l'a laissé à moitié mort sur la place.

» Ce qu'il y a de particulier au point de vue médical dans ce fait déplorable, c'est que Tournebu est un des hommes les plus forts du pays, et que, pour qu'il n'ait pas pu se défendre, il a fallu que M. Cénéri fût dans un de ces accès de fureur où, comme chacun sait, les forces des fous sont décuplées. Les blessures de la malheureuse victime ont été constatées par M. le docteur Gillet, maire de Condé-le-Châtel, et M. le baron Friardel, agissant au nom de la famille, a dû compter au malheureux blessé une somme importante pour qu'il ne porte pas plainte et n'amène pas devant la police correctionnelle l'unique héritier d'un nom que jusqu'alors la magistrature française avait toujours vu à ses côtés et jamais devant elle.

» Dans ces conditions, il n'y a plus possibilité de différer des mesures qui fassent cesser un tel état de choses, *pour quoi* le requérant demande au tribunal que, vu les articles 489 et suivans du Code Napoléon, 890 et suivans du Code de procédure, attendu que, aux termes de l'article 489 précité, le majeur qui est dans un état habituel d'imbécillité et de démence ou de fureur doit être interdit, eût-il des intervalles lucides,

» *Dire et ordonner* que le conseil de famille de M. Cénéri d'Eturquerais sera assemblé pour donner son avis sur ladite demande; dire et ordonner également que M. Cénéri d'Eturquerais sera interrogé dans la chambre du conseil aux jour et heure ultérieurement fixés.

» Le requérant déclarant en outre présenter comme témoins les personnes dont la liste est ci-jointe. »

— Tu es bien certain, n'est-ce pas, dit Hélouis en posant la liasse de papiers sur la table après avoir achevé la lecture de la requête, que la demande en interdiction est formée par Friardel? Eh bien! moi, je suis certain aussi que cette requête est son œuvre. C'est lui, lui seul, qui l'a écrite; l'avoué n'a donné que la formule. Nous ne sommes pas si habiles que cela; il y a là-dedans des perfidies de rédaction qui viennent du cœur.

— Mais c'est un tissu d'absurdités.

— Absurdités tant que tu voudras, il n'en est pas moins vrai cependant que celui qui lira cette requête, sans te connaître, te déclarera fou, archi-fou, et sera convaincu que ceux qui demandant l'interdiction sont parfaitement désintéressés.

— Ceux qui ne me connaîtront pas, c'est possible; mais le conseil de famille?

— Il faut voir comment il a été composé, et je suis bien certain d'avance que dans sa formation nous allons retrouver l'habileté de la requête: M. le baron Friardel, beau-frère; naturellement celui-là a été d'avis qu'il y avait lieu à poursuivre l'interdiction. M. le comte de Flancourt, M. le vicomte de F a court, cousins. Ce sont des neveux d ta mère?

— Oui.

— Et par conséquent des neveux aussi de l'oncle qui t'a laissé trois cent mille francs.

— C'est ce testament qui a mis la guerre entre nous; ils espéraient avoir toute la fortune de mon oncle qu'ils avaient accaparé; ils ont été furieux du partage qu'il en a fait entre nous quatre; de là une haine qui n'avait jusqu'à présent éclaté qu'en mauvais procédés.

— Trouvant une occasion de frapper sur toi, ils se sont unis à Friardel, en attendant qu'ils s'unissent à toi pour frapper sur Friardel. Rien de plus naturel; c'est la science de la politique. Cela te fait déjà trois adversaires. Maintenant, M. Gillet, maire de Condé-le-Châtel.

— L'ami intime, l'obligé, le complice de Friardel. Il est certain qu'il y a entre eux des cadavres qui les attachent l'un à l'autre.

— Cela fait quatre. M. le chevalier de Neuvillette?

— Un ami de mon père, un pauvre vieux bonhomme parfaitement inoffensif, disant oui, disant non dans la même minute, poli, timide, ayant une peur horrible de contrarier la personne qui lui parle en face et se moquant d'elle quand elle a le dos tourné, une vraie tête de girouette.

— Nous voilà à cinq contre toi. Le dernier, M. Ozanne...

— Encore un ami de mon père. De plus oncle de d'Ypréau, qu'il m'accuse d'avoir détourné du bon chemin par mes exemples et mes conseils. Magistrat de la vieille école, fanatique de la puissance paternelle telle que la comprenaient les Romains, a essayé vingt fois de me faire nommer un conseil judiciaire.

— N'as-tu pas un oncle?

— Assurément, un frère de mon père, le général d'Eturquerais, qui lui-même a deux fils.

— Où demeurent-ils?

— Le général à Paris; le fils aîné, je ne sais où en ce moment, il est chef de bataillon et doit suivre son régiment, le jeune habite Orléans.

— Crois-tu qu'ils t'auraient été favorables?

— Nous avons toujours été unis d'amitié. Tous trois m'auraient défendu, voilà pourquoi on les a écartés.

— Comme aux termes de la loi, on doit prendre les parents qui habitent dans une distance de 2 myriamètres, le juge de paix a pu ne pas les convoquer.

— Encore une absurdité légale.

— Il y a du pour et du contre; mais comme le contre s'applique à notre affaire, il faut nous en servir. C'est donc là-dessus que nous baserons notre défense en demandant la nullité de la délibération. Tu te feras écrire par ton oncle et tes cousins qu'ils seraient venus s'ils avaient été convoqués, et nous tâcherons de prouver que le conseil n'a pas été loyalement composé.

— Cela est bien évident, s'écria Cyprienne.

— Devant la justice rien n'est évident,

tout est à prouver. Au reste, cela viendra en son temps; pour le moment il faut aller au plus pressé, et le plus pressé, puisque tu dois être interrogé demain, c'est d'obtenir le désistement de ton père à la demande en interdiction. Tu vas donc te rendre tout de suite chez ton père.

Généri fit un geste de refus.

— Il est en enfance, dis-tu, raison de plus pour obtenir facilement ce que tu demanderas; par les caresses, par la persuasion, n'importe par quel moyen, il faut tâcher d'avoir ce désistement.

— Si tu ne veux pas, dit vivement Cyprienne, j'irai, moi. Henriot dans mes bras, il ne nous repoussera pas.

— Non seulement mon père est en enfance, mais encore il est sous le pouvoir d'une femme dévouée à Friardel. Je ne pourrai pas le voir seul. Elle le garde à vue et il tient trop à elle; elle lui fait trop peur pour qu'il ose l'éloigner.

— Enfin il faut tenter cette démarche. Moi, pendant ce temps, je t'attendrai à Condé, chez ton avoué. Fais atteler.

A ce moment d'Ypréau, qui était resté au Camp Hérouit, descendit de sa chambre. En quelques mots Hélouis le mit au courant.

— Fais-moi donner un cheval, dit-il, je vais aller chez Friardel. Je veux avoir avec lui deux mots d'explication. Quel malheur que vous ne puissiez pas y assister! Je crois qu'elle sera assez drôle. En revenant, je passerai chez mon oncle Ozanne.

— Pas de folies, dit Hélouis.

— Sois tranquille. D'ailleurs je suis certain que, quoi que je fasse, il n'aura pas la pensée de demander mon interdiction. Avant la vaporisation de mes héritages peut-être; tuteur d'un interdit, ce n'est pas une mauvaise affaire. Mais maintenant il serait obligé de me nourrir. Sans le sou, voilà qui vous met à l'abri de bien des ennuis.

Le phaéton arrivait devant le perron.

Cyprienne prit la main de l'avoué.

— Ah! sauvez-nous, dit-elle d'une voix tremblante, les yeux pleins de larmes.

— 0 —

VIII.

Pour aller du Camp Héroult à Angerville, où habitait le comte d'Eturquerais, il faut passer par Condé-le-Châtel[1].

Cénéri, en arrivant dans la ville, ne prit que le temps de mettre en rapport Hélouis avec Me Pioline, son avoué, et aussitôt il continua son chemin.

Bien que cette entrevue avec son père lui fût d'avance très pénible, il pressait son cheval, car le propre de sa nature était l'impatience, et lorsqu'il se trouvait en présence d'une difficulté ou d'un danger, il ne savait que se jeter en avant, tête baissée.

Dans la longue avenue d'ormes qui de la route conduit au château il croisa un vieux garde qui, sa plaque sur la poitrine, le fusil sous le bras et son basset sur les talons, s'en allait en tournée.

— Fabu, dit-il en arrêtant son cheval, mon père est-il sorti ce matin?

— Non, monsieur le vicomte, il y a déjà longtemps que M. le comte ne sort plus le matin.

Puis, après avoir regardé autour de lui, il ajouta à mi-voix:

— Mlle Arsène ne le laisserait pas aller.

— Comment est-il en ce moment?

Une fois encore, le vieux garde explora de l'œil les environs, puis, bien certain qu'il ne pouvait pas être entendu:

— Monsieur Cénéri, dit-il vivement, c'est moi qui vous ai fait tirer votre premier coup de fusil; vous vous en souvenez, pas vrai, c'était sur une corneille, même que le fusil vous a donné une tape à la joue, et que votre mère, la chère dame du bon Dieu, m'a appelé vieille bête. Eh bien! c'est pour vous dire, sauf le respect que je vous dois, que je vous ai toujours bien aimé. Pour lors, je vous dis maintenant que ça ne peut pas durer comme ça. Sans nommer personne, il faudrait vous montrer et une bonne fois faire le maître ici, parce que, si ça continue, c'est fini. M. le comte baisse, voyez-vous; il n'y est plus, et quand il marche, il est tout de suite époumonné. Il y a longtemps que je voulais vous dire ça; mais je ne vous ai jamais vu tout seul;

quant à ce qui est d'aller au Camp Héroult, je n'ai pas osé, rapport à ma place; le lendemain, vous savez, le balai, et, à mon âge, personne ne voudrait de moi.

— Merci, père Fabu.

— Il n'y a pas de quoi, mais voyez-vous, il vient un âge où les enfants doivent être les maîtres.

Il y avait cinq années que le comte d'Eturquerais habitait Angerville; mis à la retraite par application du decret sur la limite d'âge, il était venu se fixer dans cette terre que pendant dix ans il avait améliorée et considérablement augmentée au moyen du revenu de ses enfants.

La mise à la retraite lui avait été fatale. A soixante-dix ans, c'était encore un homme magnifique, et la dernière fois qu'il s'était rendu à la messe du Saint-Esprit, marchant grave et majestueux en tête de la Cour, la poitrine développée, la taille droite, le visage lisse et rosé sous une couronne de cheveux blancs, plus d'un curieux l'avait longuement suivi des yeux, admirant ce superbe vieillard. La nature, qui l'avait bâti à chaux et à sable dans le moule où elle façonne les carabiniers, avait eu la prévoyance de placer dans ce beau type de construction matérielle une intelligence et un cœur qui ne le fatigueraient pas. Durant cinquante années de magistrature, il ne s'était jamais abandonné à un excès de travail ou à un effort d'esprit, laissant cela à de pauvres diables de rachitiques, fiers de se donner la fièvre pour se prouver à eux-mêmes qu'ils sont vivants. Quant à lui, il avait su être heureux plus facilement. Sa gourmandise lui avait valu une certaine réputation, et son goût pour les femmes une célébrité qui a laissé des souvenirs dans plusieurs des villes de province. L'âge avait plutôt augmenté qu'il n'avait affaibli ces deux grands mobiles de sa vie et pendant la dernière année de sa présidence à Caen, on le voyait encore s'en aller tous les soirs en chasse, le nez au vent, les narines dilatées, arpentant d'un pas léger les rues où passent les dentellières, et quand un jeune sergent de ville entrait en service, on le prévenait officieusement que si quelquefois dans l'obscurité il apercevait sous les arbres du petit cours une grande ombre en conversation avec un bonnet blanc, il valait mieux ne pas s'en approcher.

Ainsi il avait vieilli, restant à soixante-dix ans aussi ferme, aussi solide, aussi jeune qu'à cinquante. Mais six mois de vie de campagne avaient eu vite raison de ce chef-d'œuvre de conservation: cette vie saine et tranquille avait agi sur lui comme l'air sur ces beaux fruits que les ménagères gardent tout l'hiver intacts dans un tiroir de commode, et qui, le jour où on les sort du milieu dans lequel ils se sont conservés, blettissent ou pourrissent en quelques heures.

A Angerville, plus de fins dîners qui, se renouvelant chaque jour, le tenaient naguère en appétit, et par une certaine satiété, ne permettaient pas à la gloutonnerie de l'emporter sur la gourmandise. Plus d'honneurs, de saluts respectueux, de flatteries, de platitudes qui lui faisaient porter la tête haute et le soutenaient dans une attitude majestueuse mieux que toutes les ceintures et que toutes les bricoles. Plus de courses le soir à travers les rues, plus de marches, de contre-marches l'œil ouvert, l'oreille aux aguets, qui le maintenaient léger et dispos; plus de ces émotions et de ces excitations qui le rajeunissaient comme autrefois elles ont rajeuni le roi David.

N'étant pas homme à traduire Horace ou à tourner des ronds de serviettes dans des 10 x de coco, il s'était mis à faire la cuisine. Il avait toujours eu une vraie vocation pour ce grand art, et plus d'une fois il avait pensé à continuer Brillat-Savarin, le seul écrivain qu'il estimât; l'ennui seul que dès son enfance lui avait inspiré le papier blanc 'en avait empêché.

La cuisinière qui régnait alors sur ses fourneaux était une grande et belle fille nommée Arsène. C'était une Normande du Calvados avec des cascades de chair à la Rubens, et cette admirable carnation moitié sanguine moitié lactée qu'on ne trouve que dans ce pays. Trois années passées à Trouville dans la compagnie de la domesticité parisienne lui avaient allumé les yeux, endormi la conscience et éveillé l'esprit.

Le comte ne fut pas insensible à cette beauté robuste et provocante. Jusqu'à ce jour, par respect des convenances et du décorum bien plus que par délicatesse de goût, il n'avait jamais laissé tomber ses regards sur les femmes de sa maison. Mais à la campagne...

La puissance d'Arsène s'établit rapidement sur ce vieillard qui à soixante-dix ans devint pour la première fois esclave de sa passion.

Pour ne pas s'exposer à se donner elle-même une rivale, elle mit à sa place devant les fourneaux un chef mâle qui sortait de chez l'évêque, et elle monta de la cuisine dans la salle à manger, le premier jour pour servir son maître, éplucher son poisson, ses fruits, puis bientôt pour s'asseoir en face de lui. La vieille femme de charge en pied depuis vingt ans fut renvoyée, et avec les clefs Mlle Arsène prit la direction de la maison.

Pendant cinq ans il fut gorgé de bonheur, ou, plus justement, pendant ces cinq années il trouva près d'elle à satiété la satisfaction de tous ses désirs. Restée cuisinière malgré ses robes de soie et ses bijoux, elle lui organisait chaque jour des dîners plus succulens et plus soignés qu'il n'en avait jamais mangé, et, quand il le fallait, elle ne craignait pas de mettre la main à la pâte pour lui apporter un plat réussi. En même temps, devenue courtisane, elle lui tenait lieu, avec le charme de l'habitude si puissant sur un vieillard, de toutes les femmes qu'il avait autrefois aimées.

A pareil régime, les vieillards vont vite. Insensiblement la taille s'était courbée, les chairs s'étaient ramollies, et l'intelligence, qui n'avait jamais été bien ardente, s'était engourdie au point de n'avoir plus que de fugitifs éclairs lorsqu'un désir venait la réveiller. Cependant la machine physique était si solidement charpentée qu'elle avait résisté, et qu'elle le soutenait toujours tant bien que mal.

Maîtresse toute puissante dans la maison, Arsène avait dû néanmoins subir la loi de Friardel.

— Ma chère belle, lui avait dit celui-ci, faites de mon beau-père ce qui vous plaira et ce qui lui plaira à lui-même, ça ne me regarde pas. Seulement arrangez-vous pour n'être jamais hostile à mes intérêts ou pour contrecarrer mes idées, sans quoi vous me forceriez à intervenir. Le bonhomme tient à vous, cela est vrai, et je sais qu'il vous garderait quand même nous ferions tout au monde pour vous renvoyer; je comprends ce sentiment, qui est tout en votre faveur. Mais est-il en état d'avoir *légalement* une volonté. Vous sentez bien que si j'étais obligé de devenir maître ici, je ne pourrais pas tolérer ce genre de vie. Vous êtes une personne intelligente, vous vous souviendrez de cet avertissement amical, n'est-ce pas? et vous en ferez votre profit.

Ainsi prévenue, Arsène n'avait jamais regimbé. Friardel lui laissait le présent, c'est-à-dire le moyen de grapiller tous les ans une vingtaine de mille francs qui allaient grossir le capital avec lequel elle espérait bien épouser le percepteur son amant; elle s'était soumise à Friardel, dont le nom seul la faisait trembler.

En descendant de voiture, Cénéri la trouva dans le vestibule. Elle l'avait vu venir de loin, et elle était là pour lui barrer le passage.

— Mon père? dit-il.

— M. le comte garde la chambre; il a passé une mauvaise nuit, et il a donné l'ordre qu'on ne l'éveille pas ce matin; il ne sonnera pas avant deux ou trois heures.

C'était là une réponse qu'on lui avait faite bien des fois, et dont habituellement il se contentait. Venant visiter son père bien plus par devoir que par tendresse, il avait coutume de répondre: « Vous direz à mon père que je suis venu prendre des nouvelles de sa santé » et il s'en allait. Mais dans les circonstances présentes il n'en pouvait être ainsi.

— Cela est fâcheux, dit-il, mais j'ai besoin de le voir.

Et, passant devant Arsène, il se dirigea vers l'escalier.

— M. le comte dort, cria-t-elle en courant après lui.

Il avait enjambé les marches quatre à quatre sans se retourner. La chambre de son père donnait directement sur le palier du premier étage; il ouvrit la porte et la

referma brusquement sur le nez de Mlle Arsène, qui arrivait.

— Qui est-ce qui met donc le verrou? cria une voix pâteuse partant du lit.

— C'est moi, mon père, dit-il en s'avançant.

Mais le vieillard, s'étant soulevé sur son lit, se pendait au cordon de la sonnette en criant:

— Arsène! Arsène!

— C'est moi, votre fils, Cénéri.

— Cénéri, dit-il en s'interrompant pour regarder autour de lui, pourquoi mets-tu le verrou?

Puis, comme si le souvenir lui revenait:

— Il est fou, il veut m'assassiner.

Et il recommença à sonner, tandis que de la porte Arsène lui répondait.

Cénéri, bouleversé de cette scène étrange, s'approcha du lit:

— Mon père, remettez-vous, vous voyez bien que je ne suis pas fou; j'ai mis le verrou parce que j'ai besoin de vous parler sans témoins.

— Ôte le verrou

— À vous seul, sans qu'on nous dérange.

— Ôte le verrou, ôte le verrou.

Le seul moyen de le calmer, c'était de lui obéir. Cénéri revint vers la porte et tira le verrou. Aussitôt la porte s'ouvrit, et Arsène voulut se précipiter dans la chambre; derrière elle se tenaient le jardinier et une fille de service attirés par les cris. Mais Cénéri, sur le seuil, lui barra le passage.

— J'ai besoin d'être seul avec mon père, dit-il d'une voix ferme; lequel de vous osera entrer?

Il y eut un moment d'hésitation dont Arsène se remit bien vite.

— M. le comte nous appelle, dit-elle en avançant.

— Mon père ne vous appelle plus; retirez-vous.

Il était en face d'elle, à deux pas, et malgré la modération qu'il s'était imposée, il sentait que la colère l'envahissait: il avait une envie folle de la prendre par le bras et de lui faire redescendre l'escalier plus vite qu'elle ne l'avait monté. Mais tout à coup elle recula, et, sans dire un seul mot, elle sortit de la chambre en tirant la porte sur elle. Il revint vers le lit de son père.

Le comte d'Eturquerais, assis sur son séant, le cou nu, ses cheveux blancs qui étaient encore magnifiques, épars en grandes mèches dans le cou et dans la figure, répétait machinalement:

— Pas fou... pas fou...

— Non, mon père, dit vivement Cénéri, vous le savez bien.

— On m'a dit que tu battais les gens que tu rencontrais dans tes bois; pourquoi as-tu voulu battre Arsène? Tu as mis le verrou en entrant pour m'effrayer, tu vois bien que tu es fou, *imbecilis*, *imbecilis*.

— Non, mon père, c'est là une infâme machination de Friardel.

— Il ne faut pas accuser les absens, c'est la règle.

— Il m'a bien accusé, lui, perdu dans votre esprit. Et sur ses rapports mensongers, sans m'entendre, vous avez demandé mon interdiction.

— Le majeur qui est dans un état habituel d'imbécilité, de démence ou de fureur, doit être interdit, dit-il d'un ton sentencieux. Tu sais, article 488 ou 489. Mon 489, 488 s'applique à la majorité: « La majorité est fixée à vingt et un ans accomplis. Tu vois, je me souviens. L'*imbecilis* doit être interdit, « *quia rebus suis superesse non possunt.* »

Ces phrases, apprises au temps de sa jeunesse, surnageaient dans sa mémoire troublée et lui revenaient par lambeaux.

— Mais vous savez bien que si l'on veut m'interdire, c'est pour empêcher mon mariage et par là ne pas exécuter le testament de mon oncle.

— Pourquoi veux-tu épouser une femme qui n'est pas de ton rang? Si tu avais fait un choix honorable et de mon goût, je n'aurais pas donné mon consentement à ton interdiction.

Et le vieillard se prit à sourire d'un air fin, comme un enfant enchanté d'une malice qu'il a faite.

— Il est vrai que ce n'est pas trop ta faute, dit-il en continuant; si tu n'avais pas été *imbecilis*, tu aurais mieux choisi. Pauvre garçon!

— Mais pour cela encore on vous a trom-

pé; celle que j'aime est la plus honnête, la meilleure des femmes.

— Tu crois cela parce que tu es *imbecilis*.

Que répondre à ce mot toujours le même qui revenait comme une leçon apprise? Cénéri était à bout de patience.

— Mon père, écoutez-moi, dit-il en lui prenant la main, je suis sûr qu'en donnant votre consentement à mon interdiction vous avez cru prendre mon intérêt.

— C'est pour t'empêcher de te marier et de dissiper le reste de la fortune.

— Mais si vous m'empêchez de me marier, c'est l'extinction de votre famille. Autrefois, vous étiez fier de votre nom. Vous vouliez un fils pour le perpétuer, et aujourd'hui vous le condamnez à mourir.

— C'est vrai.

— Quand j'étais enfant, vous fêtiez l'anniversaire de ma naissance; je me souviens que l'on buvait à ma santé en disant: « A la santé des comtes d'Eturquerais »! et je faisais le tour de la table. Vous disiez que c'était la tradition de la famille.

— Oui, je m'en souviens, cela remontait à mon grand-père.

— Et aujourd'hui, pour mon anniversaire vous demandez que je sois interdit.

Le vieillard était ému, de grosses larmes roulaient dans ses yeux; tout à coup il se mit à pleurer, en répétant:

— Mon pauvre fils, mon pauvre fils. Ah! pourquoi es-tu *imbecilis*?

— Mais je ne le suis pas, tout le monde sait que c'est un mensonge de Friardel.

— Tu n'es pas fou!

— Non, mon père, regardez-moi donc; est-ce que mes yeux sont ceux d'un fou; mes paroles sont-elles d'un fou?

— Tu n'es pas fou, pas fou!

Cet appel à son orgueil l'avait vivement touché; ce n'était plus son fils accusé par Friardel qu'il voyait devant lui, c'était l'enfant sur lequel il avait bâti tant de projets ambitieux, l'héritier de son nom.

Avec une mobilité enfantine il se mit à sourire.

— Voyons, dit-il, tu n'es pas fou, n'est-ce pas? C'est vrai.

— Ah! oui, les fous disent toujours qu'ils ne sont pas fous, je sais cela. Mais nous

allons voir. Quand nous étions en exercice,
nous avions des moyens pour cela. Mets-
toi là et réponds comme si j'étais, non ton
père, mais un juge. Deux et cinq, combien
cela fait-il?

Ce fut Cénéri qui à son tour eut les yeux
pleins de larmes. Eh quoi! son père en
était là. Ce père avait été dur pour lui en
ces dernières années, mais enfin il était son
père, et les souvenirs de sa jeunesse, le
respect auquel il avait été habitué, les sentiments de déférence, de tendresse filiale
n'étaient pas arrachés de son cœur.

— Sept, dit-il tristement.

— Tu as été bien long à trouver cela,
mais c'est vrai. Donne moi ta bourse maintenant.

Cénéri la lui ayant donnée, il la vida sur
son drap en comptant tout bas.

— Voyons, reprit-il, écoute bien; sept
louis, deux pièces de cinq francs, une pièce
de deux francs, trois pièces de cinquante
centimes, combien cela fait-il?

— Cent cinquante trois francs cinquante
centimes.

C'est bien cela, et tu l'as dit tout de
suite. Pourquoi prétendent-ils que tu es
fou? les fous ne savent pas compter.

— Vous voyez donc qu'on vous a trompé; et vous ne voulez plus maintenant,
n'est-ce pas? que je sois interdit.

— Mais non, mon pauvre fils; vois-tu,
Friardel est un homme terrible; quand il
veut une chose, le diable la veut; si tu savais comme il m'a tourmenté. Surtout ne
lui dis jamais que tu as appris par moi le
rôle qu'il a joué dans toute cette affaire,
qui est son œuvre.

— Soyez tranquille; dites un mot, je vous
débarrasserai de lui.

— Non, il vaut mieux être bien avec lui
que mal; je sais cela depuis longtemps. Ah!
tu n'es pas fou; mais c'est vrai que tu m'as
répondu, et juste.

— Puisque je ne suis pas fou, il faut abandonner votre demande en interdiction. Venez
avec moi à Condé, j'ai ma voiture; je vous
emmène chez l'avoué pour que vous donniez votre désistement.

— Mais je ne sors plus.

— Demain je dois être interrogé par le

tribunal; voulez-vous que votre nom soit
déshonoré par une accusation de folie?

— Non, et, puisqu'il le faut, j'irai. Sonne, qu'on vienne m'habiller.

— Si vous le permettez, je vais vous habiller moi-même.

Et Cénéri, qui, avant toute chose, voulait
éviter l'intervention d'Arsène, car il savait
que d'un mot, d'un geste, celle-ci, dévouée
à Friardel, pouvait changer la détermination de son père, s'empressa de lui servir
de valet de chambre.

Jamais il n'avait vu pareil désordre: dans
les armoires un fouillis, dans le porte-manteau des jupons, des bonnets, des cami-
soles pêle-mêle avec les gilets et les panta-
lons

— Donne-moi mon habit, dit le comte;
pendant que nous serons à Condé, j'irai faire visite au président. Un président peut
bien des choses, ne l'oublie pas, et je veux
lui expliquer moi-même ton affaire.

Tant bien que mal, le vieillard se trouva
habillé, et, lorsqu'il eut endossé son habit,
il se redressa comme au temps où il se
rendait à l'audience: le linge blanc, la
cravate de batiste, les vêtements propres
l'avaient rajeuni. Il ne lui restait plus qu'à
se chausser; mais, malgré les recherches
les plus minutieuses, Cénéri ne put pas
trouver de souliers; des pantoufles, des
chaussons de toute espèce, il y en avait
dans chaque coin; mais nulle part des bottes ou des bottines.

— C'est qu'il y a longtemps que je ne
mets plus que des pantoufles, dit le comte,
sonne, on va me monter des souliers.

Il fallut bien que Cénéri se résignât à
sonner.

A peine avait-il tiré le cordon que la
porte s'ouvrit, et ce fut Arsène elle-même
qui entra. La rapidité avec laquelle elle
arrivait montrait qu'elle n'était pas loin,
et bien probablement, l'oreille à quelque
trou de la serrure, elle avait dû écouter
tout l'entretien.

— Je sors avec mon fils, dit le comte
d'un ton décidé et comme s'il voulait arrêter les questions, faites-moi donner des
souliers.

— Des souliers, il y a longtemps qu'il
n'y en a plus ici.

— Comment! je n'ai pas de souliers!

— Dame, monsieur le comte n'en voulait plus mettre, je les ai donnés.

Et comme elle s'était placée derrière Cénéri et en face du comte, elle fit des signes à celui-ci.

— Venez avec vos pantoufles, mon père! Les signes recommencèrent, plus pressans et plus accentués.

— Je ne peux pas me présenter ainsi chez de La Fardouyère; un président, tu sais, le respect.

— Je vous trouverai bien des chaussures à Condé.

Mais les raisons les plus sensées étaient désormais inutiles; la résolution du vieillard était tombée devant Arsène; elle avait d'un seul regard éteint la lueur de virilité qui s'était rallumée en lui; il était redevenu enfant.

— Je n'ai pas rigoureusement besoin d'aller à Condé, dit-il, je peux écrire mon désistement ici.

Cénéri comprit qu'il ne fallait pas insister, et qu'il devait se contenter de ce qui était possible. Cet incident puéril des chaussures pouvait se répéter à propos de rien avant le départ, mieux valait donc céder sur ce point.

— Eh bien! mon père, si vous voulez me faire cette lettre à l'avoué, je vais l'emporter.

— Tout de suite?

— Vous savez combien l'affaire est pressante.

— Arsène donnez-moi ce qu'il faut pour écrire.

Elle sortit; puis presque aussitôt elle revint, portant un cahier et des plumes, qu'elle posa sur la table

— De l'encre! dit Cénéri.

— Ah! il n'y en a plus; la bouteille est cassée.

Il se tourna vers son père.

— Tu sais, dit celui-ci timidement, je n'écris pas tous les jours maintenant.

Décidément, c'était un parti pris: la conspiration des niaiseries. Mais se fâcher n'était pas possible. Il hésita un moment s'il enverrait un domestique chercher une fiole d'encre chez l'instituteur dont l'école était à dix minutes du château, mais de peur qu'on n'inventât une nouvelle défaite, il résolut d'y aller lui-même.

— Je reviens tout de suite, dit-il; et il lança un regard furieux à Arsène.

Il était convaincu qu'elle avait fait disparaître les encriers à l'instant même; mais en cela il se trompait. Ni les souliers, ni la bouteille cassé n'avaient été inventés pour lui. En réalité, il n'y avait ni chaussures ni encre dans la maison, et cela tenait à un système de précaution. Une année après son installation, Arsène s'était fait faire un testament par le comte, et comme on lui avait expliqué que rien n'est plus facilement révocable qu'un testament, elle avait voulu se mettre à l'abri d'un pareil accident; pour cela elle avait eu recours à deux expédients: le premier consistant à persuader au vieillard qu'il ne pouvait pas marcher, ce qui lui avait permis de supprimer ses souliers, de telle sorte qu'il ne pût pas aller chez un notaire si l'envie lui en prenait; le second, plus simple encore, consistant à ne pas laisser d'encre à sa disposition, afin que s'il voulait, dans un moment de colère ou de réflexion, faire un nouveau testament, il ne le pût pas sans qu'elle en fût avertie. Les encriers ne paraissaient sur le bureau du comte que deux fois par an: à Pâques et à la Saint-Michel, c'est-à-dire au moment où il y avait des quittances à signer pour les fermiers.

Devant Cénéri, Arsène avait parlé au comte avec un certain respect; mais, lorsqu'il fut sorti, le ton changea.

— Où donc que vous allez? demanda-t-elle en le regardant en face.

— A Condé.

— Pourquoi faire?

— Pour me désister de la demande en interdiction contre mon fils; il n'est pas fou, ma bonne Arsène, pas plus que toi ou moi.

— Vous croyez ça, vous.

— Il me l'a dit, et je l'ai bien vu.

— Pourquoi que vous n'avez pas sonné pour que je vous habille?

— Ce n'était pas la peine, Cénéri m'a aidé.

— Ne mentez donc pas; je parie qu'il n'a pas voulu que je monte. C'est donc lui qui est maître ici?

— Ne te fâche pas.

— Comment! que je ne me fâche pas; voilà un monsieur qui, en entrant, me jette la porte à la figure, qui me bouscule quand je viens vous défendre, et c'est lui que vous écoutez. J'en ai assez à la fin. Je ne suis donc rien dans la maison. Je ne vous soigne pas bien peut-être.

Elle se cacha la figure dans son mouchoir.

— Voyons, ne pleure pas.

— Non, laissez-moi; je veux m'en aller. Parce que j'ai eu la faiblesse de vous écouter, voilà votre fils qui me traite comme la dernière des misérables. Eh bien! quand il va revenir, il ne me trouvera pas.

A ce mot, le vieillard, qui était assis, se leva en tremblant.

— Tu veux m'abandonner.

— Je veux m'en aller d'ici. Qu'est-ce que ça peut vous faire puisque vous avez votre fils? il vous soignera, il vous aimera bien mieux que moi.

— Arsène, je t'en prie.

— C'est une indignité, après cinq années être traitée ainsi. Après vous avoir sacrifié ma jeunesse; vous êtes un ingrat. Avec ça que c'était amusant de vivre toute la journée auprès d'un vieux singe. Croyez-vous que j'en aurais pas trouvé des hommes, et des jeunes et des beaux qui auraient été heureux de m'épouser? Vous verrez, vous, si vous en trouverez une autre qui me remplacera.

— Ma belle Arsène, je ne t'ai rien dit; pourquoi me traites-tu ainsi!

Sans répondre, elle se pencha vers le vestibule en criant: « Joseph! Joseph! » C'était un grand diable de domestique, moitié paysan moitié citadin, et qui avait la tournure d'un parfait chenapan.

— Vous aurez bien soin de Monsieur, dit-elle, moi je m'en vas.

Joseph, qui savait d'avance ce qu'il devait faire dans une pareille circonstance, prit une figure désolée et leva les bras au ciel.

— Allez m'attendre en bas, je vous expliquerai avant de partir tout ce que vous aurez à faire.

Il sortit en poussant des gémissements.

— Voilà les clefs.

Elle jeta un trousseau sur la table.

— Vous les donnerez à votre fils; on verra s'il vous empêchera d'être volé.

— Mais tu veux donc me faire mourir?

— Adieu, Monsieur.

— Arsène, veux-tu que je te donne l'argenterie?

— J'en ai bien besoin de votre argenterie, vous la donnerez à votre fils.

Quoiqu'il fût entre ses mains une véritable marionnette, il y avait une chose qu'il lui avait toujours refusée, et à laquelle, pour cela précisément, elle tenait avec rage. C'était la montre de la comtesse: une montre à émail bleu avec un cercle de perles.

— Je te donnerai la montre de ma femme.

— Est-ce que je vous demande des cadeaux, moi; est-ce que je suis restée ici par intérêt? La montre, oui, je l'aurais bien acceptée, parce que c'était un souvenir: ça disait que vous m'estimiez. Ah bien oui, m'estimer, votre fils m'insulte, me traite comme une voleuse, vous le laissez dire, vous ne me défendez pas...

— Je ne l'ai pas entendu t'insulter.

— Je mens peut-être.

— S'il t'a insultée, il te fera des excuses.

— Je n'en veux pas de ses excuses; quand il entrera par une porte, je sortirai par une autre.

— Eh bien! il n'entrera pas; puisqu'il n'a pas été convenable pour toi, il ne doit pas rentrer ici.

— Avec ça que vous oserez; vous avez peur de lui. Il va arriver tout à l'heure et me faire sortir comme tantôt.

— Je te dis qu'il ne rentrera pas; dis à Joseph de fermer la porte.

— Dites-le vous-même à Joseph.

Joseph reparut.

— Quand mon fils va revenir, dit le comte, vous tiendrez la porte fermée.

— Mais, monsieur le comte, je n'oserai pas.

— Vous voyez bien qu'il fait peur à tout le monde.

— Comment! vous n'oserez pas, s'écria le vieillard; quand je vous dis de faire une chose, faites-la, et ne vous inquiétez pas du reste.

— Mais s'il veut malgré tout entrer?

— Vous lui direz que je lui défends de mettre les pieds ici, et que je vous ai chargé de lui faire cette commission. Il a manqué de respect à Mme Arsène; je le chasse, vous entendez bien, je... le... chasse. Allez!

Puis s'adressant à Arsène:

— Pourquoi ne m'as-tu pas dit tout de suite qu'il t'avait manqué de respect? Es-tu contente maintenant?

Elle fit la moue.

— Veux-tu encore partir?

— Et sa lettre? dit-elle sans répondre:

Le comte resta un moment embarrassé, étudiant sur le visage de son tyran ce qu'il voulait.

— Je ne la ferai pas, dit-il enfin.

— Vous savez que vos affaires ne me regardent pas, mais je trouve que vous avez joliment raison. Tout ça, c'était un coup monté pour épouser sa musicienne, et puis après ils se seraient moqués de vous. Pourquoi veut-elle se faire épouser? Est-elle fière! Est-ce que j'ai jamais voulu que vous m'épousiez? Si j'avais voulu, pourtant. Allons, venez déjeuner.

A ce moment on frappa à la porte d'entrée du rez-de-chaussée.

— Voilà votre fils, dit Arsène. Qu'est-ce qu'il va faire?

On frappa de nouveau un peu plus fort, puis plus fort encore en secouant la porte avec impatience.

Dans un intervalle de repos, on entendit la grosse voix de Joseph.

— M. le comte ne veut pas vous recevoir; il m'a chargé de vous dire qu'il vous chassait.

La porte fut ébranlée avec une violence telle, qu'il sembla un moment qu'elle allait être arrachée. Puis tout à coup il se fit un silence.

— Il y renonce, dit Arsène en riant.

Il y renonçait en effet, car bientôt on entendit un roulement de voiture. C'était Cénéri qui repartait.

Immobile au haut de l'escalier, le comte était pourpre d'embarras et d'anxiété; ses yeux allaient d'Arsène à la fenêtre, et de la fenêtre à Arsène. Le père voulait courir après son fils, mais le vieillard amoureux n'osait blesser sa maîtresse.

— Allons, dit-elle, venez déjeuner: les truites vont refroidir. Deux belles truites à la crème que j'ai moi-même arrangées. Et qu'est-ce qui aurait retiré les arêtes, si j'étais partie?

Il la suivit docilement. Le roulement de la voiture s'était éteint, et dans son cœur aussi s'était déjà éteint le souvenir de son fils. Il ne pensait plus qu'à la truite et aux doigts potelés d'Arsène qui allaient la lui faire manger.

IX.

Cénéri revint de toute la vitesse de son cheval à Condé-le-Châtel. Il trouva Hélouis en conférence avec Pioline, et il leur raconta comme s'était passée la triste visite.

— J'ai hésité un moment, dit-il en terminant son récit, si je ne sauterais pas par une fenêtre pour pénétrer jusqu'à mon père, ce qui, en somme, était assez facile.

— Il est heureux que tu n'en aies rien fait, cela t'eût été imputé à crime et sévèrement reproché.

— En tout cas cela eût été bien commode à exploiter, dit Pioline; effraction, violence, peut-être lutte avec les domestiques; il n'en faut pas tant pour prouver la fureur. Je trouve que M. le vicomte a déjà même été un peu loin en s'enfermant avec son père et en repoussant la domestique, surtout cette domestique. Nous avons affaire à des gens qui tirent parti de tout, ne l'oublions pas.

Ces quelques paroles furent plutôt insinuées que prononcées, car c'était un homme si extraordinairement timide que Me Pioline, que, même en donnant une poignée de main à ses amis, il était mal à son aise; doucement il vous présentait un doigt, et si vous serriez ce doigt un peu fort, aussitôt le visage de son propriétaire s'empourprait; il ne savait plus quelle contenance prendre. Cette timidité produisait un effet d'autant plus étrange qu'il était taillé en Hercule et charpenté à coups de serpe dans un bloc solide et sain; elle n'était explicable que pour ceux qui connaissaient le chemin qu'il avait parcouru. Fils d'une servante de curé, il avait été, dès son enfance, habitué à une humilité et à une obéissance absolues. A douze ans clerc d'huissier dans son village, il s'était tout seul instruit et formé; à vingt-huit ans, n'ayant que quinze cents francs pour tout capital, il avait pris un mauvais greffe de campagne, et ç'avait été seulement quand ce greffe, remonté par son activité, lui avait donné quelques produits, qu'il avait pu acheter l'étude la plus faible de Condé-le-Châtel. Il s'était alors marié: mais, au moment où il commençait à relever la tête et à s'affranchir de toutes les dépendances, de toutes les servitudes sous lesquelles il avait marché courbé, sa femme, qui aimait la vaillance et les nez au vent, s'était fait enlever par un officier de remonte, en laissant à son mari une petite fille de trois ans. La tête qui se dressait s'était recourbée, et, à la timidité native, s'étaient jointes la honte du ridicule et la souffrance discrète d'un cœur brisé.

— Lorsque tu es entré, dit Hélouis, j'étais en train de demander à mon cher confrère quelques renseignements sur la composition du tribunal; car nous sommes sous le coup d'un procès qui me paraît devoir se décider bien plus par des influences secrètes et des relations que par le grand chemin de la procédure, trop droit pour Friardel. Quelles sont les relations de nos adversaires? quelles peuvent être les nôtres? voilà pour le moment ce qu'il faut savoir.

La vérité est que c'était inutilement qu'Hélouis avait déjà demandé plusieurs fois ces renseignements à « son cher confrère. » Les cher confrère avait détourné l'entretien ou parlé d'autre chose. Mais devant Cénéri et ainsi mis en demeure, il fallait bien, quoi qu'il en coûtât à sa prudence, en arriver ou à répondre, ou à refuser de répondre, ce qui lui était également douloureux.

Il toussa plusieurs fois, se frotta les mains pour se donner du courage, aligna ses épingles sur sa pelote, regarda les portes et les fenêtres comme s'il cherchait un moyen de se sauver; puis, à la longue, son silence lui étant devenu horriblement pénible, il se décida:

— Si l'affaire devait être uniquement une lutte d'influence, dit-il, je crois que nous aurions le dessous. Ceci, bien entendu, est une simple opinion que j'ose donner parce que vous l'exigez, mais qui n'a d'autre valeur que celle que vous voudrez bien lui accorder.

— Cependant elle s'appuie sur quelque chose, interrompit Hélouis qui, voyant ces réticences et ces précautions, désespérait de rien obtenir.

— Sans doute, je ne suis pas homme à parler à la légère.

— Eh bien! mon cher maître, dit Cénéri en intervenant, je vous demande instamment de vous expliquer. Vous voyez ma position, quels dangers me menacent; je suis comme une mouche tombée dans une toile d'araignée; je n'ai, pour me sauver, que votre expérience et le dévouement de mon ami Hélouis, ne nous refusez pas vos conseils.

— Je ne saurais avoir la prétention de vous faire connaître M. le baron Friardel, dit Pioline, entraîné par cet appel. Cependant il est des points où je peux, dans une certaine mesure, compléter, si j'ose m'exprimer ainsi, votre dossier. Par là vous verrez jusqu'à un certain point quelle est sa puissance dans le pays. Il y a deux ans, aux élections du conseil général, il avait pour concurrent M. Bely-Laignel; entre ces deux concurrents également dévoués, l'administration était restée neutre. M. le baron Friardel l'emporta, mais il employa de tels moyens, que M. Bely-Laignel, dont les protestations furent repoussées par le conseil de préfecture, voulut lui intenter un procès en diffamation. Je suis l'avoué de M. Bely-Laignel; avant de nous lancer dans ce procès, je tâtai le terrain, et je fis une sorte d'enquête secrète sur notre adversaire. C'est dans ces conditions que j'ai appris sur son compte d'étranges particularités qui le montrent comme un homme qu'il est mauvais d'avoir pour ennemi. Quand M. Bely-Laignel connut tous les faits qui nous furent révélés par cette enquête, il renonça à son procès, et cependant, par sa grande fortune, sa parfaite honorabilité, les relations de sa famille, il a le droit d'être indépendant et de ne craindre personne.

— Oh! oh! fit Hélouis en secouant la tête.

— Voilà bien un étonnement de Parisien, continua Pioline en souriant discrètement; nous autres gens de province, nous sommes plus prudents, et quand un homme, par son habileté, ses intrigues, son audace, tient dans ses mains tous les fils administratifs du pays, quand il a l'oreille de l'évêque, quand le député est son complaisant tout dévoué, quand il domine le président du tribunal, le préfet, le sous-préfet, quand il dispose du secret des lettres, quand la police et la gendarmerie sont à sa disposition, avec toutes leurs rigueurs pour ses ennemis ou ses adversaires, toutes les tolérances pour ses amis, nous y regardons à deux fois avant de lui déclarer la guerre.

— Le baron Friardel a-t-il réellement une pareille puissance; ce serait un tyran de village?

— C'en est un, et comme dans son habileté il a su conquérir les honnêtes gens aussi bien que les autres, il a pour partisans une foule d'hommes considérables et considérés dont il s'est concilié l'estime, et qui forment autour de lui une sorte de garde morale qui le met à l'abri de toutes les attaques.

— Nous admettons cela, mais n'y a-t-il pas un peu d'exagération dans le pouvoir qu'on lui reconnaît? ainsi vous parliez du secret des lettres...

— Mon cher confrère, avec moi soyez convaincu qu'il n'y a jamais exagération au-delà, et si je m'écartais de la vérité, ce serait en restant en deçà. Je vous ai dit qu'il dispose du secret des lettres. Pour être exact, j'aurais dû dire qu'il disposait. En effet, il y a deux ans, il avait su séduire la directrice des postes de Cinglais, une pauvre fille de trente-quatre ans, qui, croyant à de l'amour là où il n'y avait que du calcul, lui livrait tous les secrets de son bureau. Pendant la période des élections, il a lu toutes les lettres qu'il lui était nécessaire de connaître. Il y a eu plainte, et la directrice des postes a été destituée. Elle est remplacée aujourd'hui par une autre jeune femme assez jolie; celle-là est-elle aussi la maîtresse du baron? je n'en sais rien, mais le jour où cela sera utile à sa politique, elle le deviendra ou elle fera place à une plus

docile. Je vous ai dit que la police et la gendarmerie étaient à sa disposition, j'ai vu une lettre d'un ancien brigadier de Cinglais, dans laquelle cet honnête gendarme demandait son changement comme la plus grande faveur qu'on pût lui accorder; il avouait qu'il n'était qu'une machine à procès et à vexation entre les mains du baron, et il en avait une telle peur, qu'en dehors du service il n'osait sortir de chez lui, parce que, si M. Friardel l'avait vu parler à un de ses adversaires, il eût trouvé moyen de le faire destituer. Dans tout le pays il est de notoriété qu'il a eu l'influence de faire mettre en disponibilité notre ancien préfet.

— Il n'est pas ministre cependant, interrompit Hélouis.

— Non, mais il est l'ami d'une excellence qu'il est inutile de nommer ici. Ladite Excellence a une écurie de courses, et tous les ans le baron lui prend deux ou trois chevaux réformés en courses plates pour les mettre aux steeple-chases. On dit qu'il y a entre eux une sorte d'association, c'est-à-dire que le baron abandonne à son illustre associé 20 pour 100 sur les prix remportés par les chevaux qu'il lui achète. Or comment ne serait-on pas bien disposé pour celui qui nous fait gagner une vingtaine de mille francs par an? Cela paraît si naturel, que toutes les faveurs gouvernementales qui tombent sur notre pays, décorations, débits de tabac, congés militaires, exemptions, sont attribuées au baron qui, avec une véritable habileté, a su donner la foi à nos paysans dans sa puissance et son crédit. Et de fait, comment voulez-vous qu'il en soit autrement? Après deux années de mairie à Cinglais, il y avait eu plus de trois cents dénonciations contre lui, on y répond en destituant le préfet qui veut les examiner; les dénonciations continuent, on le décore pour services exceptionnels. Est-il surprenant que sous-préfet, commissaires de police, gendarmes, soient ses humbles serviteurs? En voilà assez, n'est-ce pas, pour vous montrer comment il procède, et quand j'aurai ajouté qu'il n'y a guère de femmes ou de jeunes filles dans le pays qui n'aient subi ses hommages, car pour lui la débauche est, en même temps qu'un plaisir, un puissant moyen de domination, vous pourrez vous rendre compte des influences dont il dispose. C'est pour cela que je vous laissais voir mes craintes au début de cet entretien, dans le cas où la lutte devrait s'engager sur ce terrain.

Hélouis était profondément surpris de ces révélations; habitué à la vivacité, à la facilité parisiennes, il avait pris cet avoué de province humble et gauche pour un niais, et il découvrait au contraire que c'était un esprit fin et délié qui savait voir au fond des choses et des hommes.

— Tout ce que vous venez de nous raconter est fort curieux, dit-il, mais il y a un côté qui reste dans l'ombre; vous nous avez parlé du président; l'influence exercée par le baron se borne-t-elle à lui ou bien s'étend-elle en même temps aux autres membres du tribunal? Voilà ce qu'il nous faut connaître.

C'était sur cela aussi précisément que l'avoué eût voulu ne pas s'expliquer; mais il en avait trop dit pour rester en chemin, et une fois encore il fit une douloureuse violence à sa prudence.

— Les juges que vous aurez demain, dit-il avec un désespoir qui dans toute autre circonstance eût été fort drôlatique, seront: M. Bonhomme de la Fardouyère, président; MM. Legrain et Du Campart, juges; je ne sais qui siégera de M. Rabatel, procureur-impérial, ou de M. de Bellemare, substitut. Notre président serait bonhomme tout court, ou très authentiquement de la Fardouyère, que vous pourriez peut-être compter sur lui; mais ce diable de nom de La Fardouyère le met entre les mains du baron. Voici comment: De par son acte de naissance, il se nomme Joseph-Prudent Bonhomme; mais, trouvant cela trop court et trop vulgaire, il s'est baptisé lui-même de La Fardouyère. Puis, pour appuyer cette usurpation et la justifier aux yeux du public, il a affiché les opinions légitimistes les plus pures. Si vous allez chez lui, vous trouverez dans son salon un grand portrait en pied d'Henri V; il met sur sa cravate une épingle à fleurs de lis, et dans sa bourse un chapelet avec des médailles. Montrer une pareille fidélité, quand on est fonctionnaire, prouve bien tout de suite qu'on est noble, n'est-ce pas? et qu'on ne porte

si loin le respect des vieilles croyances que parce qu'on y est obligé par les traditions de sa famille, car enfin ce n'est pas de gaîté de cœur qu'on se ferme ainsi la source de toutes les faveurs gouvernementales. C'est ainsi que la foule raisonne. Cependant si par l'ostentation de ses opinions il s'est condamné à rester président ici à perpétuité, il n'a pas pour cela renoncé à toute ambition politique. Il a voulu être conseiller d'arrondissement. Or, comme nous ne sommes pas dans un pays où un candidat puisse présentement réussir sans l'appui du gouvernement, cela paraissait difficile. Mais le baron est venu à son aide, et c'est un des plus beaux tours d'habileté qu'on puisse inscrire à son compte. Sans se fâcher avec l'administration, il a trouvé moyen de donner un gage au parti clérical et de s'attacher le président. Celui-ci, grâce à la toute-puissance du baron, maire d'une ville de trois mille habitants, a été nommé avec onze voix de majorité, et, malgré son infatuation naturelle, il sait que si le baron lui retirait son appui il ne serait jamais réélu. Vous voyez les liens qui les unissent; tout le monde ici les connaît, et personne dans l'arrondissement ne serait assez hardi pour intenter un procès au baron; il peut se permettre tous les empiétements, toutes les vexations que bon lui semble, on ne résiste pas; aussi a-t-il parfaitement le droit de dire (et il en use): « Moi je n'ai jamais de procès... »

Cénéri et Hélouis se regardèrent avec inquiétude.

— Il va pourtant falloir que tu ailles lui faire visite, dit Hélouis.

Cénéri secoua la tête.

— Oh! il vous recevra bien, continua Pioline, et à quelque chose peut vous le concilier, c'est une marque de déférence, vingt fois dans une heure il vous dira: « Un homme comme moi. » Et si vous paraissez convaincu de l'importance et de la supériorité « d'un homme comme lui », il en gardera bon souvenir.

— Et les juges? demanda Hélouis.

— M. Legrain est aussi tout dévoué au baron, mais pour d'autres raisons. C'est ce que nous appelons ici un panier percé; très intelligent, très actif, ce serait un excellent juge, n'étaient ses besoins. Par malheur, ils sont exigeants; il aime le cotillon et la bonne table. Les sottises que ces deux choses lui ont fait commettre sont sans nombre. Ainsi, il y a trois mois, il a été surpris chez une de ses maîtresses par le mari, et celui-ci, qui est charpentier, l'a battu comme plâtre avec une de ces grandes cannes qui servent aux compagnons du tour de France. Il y a eu un tel tapage que toute la ville a connu l'aventure. Huit jours après, un facteur des messageries dépose chez le juge une caisse en bois; on ouvre la caisse et on y trouve une canne sur laquelle on a écrit: « Nouvelle machine à battre le grain. » A ce moment se jugeait devant le tribunal un procès très important entre deux fabricants de machines agricoles. Voyez-vous la figure du pauvre juge quand l'avocat commence sa plaidoirie en disant: « Messieurs, comme vous ne connaissez pas toutes les machines à battre le grain, je vous demande à entrer dans quelques détails· » Il fallut suspendre l'audience. Lorsque avec de pareils besoins on a uniquement pour les satisfaire un modique traitement de juge, on ne tarde pas à être endetté. C'est le cas de M. Legrain, et, sous le coup des poursuites, il eût été obligé de donner sa démission si le baron n'était venu à son secours. Prêter à quelqu'un qui ne pourra jamais rendre n'est pas dans les habitudes du pays; mais ce n'est pas ainsi que le baron a compté; il a vu une influence à acquérir, et il a ouvert sa bourse. L'extinction des dettes les plus criardes ne lui a pas coûté bien cher, juste assez cependant pour que M. Legrain ne puisse jamais s'acquitter.

— A moins que quelqu'un ne l'aide, interrompit Hélouis.

— Cet aide serait assez difficile à faire accepter, répliqua Pioline, qui comprit parfaitement le sens de cette interruption, si M. Legrain est faible en face de ses passions, je le crois honnête en face de sa conscience. Il a accepté du baron, parce que le baron n'a jamais de procès, mais d'un plaideur qui viendrait lui proposer de le dégager, il n'accepterait pas. D'ailleurs, il est aussi bien pris par la reconnaissance que par la dette elle-même; car, loin de lui faire sentir qu'il est son débiteur, le baron le traite avec les égards les plus grands, et

l'invite à toutes les fêtes, à tous les dîners qui ont lieu au château de Cinglais.

— On pourrait donc compter, quant à lui, sur une sorte d'impartialité.

— Sans doute, mais dans ces conditions l'impartialité devient de la sainteté; à l'audience, je ne dis pas que la force de la vérité et de votre droit n'enlève pas sa conscience, mais d'avance toute démarche auprès de lui serait inutile; à ses yeux, le baron ne cessera d'avoir raison que quand il aura cent mille fois tort.

— Voilà pourquoi il faut qu'à ce moment il ne soit pas dans un embarras d'argent; mais c'est une négociation dont j'étudierai les chances;—à M. Du Campart maintenant, si vous le voulez bien.

— Ah! celui-là c'est différent; l'intégrité, la droiture en personne, un peu étroit peut-être dans ses idées, mais l'idéal du juge, inaccessible à toutes autres considérations que celles du droit, et toujours prêt à sacrifier pour son opinion sa fortune, sa famille, sa place et lui-même.

— Oh! oh!

— Je n'exagère pas; un exemple va vous le montrer. Il avait trente ans, il était déjà juge d'instruction ici, car juge d'instruction il a commencé, juge d'instruction il finira. Dans un procès d'une importance capitale entre la famille des La Roche-Yville et un Père jésuite, plaidait Boissy de Village, l'avocat des corporations sous Louis-Philippe, le conseil du monde dévot, homme de grand talent, considéré, etc. Comme pierre d'assise à sa plaidoirie, Boissy donnait un plan topographique datant du quinzième siècle et des copies de titres prises dans les archives de Rouen. En entendant parler d'un plan du quinzième siècle, M. Du Campart, qui est un peu antiquaire, ouvre les oreilles, et sans suspecter en rien la bonne foi de l'avocat, par simple curiosité, pour le plaisir, il demande le rapport de l'affaire. Malgré une vénérable apparence de vétusté, le plan était fait sur du parchemin nouveau. Le juge d'instruction se réveille à cette découverte et suspecte la copie des titres. Sans perdre une minute, il part pour Rouen. En arrivant, il va trouver le procureur général et lui demande qu'un juge d'instruction lui délègue ses pouvoirs, car il sait à quelle forte partie il a affaire et ne s'en fie qu'à lui seul. Ainsi armé, il interroge l'archiviste, constate que les originaux n'ont jamais existé, et que, par conséquent, les prétendues copies sont fausses, le fait constater par un rapport de l'archiviste, et revient ici juste au moment où son rapport devait être déposé. Au lieu du rapport, il remplit un mandat d'amener, et sans prévenir personne, ni président, ni procureur du roi, il interroge Boissy et décerne un mandat d'arrêt avec mise au secret. Vous comprenez quel scandale, et vous pouvez vous faire une idée des sollicitations, des obsessions auxquelles M. Du Campart est en butte. Promesses, menaces, prières, offre de fortune, rien n'agit sur lui. Boissy passe aux assises, et il est condamné. Voilà l'homme, et il est aujourd'hui ce qu'il était il y a trente ans.

Cénéri, pendant que l'avoué parlait, écoutait avec stupeur ces renseignements sur des hommes qu'il avait cru jusqu'alors connaître, et qu'en réalité il connaissait si peu; il se voyait enlacé dans des fils qui, tous se réunissant dans la main de Friardel, devaient paralyser toute défense, et finalement le perdre; mais, à ces derniers mots sur M. Du Campart, l'espérance lui revint.

— Je suis sauvé, s'écria-t-il, un pareil juge saura bien me défendre.

— Il est seul, dit Pioline, et sa voix n'est qu'une voix; cependant je vous engage à le voir.

— Oh! celui-là, très volontiers, et tout de suite.

— Un mot encore, dit Hélouis, le procureur impérial? le substitut?

— Comme ils sont depuis peu de temps à Condé, je les connais beaucoup moins. Si c'est M. de Bellemare le substitut qui siège, nous aurons en lui un esprit impartial et fier qui, admirablement doué par la nature, protégé par une famille puissante et riche, n'a pas eu le temps de perdre encore dans les luttes de la vie ses qualités natives, et qui, par conséquent, est incapable de céder à une pression quelconque. Mais, pour M. Rabatel, je n'en saurais dire autant, et je ne serais pas surpris qu'il penchât du côté de Friardel, vers lequel il doit être poussé par son ambition. Cela, bien entendu, n'est

qu'une présomption à laquelle il faut attacher d'autant moins de prix que j'ai pour lui une violente antipathie, et que je dois être injuste dans mon jugement. Quoi qu'il en soit, c'est un homme intelligent, affichant des opinions religieuses qui paraissent trop ardentes pour être sincères; avec cela des goûts littéraires; il écrit dans une Revue parisienne, et dans ses articles il condamne la littérature contemporaine avec des considérants tirés de la morale et de la religion. Sur son siége, il procède de même, c'est-à-dire que toutes les fois qu'il peut mêler la littérature à un procès, il tire l'occasion par les cheveux. Ainsi il y a quelques jours, dans un adultère, il a fait intervenir George Sand comme complice, et si à la police correctionnelle il n'évoque pas *Rocambole*, c'est tout simplement parce qu'un magistrat qui est debout et qui aspire à s'asseoir y regarde à deux fois avant d'accuser *le Moniteur*. Voilà notre tribunal; il n'est ni meilleur ni pire, je crois, que beaucoup d'autres, et si M. le vicomte peut avoir jusqu'à un certain point des inquiétudes sur le résultat de ce procès, ce doit être uniquement à cause des conditions tout à fait exceptionnelles dans lesquelles votre beau-frère a su se placer.

X.

Hélouis fut obligé de se fâcher pour forcer Cénéri à aller chez le président.

— A quoi bon une visite, quand je suis condamné d'avance?

— Crois-tu donc que je voudrais t'imposer une démarche inutile? Tout ce que nous a raconté M. Pioline a changé notre plan de défense. Et c'est pour cela que je te pousse chez le président. Tu vas t'indigner très fort contre la demande en interdiction, dire que c'est une infamie, une monstruosité, enfin tout ce que tu voudras; puis comme conclusion, tu laisseras entendre adroitement que, dans l'état des choses, tu ne te fâcherais pas si le tribunal ordonnait une enquête et te nommait un administrateur provisoire. Le président doit être fort ennuyé de cette affaire, et je suis certain qu'il trouve que le baron lui fait payer cher son influence électorale; aussi est-il très probable qu'il saisira avec empressement ce moyen qui, tout en admettant la demande, ne la décide pas. Cela ne préjugeant en rien le fond, nous pourrons ainsi gagner du temps, ce qui est pour le moment le point essentiel. Rentré à Paris, je consulterai: nous verrons alors si nous devons appeler de ce jugement; c'est là, je te l'avoue, une question délicate sur laquelle je ne suis pas fixé: j'ai besoin d'étudier le pour et le contre, et je ne veux me décider qu'après avoir vu clairement où est notre avantage.

— Comment consentir d'avance à la nomination d'un administrateur provisoire, si je dois appeler de ce jugement?

— Tu ne consens pas, tu parles vaguement; d'ailleurs tu ne connais rien aux affaires, et l'appel te sera conseillé par ton avoué. Ne vas-tu pas faire le délicat avec de pareilles gens!

Par amour de la grandeur et par respect pour sa noblesse, le président Bonhomme de La Fardouyère habitait la maison la plus grande et la plus noble de Condé-le-Châtel. Mais comme sa fortune n'était point en rapport avec ce vieil hôtel bâti à grands frais sous Louis XVI, il le laissait dans un délabrement honteux; les portes des remises et des écuries où l'on avait logé autrefois quinze et vingt chevaux tombaient en pourriture, rongées dans le bas par le fumier des lapins; l'herbe, mêlée aux ronces et aux orties, soulevait les pavés de la cour, et au milieu de cette végétation courait un petit sentier blanc que le frottement des pieds avait tracé depuis la porte d'entrée jusqu'au perron.

On introduisit Cénéri dans un immense salon; puis, après quelques minutes, on vint lui dire que M. le président, occupé, aurait l'honneur de le recevoir bientôt. Mais comme ce bientôt se prolongeait indéfiniment, il se mit, pour passer le temps, à marcher en long et en large dans cette vaste pièce où quelques meubles trop rares laissaient place pour la promenade. On n'eût pas connu les prétentions nobiliaires du président qu'on les eût tout de suite devinées à la vue des portraits qui garnissaient les murs. A la place d'honneur, Henri V, en pied et de grandeur naturelle; en face un tableau dont Cénéri avait souvent entendu

parler, mais qu'il n'avait jamais vu: un gentilhomme, costumé à la Van Dyck, était agenouillé, le chapeau à la main, devant la sainte Vierge qui lui apparaissait portée sur des nuages; au bas on lisait en lettres gothiques: *Couvrez-vous, mon cousin.* » Ce gentilhomme, qu'on ne voyait que de dos, représentait le comte de Ruben, grand-aïeul de Mme de La Fardoyère: les Ruben se prétendaient parents de la Sainte-Vierge.

Lorsqu'on est seul à rire, on ne rit pas longtemps. Cénéri ne tarda pas à s'ennuyer de regarder ce tableau si prodigieusement réjouissant, et alla s'asseoir derrière une fenêtre entr'ouverte; il faisait une chaleur lourde, et l'impatience, l'inquiétude, s'ajoutant à l'électricité du temps, l'étouffaient dans ce salon à moitié moisi.

Il était assis depuis quelques minutes à peine lorsqu'il entendit un bruit inexplicable qui se répétait à des intervalles irréguliers; des petites coups secs comme si l'on s'amusait à donner des claques sur la muraille de la pièce voisine. Il regarda par la fenêtre: l'hôtel se composait d'un corps principal flanqué de deux ailes; le bruit venait de l'aile qui formait angle droit avec le salon, c'est-à-dire d'en face. Quelle ne fut pas sa surprise en apercevant M. le président, qu'on prétendait occupé, se distraire de ses importants travaux en tuant gravement les mouches! Le bruit était produit par le claquement d'une petite batte en cuir, emmanchée au bout d'une petite canne et telle que les bouchers en avaient autrefois dans les campagnes. Ainsi armé, il marchait doucement, sur la pointe des pieds, et quand un tas de mouches se portait contre le lambris, il l'écrasait d'un coup rapide, du bout de la canne, et comptait en souriant les cadavres qu'il avait faits.

— Est-ce que cet héritier de la Sainte-Vierge se moque de moi? pensa Cénéri; et il se mit à tousser fortement pour rappeler qu'il était là et qu'il attendait.

Le bruit cessa; puis, bientôt après, la porte du salon se développa largement, et le président parut grave, majestueux, renversé dans sa cravate blanche comme s'il portait le Saint-Esprit.

— Monsieur le vicomte d'Eturquerais,

veuillez m'excuser, dit-il, de vous avoir fait attendre, j'étais retenu par un devoir de ma charge.

Cénéri s'inclina profondément pour cacher l'envie de rire qui le prenait; mais cette précaution était inutile, le président, sans faire attention à lui, manœuvrant avec adresse pour se placer sous le portrait de Henri V. Arrivé là, il s'assit noblement, comme s'il allait rendre la justice au nom de son roi.

— Je regretterais d'autant plus de vous avoir dérangé, dit Cénéri, que je viens à vous en plaideur.

— Pour une affaire que vous voulez intenter.

— Mon Dieu! non, mais pour une affaire malheureusement intentée déjà; il s'agit de la demande en interdiction formée contre moi par mon pauvre père, à l'instigation de M. le baron Friardel.

— Ah! permettez, monsieur le vicomte, je ne dois pas en écouter davantage; l'affaire est engagée, elle doit suivre son cours.

— Je ne viens pas vous demander de l'arrêter.

— Je ne peux rien entendre arrière de l'une des parties.

— Il me semble...

Permettez-moi d'être seul juge de ce que je peux ou ne peux pas.

Et il se leva. Cénéri s'attendait à tout, excepté à ce singulier accueil. Un mouvement de vivacité l'emporta.

— N'avez-vous donc jamais écouté mon beau-frère arrière de moi? dit-il.

Un moment le président perdit son attitude superbe; mais presque aussitôt se remettant:

— Un homme comme moi, dit-il, est au-dessus de pareilles imputations.

Et comme Cénéri, qui regrettait déjà son oubli, se dirigeait vers la porte avec hâte, de peur de commettre quelque nouvelle sottise:

— Le président sur son siège oubliera ce que M. Bonhomme de La Fardoyère a entendu dans son salon.

Ceci fut lancé à pleine voix, avec une majesté de maintien que n'eut pas assuré-

ment Louis XII promettant de ne pas se souvenir qu'il avait été duc d'Orléans.

Cénéri s'en revint fort ennuyé.

— J'ai bien envie de ne pas aller chez M. Du Campart, dit-il en contant sa mésaventure à Hélouis, je ferai encore quelque maladresse et j'aurai tout le tribunal contre moi.

Cependant il y alla, car, n'ayant pas réussi à placer un seul mot dans sa visite au président, il fallait bien insinuer à quelqu'un l'idée de l'enquête et de l'administrateur provisoire.

Comme M. Du Campart n'avait pas la moindre prétention à l'aristocratie de naissance ou à la fortune, il habitait dans le quartier neuf de la ville une toute petite maisonnette peinte en blanc, avec des volets verts, qui, s'élevant au milieu d'un bouquet de plantes grimpantes et de rosiers, donnait plutôt l'idée d'un nid d'amoureux que d'une maison de magistrat; le jardin, vallonné, bombé, creusé, descendait jusqu'à la rivière.

Cette charmante petite propriété avait été bâtie pour un Anglais par le père de Mme Du Campart, architecte de la ville. Mais l'Anglais étant mort avant d'en prendre livraison, elle était restée pour compte au constructeur qui, après s'être ruiné à la payer, l'avait laissée pour tout héritage à sa fille. Bien que construite pour loger une seule personne, elle en abritait huit: M. et Mme Du Campart, leurs quatre filles, une vieille tante paralytique et une cousine bossue recueillie par charité. Tout ce monde vivait heureux avec le traitement du juge pour seule fortune.

Les volets qui étaient à la porte à claire-voie donnant sur la rue restaient ordinairement ouverts, et plus d'une fois Cénéri, en passant, s'était arrêté pour regarder ce jardinet si coquet; mais, lorsqu'il arriva à cette porte, il la trouva fermée.

— Bon, se dit-il, il est à la campagne; voilà ma visite faite.

Et avec une secrète satisfaction, il tournait sur lui même pour revenir en ville quand un bruit de cris, de rires, de jeux éclata derrière le mur; c'étaient des voix de jeunes filles.

Il sonna; les cris cessèrent. Puis, après

quelques minutes, le volet s'ouvrit, et une jeune fille rouge, haletante, hors d'haleine, montra ses deux yeux.

— M. Du Campart, demanda Cénéri en saluant.

Elle le fit entrer, puis, quand il lui eut remis sa carte, elle se mit à courir en disant:

— Je vais chercher papa.

Il la suivit du côté de la maison, puis, comprenant qu'il arrivait en trouble-fête au milieu d'une partie de jeu, il s'arrêta.

L'allée qu'il suivait était bordée de lauriers et de fusains qui formaient une haie impénétrable. La jeune fille avait tourné au bout de cette allée. Quand il se fut arrêté et que le bruit de ses pas sur le sable eut cessé, il entendit qu'elle disait:

— Papa, c'est M. d'Eturquerais.

— Le père?

— Mais non, papa, le fils, M. Cénéri; j'ai dit que tu étais là.

— N'y va pas, mon ami! répondit une voix plus grave, celle de Mme Du Campart, sans doute.

— Pourquoi ça?

— S'il est fou, il vient peut-être pour se venger sur toi.

— Mais, maman, tais-toi donc, il me suit.

Quand M. Du Campart parut au tournant de l'allée, Cénéri était toujours à la même place, atterré, la figure décomposée. Fou! Tout le monde le croyait fou.

Cependant le juge s'avançait; il était en manches de chemise; un grand foulard rouge noué derrière son cou lui pendait sur la poitrine; sa figure empourprée, sa respiration pressée disaient qu'il s'était mêlé aux jeux des jeunes filles.

Il fallait parler; Cénéri fit effort pour se remettre.

— Veuillez me pardonner de vous déranger.

— Oh! vous ne me dérangez nullement, dit le juge avec bonhomie; ces demoiselles m'avaient imposé une partie de Colin-Maillard qui ne finissait pas, vous me délivrez.

A dix ou douze pas en arrière, les quatre jeunes filles étaient groupées, puis un peu plus loin encore se tenait leur mère avec la petite cousine bossue qui, les épaules hau-

tes, avançait le menton. Cénéri sentait ces yeux de femme posés sur lui, et son embarras s'en augmentait. Toutes les histoires plus ou moins exagérées qu'on racontait, ses aventures grossies par la pruderie de la province, sa vie au Camp Héroult, sa victoire la veille dans les courses, sa folie généralement admise en faisaient un objet de curiosité devant lequel cédaient les convenances. Elles restaient là, les yeux béants, et dans leur esprit surexcité se posaient d'étranges interrogations. Si honnêtes que soient les femmes, si pures que soient les jeunes filles, elles subissent toujours l'influence des mauvais sujets.

— Je vois que je fais peur à ces demoiselles, dit Cénéri.

Ces quelques mots furent prononcés si tristement, que M. Du Campart, frappé de leur accent, comprit que l'observation de sa femme avait été entendue.

— Mais pas du tout, dit-il; puis, se tournant vers le groupe: — Fillettes, avancez!

Il y eut un moment d'hésitation; puis Mme Du Campart s'étant décidée, les jeunes filles la suivirent.

Mais la présentation ne fit que rendre la situation plus embarrassée; tout le monde restait les yeux baissés sans parler.

Enfin, pour rompre ce silence, M. Du Campart s'adressa à sa fille aînée:

— Majesté, dit-il, donne-moi ma redingote, mon enfant, et toi, Fauvette, dénoue-moi le nœud de ce foulard.

Ces noms qu'il donnait à ses filles disaient assez bien ce qu'elles étaient: l'aînée, au profil busqué, avait une démarche majestueuse; la seconde, qui chantait toujours, était la Fauvette; les deux autres étaient la Beauté et Blondine; la petite cousine bossue était Mme la générale, ce qui rendait admirablement ses façons de commander et ses exigences de respect.

Quand M. du Campart, débarrassé de son bandeau, eut endossé sa redingote, il pria Cénéri de vouloir bien le suivre, et il l'introduisit dans un cabinet de travail si parfaitement encombré de livres ouverts, de dossiers, de lignes à pêcher, de paquets de grains, qu'i' n'y avait pas une place pour s'asseoir.

— Monsieur, dit Cénéri, je sors de chez M. Piòliue; il m'a raconté comment vous aviez fait condamner Boissy de Village, et c'est ce récit qui m'a donné l'idée de vous faire ma visite. Demain, vous devez m'interroger comme accusé de folie; je voudrais vous expliquer aujourd'hui comment et dans quel but une demande en interdiction a pu être formée contre moi.

Rappeler à M. Du Campart la condamnation de Boissy de Village, c'était le prendre par son côté faible. Chaque homme a dans sa vie un fait, une action, une œuvre quelconque dont il est fier, et qui, pour lui, est la mesure vraie de sa valeur et de son mérite. Pour M. Du Campart, la condamnation de Boissy était sa grande affaire, sa bataille d'Arcole. S'il n'était pas décoré, s'il devait mourir pauvre sans avoir une dot à donner à ses filles, il s'en consolait avec ce souvenir.

— Dans ces affaires d'interdiction, dit-il avec bienveillance, les juges ne sauraient trop rechercher la vérité; tous les moyens leur sont bons; aussi je vous remercie de votre visite. Parlez, Monsieur, je vous écoute.

Ainsi encouragé, Cénéri recommença le récit qu'il avait fait à Hélouis. Sans l'interrompre, le juge prenait des notes.

— Maintenant, dit Cénéri en terminant, vous connaissez dans quelles conditions la demande a été formée; si vous voulez bien m'interroger sur les faits de la requête, je suis prêt à répondre.

— Oh! la requête, nous l'examinerons demain très probablement, et elle formera la base de votre interrogatoire, si j'en crois la manière habituelle de M. le président. Non, je vous demanderais seulement de m'expliquer deux points: Où est déposé le testament de votre oncle?

— Ici, à Condé, chez M. Painel.

— Bien. Maintenant, autre question tout à fait en dehors: On m'a dit que vous aviez gagné hier dans la course une somme très importante.

— Cent mille francs de paris, en plus du prix.

— Pour gagner ces cent mille francs, vous avez dû risquer une grosse somme.

— Dix mille francs seulement; mon cheval n'inspirant pas une grande confiance, on pariait 10 1 contre lui.

— Je comprends, mais ces dix mille francs, si vous les aviez perdus, étaient une somme importante eu égard à l'état présent de votre fortune.

— Sans doute, mais je pouvais d'autant mieux les risquer que précisément, les ayant gagnés au printemps, je les avais gardés pour cette circonstance. Je voulais avoir une somme assez considérable pour la placer sur la tête de mon fils dans une assurance sur la vie. Puisque j'ai fait la folie de dissiper une partie de ma fortune, je veux lui en constituer une petite pour le jour de sa majorité et ainsi réparer les erreurs de jeunesse. Au reste, je ne prétends pas que mon passé soit à l'abri de reproches, je prétends n'être pas fou en ce moment, voilà tout. Aussi je serais heureux que le tribunal me mit à même de faire la lumière sur ce point en ordonnant une enquête, dût-il, s'il n'a pas confiance dans ma capacité financière, me nommer un administrateur provisoire.

Cela dit, Cénéri se leva; il connaissait trop bien les habitudes de discrétion des juges pour attendre une réponse immédiate; et, tout en se dirigeant vers la porte du jardin, il changea le sujet de la conversation, parlant de fleurs et de fruits.

Le juge le suivait, ne répondant que par monosyllabes. Au moment où Cénéri mettait la main sur la porte, il l'arrêta.

— Monsieur le vicomte, dit-il avec une douce gravité, je voulais, avant votre départ, vous témoigner tous mes regrets pour un mot de ma femme, que vous avez entendu.

Cénéri fit un geste.

— Ah! vous l'avez entendu, j'en suis certain. Mais maintenant je ne regrette point qu'il ait été prononcé. Le fou qui s'entend accuser de folie ne garde pas ordinairement le calme que votre raison a su vous imposer.

En arrivant au Camp Héroult, Cénéri et Hélouis trouvèrent d'Ypréau qui descendait de cheval.

— Ah! mes chers, dit celui-ci, jamais je ne me consolerai de ne pas vous avoir eu pour témoins dans ma visite à Friardel, au moins nous en ririons encore. Au moment où j'arrive, on sortait de la salle à manger pour prendre le café sous une charmille dans le jardin; il y avait là le duc, Chicot-Palluel, Forster, quatre ou cinq gentlemen et quelques têtes rouges du pays qui venaient de déjeuner. Je vais droit au Friardel avec une figure de pleureur....« Eh bien! cher, comment va *Satan*? Tout le monde dit que si vous aviez pris la centième partie de la drogue qu'il a avalée, vous seriez mort. »—Vous voyez d'ici sa mine, n'est-ce pas? et celle des convives; naturellement, comme on dit dans les vaudevilles, ça jette un froid. Moi je redouble de sympathie. ... « Vous pensez bien que j'ai démenti ce bruit qui, vrai, ferait de vous un filou. *Satan* était malade hier, cela est certain; mais drogué, non, j'en appelle à tous ces messieurs. » Personne ne répond; Friardel, stupéfié, tâche de réfléchir pour prendre une résolution. Moi plus préparé, je continue: « Vous me faites monter *Satan* malade, au risque de me tuer, c'est bien; assurément ce n'est pas votre faute, tout le monde en est convaincu comme moi; je ne vous en veux donc pas; d'autres, moins patients, viendraient peut-être vous reprocher cela comme une infamie et une lâcheté, ils seraient dans leur tort, puisque vous êtes innocent comme un agneau, et pareille volerie n'est ni dans vos habitudes, ni dans votre caractère loyal et droit. » Là-dessus je fais une pause et le regarde en face; il était blême, et s'il y avait eu encore des couteaux sur la table, il m'en eût plongé un dans le ventre. Satisfait de l'effet que je produis, je reprends: « Mais il y a une chose que je ne vous pardonnerai jamais, et dont je vous aurais déjà demandé raison si je n'avais la conviction qu'en me cachant cette chose, vous n'avez été arrêté par des liens de famille sur vous tout-puissans. » L'attention n'avait pas besoin d'être surexcitée; cependant elle s'accroît encore, et chacun commence à comprendre que mes paroles sont graves. —« Ce quelque chose qui me désole, c'est que vous ne m'ayez pas prévenu de l'état de Cénéri, et que, sachant la camaraderie et l'amitié qui nous unissent, vous m'ayez mis en lutte avec un homme

qui ne pouvait pas se défendre. » — Jusque-là Friardel n'avait pas trouvé un mot; il crut l'occasion favorable: —« Il s'est si bien défendu, qu'il a gagné », fit-il, — « Dites que son cheval est meilleur que les autres, c'est bien; mais ne dites pas que Cénéri a défendu sa chance, car ce serait dire en même temps qu'il n'est pas fou, et ce serait vous démentir, puisque vous avez demandé son interdiction pour cause de démence et de fureur. » — Franchement, n'est-ce pas que c'était assez bien filé? Je ne sais pas si mon récit vous rend bien la scène, il fallait la voir. Il fallait voir la contenance du Friardel et la figure de ses convives; je doute que parmi eux il puisse trouver beaucoup d'amis. — « Comment! d'Eturquerais serait fou! dit le duc venant à moi. — Mon cher duc, c'est l'accusation de sa famille. — Allons donc! c'est impossible! — Ce n'est pas à moi qu'il faut dire cela, mais à M. le baron; pour moi, je crois si peu que Cénéri est fou, que je vais m'établir chez lui et lui donner, dans le malheur dont il est victime, un témoignage de sympathie et d'amitié. — Attendez-moi, dit le duc, je vais avec vous. — Et moi aussi, dit Chicot-Palluel. — Messieurs, comme vous n'avez pas de voiture, permettez-moi de vous conduire, dit le petit d'Angoville. » — Cette série de coups de marteau tombant sur la tête de Friardel l'étourdit si complétement, qu'il ne trouva rien à répondre, mais rien, là! ce qui s'appelle rien. Et voilà, chère Madame, dit-il en se tournant gaîment vers Cyprienne, comment je me suis permis de vous amener à dîner quelques convives sur lesquels vous ne comptiez pas; pardonnez-le-moi. J'ai pris les devant pour les annoncer; ils me suivent. Quant à toi, mon cher Cénéri, ne m'en veuille pas si je ne t'ai pas débarrassé de cette bête malfaisante, gibier de justice, non d'honnête homme, il n'y a pas eu moyen; désormais cela te regarde, Hélouis.

XI

En décidant que l'interrogatoire aura lieu dans la chambre du conseil, la loi a voulu que celui qu'on accuse de folie ne fût pas troublé ou intimidé par la publicité de l'audience.

Cénéri parut donc seul devant ses juges, sans public, sans conseil, avocat ou avoué. M. Bonhomme de La Fardouyère occupait le fauteuil de la présidence, assisté de MM. Du Campart et Legrain. M. de Bellemare faisait les fonctions de ministère public. Un petit vieux ratatiné, desséché, à la mine humble et ennuyée, était assis au bureau du greffier.

— Vos nom, prénoms, profession, demeure? demanda le président.

Quand Cénéri eut répondu à cette demande, M. Bonhomme de La Fardouyère se renversa dans son fauteuil, et d'une voix encourageante:

— Par la signification des pièces qui vous a été faite hier, dit-il, vous savez pourquoi vous êtes cité devant ce tribunal, et vous avez pu, si vous en êtes capable, recueillir vos souvenirs et vous préparer à répondre avec calme aux questions que la loi m'ordonne de vous poser. La gravité des faits articulés par la requête qui nous a été présentée, le but auquel elle tend, la haute position que M. votre père a occupée dans la magistrature, votre fortune, l'honorabilité de votre famille, tout nous fait un devoir d'apporter dans cette affaire un soin et... des précautions... bien...

Il se tourna vers M. Legrain:

— Scrupuleux, souffla celui-ci.

— Scrupuleux. Nous espérons donc que, de votre côté, vous jugerez convenable de mettre une grande modération dans vos réponses.

En écoutant cette longue phrase, qui rentrait si bien dans le moule de la phraséologie du Palais, Cénéri regardait le substitut. Celui-ci avait apporté un numéro de la *Revue des Deux Mondes*, et il s'occupait très sérieusement à en couper les feuillets, ni plus ni moins que s'il eût été chez lui. Malgré la gravité de la situation, Cénéri n'avait d'oreilles que pour ce bruit de papier froissé qui l'exaspérait.

— Maintenant, continua le président, blessé de n'avoir pas obtenu une réponse ou au moins un signe, je vais procéder à votre interrogatoire, Greffier, présentez à M. d'Eturquerais cette sébile, et vous,

Monsieur, veuillez nous dire la valeur de chacune des pièces de monnaie qu'elle contient et la somme totale que forment ces pièces réunies.

Une pareille question, venant immédiatement après un exorde si pompeux, fit oublier à Cénéri les recommandations d'Hélouis.

— Ah! pardon, monsieur le président, dit-il vivement, mais avant de répondre à cette demande je crois pouvoir vous faire observer que je ne suis pas fou. Sur la requête qui vous a été présentée, sur l'avis de mon conseil de famille formé en violation de la loi, je comprends très bien que vous me considériez comme un imbécile et que vous me posiez des questions appropriées à mon état. Mais cette accusation de folie est une calomnie mise en avant par un misérable pour arriver à un vol.

— Encore une fois, dans votre intérêt, je vous engage à la modération. A moi appartient le droit de vous poser les questions que je crois utiles, à vous le droit d'y répondre ou de n'y pas répondre. Oui ou non, voulez-vous faire le calcul que je vous demande?

Comme un écolier de l'école primaire, Cénéri compta les pièces de monnaie qui étaient dans la sébile; puis, après cinq ou six autres questions de même force sur la date de sa naissance, sur son âge, sur sa filiation, le président arriva aux faits de la requête. Sur tout ce qui touchait à sa jeunesse, Cénéri répondit avec calme et précision. Il avait lui-même pour les folies de cette époque une telle indifférence qu'il passait volontiers condamnation.

— Ainsi, dit le président, vous reconnaissez avoir brûlé une robe sur les épaules d'une de vos maîtresses.

— Parfaitement, et je reconnais, si vous le voulez, que je l'appelais quelques instants après « mon ange adoré. » Je ne m'en souviens pas précisément, mais cela me paraît probable.

— Est-il vrai aussi que vous ayez dissipé une somme de six cent mille francs en trois ans?

— Très vrai; seulement je trouve que cette dépense est plutôt une marque de race que d'imbécillité, car je vous assure qu'il n'est pas donné à tout le monde de se ruiner convenablement.

A ce mot, M. de Bellemare voulut bien interrompre sa lecture; la réponse avait une cranerie qui le touchait. Mais il fut le seul à en sourire. Elle produisit un effet déplorable sur le tribunal, même sur M. Du Campart.

— Au reste, continua Cénéri, il est très probable que je serais aujourd'hui tout à fait ruiné si, dans ma vie de dissipation, je n'avais été arrêté par la circonstance la plus heureuse. A partir du jour où cette circonstance s'est produite, ma fortune, au lieu de diminuer, a augmenté. Aussi est-il étrange qu'on ait attendu à aujourd'hui pour demander mon interdiction. Il est vrai que si cette demande avait été formée il y a deux ans, je me serais défendu avec la même énergie; car, interdire un homme par cela seul qu'il dépense sa fortune me paraît une monstruosité.

— On ne l'interdit pas, interrompit dogmatiquement le président, on lui nomme un conseil judiciaire.

— C'est bien pire: au moins l'interdiction se comprend, puisqu'elle s'applique à un fou, tandis que le conseil judiciaire, qui n'a pour but que de m'empêcher de dépenser ma fortune suivant mon plaisir, et en quelque sorte d'ouvrir ma succession avant ma mort, je ne le comprends pas. Mais je vous demande pardon, je suis ici pour subir la loi et non pour la discuter.

Encore une réponse malheureuse et qui, cette fois, déplut à tous les membres du tribunal sans exception, car ils sont rares les magistrats élevés à l'école du droit romain, qui mettent les droits de la liberté individuelle au-dessus des droits de la famille ou de l'Etat.

Le président reprit le cours de son interrogatoire en suivant pas à pas la requête, et il arriva bientôt à la rencontre de Cénéri et de Cyprienne.

Mais Cénéri refusa de répondre.

— Dût-on m'enfermer immédiatement comme fou, dit-il avec véhémence, je refuse absolument de m'expliquer sur les faits contenus dans cette partie de la requête. Ils se rapportent aux souvenirs les plus doux et les plus charmants de ma vie, je ne les souillerai pas. Dans tout ce qui est affaire, je suis à votre disposition, monsieur le président, mais ceci ne relève que de ma conscience.

L'interrogatoire eût été dirigé par Friardel lui-même qu'il n'eût pas mieux réussi à pousser Cénéri dans des réponses malheureuses.

— Je vous ferai remarquer, dit le président, qu'il est peu séant de prononcer de pareils mots dans cette enceinte, et que vos explications devant le tribunal n'auraient jamais pu être une souillure pour vos souvenirs. Mais passons. Cependant je dois vous faire remarquer encore que si je suis entré dans cet ordre d'idées, c'est parce que vous avez paru le désirer. Vous n'avez pas voulu répondre aux questions que je vous posais sur des sujets que je choisissais précisément parce qu'ils ne pouvaient pas provoquer votre exaltation; maintenant vous ne voulez pas répondre sur les faits de la requête. Quelque latitude que la loi laisse à notre pouvoir discrétionnaire, vous conviendrez que votre interrogatoire devient difficile.

M. Du Campart se pencha vers le président et lui dit quelques mots à l'oreille. Celui-ci fit un signe d'assentiment; puis, s'adressant à Cénéri:

— Il y a dans cette requête, dit-il, une allégation très grave, c'est celle d'après laquelle vous auriez battu un pauvre paysan nommé Tournebu. Est-il dans vos habitudes de céder ainsi à l'emportement?

— Cette allégation, quand je vous l'aurai expliquée, vous montrera comment mon adversaire sait tirer parti des choses les plus simples. Ce Tournebu est un mauvais gredin qui depuis longtemps dévastait mes bois; vingt fois j'aurais pu le faire prendre par mes gardes, mais j'ai eu pitié de sa femme et de ses enfants qui, pendant son emprisonnement seraient morts de faim; dernièrement, le trouvant en train d'abattre un arbre, je lui ai administré une correction, voilà tout.

— Vous savez, n'est-ce pas, qu'on ne doit pas se faire justice soi-même et que la loi seule a le droit de punir?

— Parfaitement. Seulement, si j'avais

eu recours à la loi, elle eût mis mon Tournebu dans une maison centrale où, grâce à ses heureuses dispositions, il serait devenu bien vite un peu plus gredin, tandis que ses enfants seraient devenus beaucoup plus malheureux. Je n'ai donc pas voulu le punir ou me faire justice; j'ai voulu simplement l'empêcher de recommencer, et je crois que j'ai pris le bon moyen.

Le président regarda M. Du Campart, puis M. Legrain, puis le substitut. Le sourire discret qui était sur ses lèvres disait clairement que si l'homme qui faisait de pareilles réponses n'était pas tout à fait fou, c'était assurément l'esprit le plus faux, la raison la plus faible de France et de Navarre.

Cependant sur la fin de l'interrogatoire il se releva un peu.

Comme le président lui avait demandé pourquoi, au lieu de ne fréquenter que des personnes de son rang, on le voyait entrer souvent dans des cabarets avec des gens de la plus basse extraction:

— Il est vrai, dit-il assez gaîment, qu'on a pu quelquefois me rencontrer avec des marchands de chevaux, des marchands de bœufs et des paysans; mais franchement ce n'est pas ma faute si les princes et les ducs ne quittent pas Paris exprès pour venir m'acheter eux-mêmes mes bœufs gras et mes poulains. Quant à mes provisions d'avoine et de foin, je ne demanderais qu'à les faire auprès des jolies comtesses et des charmantes marquises qui tiennent boutique dans les ventes au profit des Polonais ou des petits Chinois; mais ce genre de commerce n'étant pas en usage dans nos campagnes arriérées, il faut bien, quand j'ai besoin d'acheter un produit de nos pays, que je m'adresse à ceux qui ont besoin de le vendre.

Le président trouva que cette réponse, dans sa forme légère, était peu respectueuse pour la dignité du tribunal; mais les deux juges et le substitut en ayant souri, il déclara qu'il n'adresserait pas d'autres questions au comparant et qu'il allait clore l'interrogatoire que celui-ci aurait à signer.

Pendant que Cénéri était au tribunal, Hélouis ne perdait pas son temps. Après

s'être concerté avec Pioline, il faisait, par le ministère de Me Doubledent, huissier à Condé, donner assignation à M. le comte d'Eturquerais d'avoir à comparaître à la prochaine audience pour « voir déclarer nulles et de nul effet en la forme et au fond les poursuites et diligences à fin d'interdiction commencées, et notamment de la prétendue délibération du conseil de famille; se voir faire défense d'user ni de se servir du jugement avant faire droit; en outre, s'entendre condamner aux dépens sous toutes réserves, et notamment de toutes preuves par enquête ou autrement. »

A cette assignation, Me Filsac, l'avoué de Friardel, répondit aussitôt que, sans avoir égard aux faits allégués par M. Cénéri d'Eturquerais, il y avait lieu de poursuivre l'interdiction; que le désordre des facultés était établi, non seulement par de nombreuses preuves, mais encore par l'interrogatoire, et que, dans ces conditions, il y avait urgence à nommer un administrateur provisoire à la personne et aux biens de M. Cénéri d'Eturquerais.

Lorsque deux avoués veulent *diligenter*, comme on dit au Palais, le code de procédure leur offre des ressources véritablement inépuisables, et si l'un des deux manœuvre pour retarder l'affaire, tandis que l'autre manœuvre pour la presser, on peut noircir des masses de papier dont le vulgaire n'a aucune idée. Sur ces assignations il y eut, par *acte du Palais*, constitution de Me Pioline, puis *placet* du même, puis *avenir*, puis *conclusions*, *significations*, une véritable averse de papier timbré qui, par bonheur, tombant seulement dans les études des avoués, laissait Cénéri tranquille.

Au milieu de cette bagarre intervint un jugement du tribunal ordonnant qu'il serait procédé à une enquête sur les faits de démence et de fureur, et en même temps nommant un administrateur provisoire, « attendu, dit l'un des considérans, que l'instance pouvait se prolonger. »

— Maintenant, dit Hélouis, tu as devant toi plusieurs mois de tranquillité, et je peux retourner à Paris.

A ce mot, Cyprienne et Cénéri se récrièrent.

— Mes chers amis, je m'étais donné huit jours de vacances, voici plus de deux semaines que j'ai quitté mon étude. D'ailleurs, ma présence n'est plus nécessaire ici, et je vous affirme que le jugement, au fond, ne pourra pas être rendu avant six mois. Je ne peux pas rester six mois loin de mes affaires, n'est-ce pas? En tout cas, vous avez dans Pioline un homme plus capable que moi de les bien diriger. Rassurez-vous donc; je vous donne ma parole que, judiciairement, vous êtes pour le moment à l'abri de tout danger.

— Judiciairement? interrompit Cyprienne.

— Que voulez-vous que je vous promette de plus?

— Je ne sais pas, dit-elle tristement; mais j'ai peur de tout, et je voudrais vous avoir toujours ici près de nous; quand Henriot est malade, tout le temps que le médecin est près de lui, je suis rassurée; il me semble qu'il a le pouvoir de conjurer la maladie, comme vous il me semble que vous conjurez la loi. Si je vous disais que ce mot seul: « la loi » est aussi effrayant pour moi que cet autre mot horrible: « le croup! » Vous trouvez cela puéril, parce que vous savez ce que renferme cette loi, les moyens qu'elle offre à vos adversaires pour vous attaquer, les moyens qu'elle vous donne pour vous défendre; moi, je ne sais d'elle qu'une chose: c'est qu'elle a pu jusqu'à présent empêcher notre mariage, et qu'elle a permis que l'homme le meilleur et le plus droit fût accusé de folie. Vous dites que maintenant elle va nous protéger, Dieu vous entende!

— Rassurez-vous, je vous répète que les mauvais jours sont passés, et je vous affirme que nous triompherons.

— Vous l'affirmez.

— Le premier coup seul était à craindre, c'est au baron maintenant à trembler. Non seulement nous gagnerons, mais je veux, quand Favas aura plaidé, que le baron ne puisse pas rester dans le pays.

Malgré cette assurance, ce fut les larmes aux yeux qu'elle le vit partir. Ils allaient être seuls maintenant en face de l'inconnu et l'avenir, elle ne le jugeait que par le passé. Comme le poltron qui se trouve subitement abandonné en pleine nuit, elle ne voyait partout que des images menaçantes que son imagination inquiète exagérait.

XII.

En province, quand un huissier s'est arrêté à votre porte, tout le monde sait bientôt ce qu'il venait vous apporter.

Une heure après que maître Espérandieu avait quitté le Camp Héroult, le village entier savait qu'on allait interdire Cénéri. En passant, il avait laissé son cheval au café de Saint Ursin, et au retour, en prenant un *demi* avec le père Papillon, un de ses meilleurs cliens, il avait, tout en causant, raconté sa visite au château. Dans la salle du café se trouvaient alors, en train de jouer une partie de dames, Tourneku et Vattier, un ancien garde de Cénéri, renvoyé pour ivrognerie, si bien qu'en un quart d'heure le bruit de ces poursuites, comme une trainée de poudre, avait parcouru le village.

Du village, le bruit avait sauté à la ville, puis de la ville, après que l'affaire avait occupé le tribunal, il était revenu au village, singulièrement augmenté et enjolivé. Dans tout le pays, à dix lieues à la ronde, on ne parlait que de l'interdiction du fils d'Eturquerais.

— Vous savez que M. le comte d'Eturquerais fait interdire son fils.

— Tiens, je croyais que c'était le fils qui faisait interdire le père.

— La vérité est que le vieux ne l'aurait pas volé.

— Et le fils?

Le fils avait eu le tort de choquer les lois ou les traditions reçues; il avait une maîtresse avec laquelle il vivait publiquement au grand jour et qu'il voulait épouser; il avait vendu une grande partie de l'héritage de sa mère; il ne s'habillait comme personne; il payait sans jamais marchander, et même en disant souvent que ce n'était pas trop cher; dans les magasins de Condé il parlait presque toujours anglais avec celle qu'il appelait sa femme; pendant les nuits d'été on l'avait rencontré plus d'une fois avec elle se promenant sur les grandes routes ou dans les bois, à l'heure ou tout le monde est honnêtement couché; il avait des chevaux qu'il conduisait avec une rapidité, qui laissait les maquignons loin derrière lui; il n'allait pas aux enterrements et ne rendait pas de visites; l'hiver, pendant les fortes gelées, il prenait des bains dans la pleine rivière pour se mettre à l'abri du froid, aussi l'accusation de folie s'expliquait-elle suffisamment pour les gens de la ville qui ne le connaissaient pas ou qui ne le connaissaient que peu. Quelques uns, il est vrai, de ceux qu'on appelle les malins, haussaient doucement les épaules ou secouaient la tête quand on parlait de cette folie; mais, précisément parce que c'étaient des malins, leur potestation, toujours discrète et mesurée, en restait là. Pourquoi se mettre mal avec le baron Friardel et lui faire de l'opposition?

Les gens du village qui connaissaient mieux Cénéri trouvaient bien un peu étonnante cette accusation de folie; mais le mot interdiction n'avait pas pour eux un sens très clair.

— Quoi que ça fera, cette interdiction? disaient-ils.

— Ça fera qu'il ne pourra pas manger son bien.

— Pour ça, ce n'est pas un mal, car le fait est qu'il en a déjà cassé pas mal de morceaux; la ferme de la Bétoure, le bois Hallebout, les prés de Boscnormaud, ça fait des cents et des mille.

Lorsqu'il avait appris la demande et la délibération du conseil de famille, le maire avait commencé par déclarer tout haut et à qui voulait l'entendre que c'était impossible, M. Cénéri étant aussi sensé, aussi solide que lui, Pierre-Cyrille Bridoux; puis, sur une observation de sa femme, il avait tout à coup gardé un silence prudent, et même en y réfléchissant, en rappelant ses souvenirs et les conversations qu'il avait eues avec Cénéri, conversations dans lesquelles il s'était souvent perdu, il était arrivé à se dire que la folie était assez vraisemblable. Un homme qui n'a pas le cerveau dérangé ne dit pas, en passant un acte aussi sérieux que la reconnaissance d'un enfant, que la loi est quelque chose de drôlatique, et cette insanité il l'avait non seulement dite, mais encore il avait voulu l'expliquer. Evidemment il y avait dans ce malheureux jeune homme quelque chose qui n'était pas naturel.

Là-dessus, pris de peur, il s'était empressé de courir demander à Condé si sa responsabilité n'était pas engagée. A quoi l'austère Rabatel avait répondu qu'il pouvait dormir tranquille; que plus tard on verrait quelle était la valeur de l'acte de reconnaissance de l'enfant, mais que dans aucun cas le maire qui l'avait reçu n'aurait rien à craindre.

C'était surtout au café de Saint-Ursin que la question de folie était agitée avec passion. Tous les jours les garçons d'écurie de Cénéri, quand leur travail était fini, allaient boire leur gloria dans ce bouge. Ils s'y rencontraient dans la salle commune avec les gens du pays, tantôt les uns, tantôt les autres, mais toujours avec Tournebu et Vattier, qui arrivés régulièrement à neuf heures du matin, ne quittaient les tables et les dominos que le soir à l'heure de la fermeture. Les gens d'écurie, Anglais pour la plupart, tenaient pour leur maître; Tournebu et Vattier contre.

— Il est si parfaitement fou, disait Tournebu en tapant ses dominos sur le marbre, qu'il m'a flanqué une tripotée. Qué que vous voulez qu'on fasse contre un fou? il mangerait quatre hommes, six hommes; c'est connu, ça, on ne peut les maintenir qu'avec la camisole de force. Quand vous direz no, no; lequel, parmi vous, veut en essayer? Je ne crains personne, et lui, je le crains; ce qui ne m'empêchera pas pourtant de retourner dans son bois, et pas plus tard que demain; je sais quelqu'un qui a besoin d'un frêne pour faire des limons à sa voiture, il l'aura.

Ennuyé de ce défi, blessé aussi dans son amour-propre national, un des Anglais s'était levé.

— Toi, dit Tournebu, tu veux voir, allons-y!

Et l'on était passé dans la cour.

L'Anglais avait été toute sa vie garçon d'écurie pour les chevaux de courses. C'était un petit homme aux jambes arquées, au buste bien développé, aux bras solides et nerveux. Tournebu était un grand gaillard de Normand qui avait fait un congé au régiment, où il avait passé tout son temps à la salle d'armes ou à la salle de police, et où il s'était perfectionné dans la science de la savate et du bâton.

A peine l'Anglais s'était-il mis en position pour boxer, comptant sur la force de ses biceps, que d'un coup de figure, c'est-à-dire d'un coup de botte sur la face, Tournebu l'avait envoyé rouler à terre.

— Quand je vous disais, fit-il avec des airs de matamore, en voilà un qui a sa raison. Eh bien! maintenant il a trois ou quatre dents de moins. Qui veut étrenner l'autre botte? Pas de toqués, par exemple, ou c'est moi qui *cane*.

Plus solides sur le dos d'un cheval que sur leurs jambes, les camarades du battu n'avaient pas répliqué; et le lendemain Tournebu avait montré une pièce de cent sous, en se vantant qu'elle était le paiement du frêne coupé dans les bois du Camp Héroult.

Cénéri, prévenu, avait recommandé de faire bonne garde; mais il avait été impossible de prendre Tournebu en flagrant délit. Souvent le matin on trouvait une avenue barrée par un baliveau qui avait été scié pendant la nuit et couché là avec toutes ses branches. Plus souvent encore on trouvait des lapins ou un pauvre chevreuil étranglés dans des collets tendus à toutes les coulées. Ce qu'il y avait de particulier, c'est que jamais arbres coupés ou gibier mort n'étaient enlevés. C'était le mal fait pour le mal, sans aucun profit.

Les deux gardes, épuisés de fatigue, étaient sur les dents; ils ne savaient plus où donner de la tête. Prendre un voleur de bois quand il s'en va lentement, portant l'arbre qu'il vient de couper, n'est pas bien difficile; attraper un braconnier quand il a sous sa blouse une ceinture de lapins et de lièvres n'est pas non plus impossible; mais quand on coupe un arbre pour le plaisir de l'entailler et de le faire mourir, quand on tend des collets pour détruire seulement le gibier, il faut tomber sur le dos de ceux qui se livrent à ces crimes au moment même où ils les commettent, et c'est une autre affaire. Attacher un petit fil de fer entre deux buissons est bien vite fait, cacher une scie à main sous les feuilles mortes est bien

facile. Que dire à des gens qui se promènent dans un bois, lorsque ce bois n'est pas enclos? Les soupçonner, avoir la certitude qu'ils sont les coupables, c'est bien; mais les arrêter, leur faire un procès, comment? sur quoi?

C'était là précisément le cas de Tournebu et de Vattier; devenus inséparables, on les rencontrait à chaque instant dans les bois du Camp Héroult. Et quand les gardes avaient quelque délit à constater, ils survenaient presque toujours d'un air goguenard.

— Encore un châtaignier de scié, disait Tournebu en examinant l'entaille; qui donc qui peut vous faire ça?

— Tiens, une chevrette pendue par le cou; a-t-elle des yeux la pauvre petite bête! Combien ça fait-il depuis le commencement de la semaine; assez comme ça, hein, trois ou quatre?

— Est-ce drôle que vous ne puissiez pas pincer ceux qui font ça?

— C'est tout de même bien étonnant.

— Moi, disait Vattier, si on me faisait ça, bon Dieu, je ne sais pas ce que je deviendrais.

— Moi, continuait Tournebu, je tirerais dessus.

— Un bon coup de fusil à plomb, ils ne méritent que ça.

— Ils ne sont pas plusieurs.

— Tu crois?

— Pour faire ces coups-là, on se met tout seul.

Chaque jour les gardes, humiliés, venaient, à l'heure du déjeuner, faire leur rapport à Cénéri.

Un matin, ils arrivèrent la figure plus longue encore qu'à l'ordinaire.

— Encore quelque mauvais coup, n'est-ce pas? dit Cénéri en les voyant entrer. Un chevreuil!

— Ah! monsieur le vicomte bien pire que tout ça. Pas des hommes, des sauvages.

— Quoi donc? s'écria Cyprienne, que cette continuité d'attaques commençait à effrayer sérieusement.

— Ah! Madame, tâchez que M. le vicomte ne se mette pas en colère. Bien sûr qu'ils veulent nous pousser à bout.

— Voyous, vite.

— Eh bien! voilà: Nous avons commencé notre tournée ce matin à cinq heures; nous avions veillé, moi jusqu'à minuit, et Pernuit jusqu'au matin, vu qu'il est si exaspéré qu'il ne veut plus se coucher. Dans la route de la cave, rien; dans la route ronde, rien; pas un arbre d'abattu; dans les sentiers, pas un collet. Voilà que nous commencions à rire entre nous, croyant qu'ils avaient peur et qu'il renonçaient, quand, en arrivant à un quart d'heure d'ici, dans la route droite, là où les chevaux galopent, nous marchions au milieu du chemin tranquillement sans regarder à nos pieds, vu que la terre est unie comme le pavé de cette salle; tout à coup je sens que j'entre dans un trou, et je tombe sur Pernuit. Le trou dans lequel j'avais mis le pied n'était pas profond, 1 pied 1/2 peut-être; creusé dans la terre, il avait été recouvert d'une claie légère, et, par-dessus, le sable était si adroitement nivelé, qu'il était impossible de s'apercevoir du travail. Si, au lieu d'un homme, ç'avait été un cheval qui eût mis le pied dans le piége, il se cassait la jambe, et le cavalier pouvait être tué.

— Les chevaux n'ont donc pas passé par là ce matin? interrompit Cyprienne.

— Non, par le plus grand des hasards, un peu à cause de la chaleur, je les ai fait galoper dans la route ronde.

— S'il y avaient travaillé, continua le garde, il y en aurait un de mort maintenant, et peut-être un homme aussi. Ah! le coup était bien préparé; c'est une invention du diable. Si vous voulez le voir, Pernuit est resté auprès, de peur qu'on ne le dérange.

Cénéri suivit le garde.

C'était une petite saignée qui coupait la route dans toute sa largeur, et il était impossible qu'un cheval la franchît sans y mettre son pied. L'endroit avait été choisi avec une adresse diabolique; c'était dans un creux, et les chevaux, lancés à toute vitesse, devaient inévitablement culbuter pêle-mêle.

Cénéri resta atterré; ce n'était plus de la malveillance, mais de la méchanceté lâche.

— Voyez-vous, Monsieur, dit le garde,

moi, on ne m'ôtera pas de l'idée qu'ils veulent nous pousser à bout, nous exaspérer, quoi!

— Mais qui?

— Tournebu ou Vattier, peut-être Vattier et Tournebu; ils se sont associés pour se venger. Dans le bois, nous ne les prendrons jamais; mais au café Saint-Ursin, quand ils auront bu, ils finiront bien par lâcher quelque chose; si on pouvait s'entendre avec la fille au père Papillon, par elle on saurait tout. Ça aime la toilette; avec quelques pièces de cent sous...

— Non, je ne veux pas recourir à de pareils moyens; faites bonne garde, vous finirez par le prendre.

— Les arbres, c'est bon, il en pousse d'autres; les chevreuils, ça passe encore, il n'en manque pas; mais s'ils tuent un cheval?

— A partir d'aujourd'hui je vous donnerai toutes les nuits deux hommes d'écurie, vous en ferez coucher un à chaque bout de la route, et vous vous coucherez au milieu; comme cela, nous serons au moins en sûreté de ce côté. Pour le reste, je vais prévenir la gendarmerie; il faut que cela finisse.

Cette route, qui avait trois kilomètres de longueur en ligne droite, était coupée çà et là par des chemins et des sentiers. D'un de ces chemins qui débouchait tout près de la saignée, ils virent sortir Tournebu et Vattier qui, comme à l'ordinaire, semblaient venir exprès pour juger leur travail et narguer les gardes.

En passant, ils s'arrêtèrent un moment, et regardèrent avec un étonnement exagéré la tranchée creusée dans le sable. Cependant, comme Cénéri était là, ils n'osèrent rien dire.

Mais celui-ci s'avançait vers eux:

— Si vous soupçonnez ceux qui se rendent coupables de ces lâchetés, dit-il la voix frémissante, prévenez-les que l'ordre a été donné de tirer sur eux comme sur des chiens enragés.

— Pourquoi que vous nous dites ça, à nous? fit Vattier en s'arrêtant; je ne suis plus votre garde, Dieu merci! pour tirer sur les gens.

— Laisse donc, continua Tournebu; on

tire bien sur les chiens; mais il n'y a qu'un fou qui tirerait sur un homme...

Il dit cela d'une voix provocante, les deux poings en avant.

Cénéri pâlit; pourtant il eut la force de se contenir.

— Maintenant que vous êtes prévenus passez votre chemin.

— C'est donc moi que vous menacez? cria Tournebu. Un coup de fusil à moi? Je ne suis pas curieux, mais j'ai envie de voir ça!

— Viens ici, dit Cénéri, en lui montrant la croisée des deux routes.

Les deux gardes voulurent se jeter en avant; il les repoussa.

Tournebu, au milieu du chemin, ne savait s'il devait avancer ou reculer; seul, il se fût probablement sauvé, mais, devant les gardes et son complice, la forfanterie le poussa en avant.

— Si vous croyez qu'on a peur, fit-il en suivant Cénéri.

Les deux gardes une fois encore voulurent intervenir; d'un geste Cénéri les maintint en place, et il s'éloigna, précédant Tournebu qui marchait en déboutonnant ses manches.

— Je ne serais pas trop surpris s'il avait son affaire, fit Vattier avec un mauvais sourire.

Les deux gardes croyaient aussi qu'ils allaient assister à une correction, et, comme ils connaissaient la force de leur maître, ils n'étaient pas fâchés de la tournure que prenait l'incident.

— Arrête, dit Cénéri lorsqu'ils se furent assez éloignés pour qu'en parlant à mi-voix ils ne pussent pas être entendus des gardes et de Vattier.

Tournebu s'arrêta et tomba en garde, bien posé sur ses hanches, les poings en avant.

— Reste donc tranquille et écoute-moi, dit Cénéri avec un calme inquiétant. Tu es un gredin, et c'est toi qui coupes mes arbres, étrangles mon gibier et tâches de tuer mes chevaux; mais si gredin que tu sois, tu ne fais pas tout cela pour ton compte. Dis-moi dans quel but tu agis, et je te donne le double de ce que tu reçois.

Tournebu, qui s'attendait à des coups et non à des paroles, resta durant quelques secondes stupéfait, puis, bientôt prenant son parti:

— Ça pourra peut-être s'arranger, dit-il à voix basse, trouvez-vous ce soir à dix heures, non, à neuf, la lune se lève à dix, trouvez-vous à neuf heures au milieu du pré au Moine, tout seul, prenez de l'argent sur vous.

— Combien?

— Deux cents francs, non, trois cents, en louis, pas en billets.

— C'est bien, j'y serai; arrange-toi pour que Vattier ne se doute de rien.

— Pas de danger.

Ils revinrent vers le groupe, et quand ils furent à portée de la voix:

— Vous savez que je n'ai pas plus peur de vos gens de loi que de vos coups de fusil, se mit à dire Tournebu d'un air de défi. Quand on est innocent, on ne craint rien. Ce n'est donc pas vous ni vos gardes qui m'empêcheront de passer par votre bois; il y a un chemin, et les chemins sont faits pour tout le monde.

Cénéri attendit le soir avec une impatience fiévreuse; il allait donc savoir enfin ce qu'il avait pu jusque-là soupçonner seulement.

A huit heures trois quarts, il était au milieu du pré au Moine. Il portait à la main un bâton en cornouiller; dans une poche de sa veste était un revolver, et dans son gilet sonnaient trois cents francs en louis. La nuit était déjà sombre, et la pâle clarté des étoiles ne laissait la vue s'étendre que dans un rayon d'une cinquantaine de pas. L'endroit était heureusement choisi pour n'être pas surpris à l'improviste; la prairie plate n'offrait ni fossé, ni buisson, ni touffe d'herbe pour se cacher.

A neuf heures moins quelques minutes, il entendit un glissement sur l'herbe, puis un corps sombre apparut, se détachant sur l'obscurité. C'était Tournebu.

— Tiens! dit celui-ci lorsqu'il se fut approché, vous avez un bâton!

— Oui, dans la main, et un revolver dans ma poche.

— Moi, je n'ai rien dans les mains, rien dans les poches; j'ai confiance en vous.

Bien que Cénéri ne fût pas dans une disposition gaie, il lui vint un sourire aux lèvres.

— Avez-vous aussi l'argent? demanda Tournebu.

— Oui.

— Voulez-vous le faire voir?

— Tu n'as donc plus confiance?

— J'ai confiance pour ma peau, mais l'argent, ça se compte deux fois, n'est-il pas vrai?

Cénéri fit sonner les louis dans sa poche.

— Je vous ai dit que l'affaire pourrait s'arranger, donnez-moi les trois cents francs, je vous conte tout.

— Conte d'abord, tu auras l'argent ensuite.

— Et si au lieu d'argent vous m'administrez une raclée? Vous êtes plus fort que moi.

La discussion pouvait durer ainsi longtemps. Cénéri, emporté par l'impatience, mit les quinze louis dans la main ouverte de Tournebu.

— Ça, voyez-vous, dit celui-ci en faisant briller l'or sous les rayons des étoiles, ça me gagne à vous, parce que l'autre n'a voulu me donner que vingt francs d'avance, et je vas vous en conter pour votre argent. J'avais déjà en affaire à votre beau-frère, M. le baron Friardel, rapport à la tripotée que vous savez; il était venu à la maison, et il m'avait donné quarante francs en me disant que c'était pour que je ne me plaigne pas et ne vous fasse pas un procès. Me plaindre, je n'en avais pas l'idée, mais j'ai reçu les quarante francs tout de même, et j'ai signé un papier par lequel je m'engageais à ne pas vous faire un procès. Est-ce assez drôle toutes ces manigances-là? Pour lors, la semaine d'avant la dernière, il revient, et il me dit que si je peux me faire administrer par vous une grande volée de coups, il me donnera cent francs. — Et quarante francs après, qu'il me répond. Puis il me dit que si je peux en trouver un autre qui veuille en risquer autant, il lui donnera aussi cent francs; tout ce qu'il recommande, c'est qu'on vous exaspère de manière que les poings soient de la partie. Là-dessus, j'ai embauché Vattier, et nous avons commencé le carnaval dans vos bois.

Voilà. Depuis ce matin, j'ai été à Cinglais, et j'ai raconté au baron les menaces que vous nous aviez faites; il m'a dit que c'était bien, mais que ce n'était pas assez, et que si j'arrivais à me faire casser un bras, il me le paierait deux cents francs; mais pour ça il fallait se dépêcher, que nous étions des *feignans*, des peureux. Avec vos trois cents francs, je vas l'envoyer promener, parce que à la fin, ça m'ennuie; abattre les arbres, c'est bon; prendre les lapins, ça va; mais tuer les chevaux, je les aime, moi, ces bêtes-là.

— Au contraire, tu vas continuer; seulement, tu t'en tiendras aux arbres et aux lapins; je te donnerai trois francs par jour pour cela, et tu viendras les toucher ici tous les samedis.

— Bon; seulement, entendu aussi, n'est-ce pas? que je n'ai rien dit et ne vous ai jamais parlé. Maintenant, si vous pouvez m'avoir le café à Pipillon, je tuerai un homme pour vous quand il le faudra.

Tenir un café était pour Tournebu l'ambition de toute sa vie, et si le baron l'avait pris par là, il en eût fait un esclave, au lieu d'un traître.

Ainsi la tactique de Friardel était des plus simples; elle consistait à pousser Cénéri à un acte de violence quelconque, et à s'appuyer sur cette violence pour justifier, devant le tribunal, l'accusation de démence et de fureur.

C'était bien ce que Cénéri avait soupçonné; cependant, lorsque par l'aveu de Tournebu, ses soupçons se furent changés en certitude, il eut un moment de peur et de découragement. Si Friardel recourait à de pareils moyens et employait de tels aides pour les mettre à exécution, comment se défendre? Dans son intérieur, dans son domestique, il était peut-être déjà menacé, non seulement lui, mais encore Cyprienne et Henriot. Les hommes les plus braves en face d'un danger immédiat et connu sont précisément les plus timides quand ils se sentent menacés sans savoir comment et d'où viendra l'attaque; il y a chez eux un excès de force qui, n'étant pas employé, les use et les abat. Il revint au château en courant; ce qu'il craignait, il n'en savait rien et ne pouvait le préciser, mais il avait une peur folle pour sa femme et son fils, c'est-à-dire tout ce qu'il aimait.

Il les trouva parfaitement tranquilles; Henriot dormant dans son petit lit et Cyprienne auprès de lui, travaillant.

Le soir même il écrivit à Hélouis pour lui raconter son entrevue avec Tournebu et lui demander ce qu'il y avait à faire. Est-ce qu'en ayant soin de constater tous les jours les délits commis dans les bois, on ne pourrait pas à la fin arriver à une enquête, et, s'il y avait procès-verbal des gardes contre Vattier, remonter jusqu'au baron?

Les bois du Camp Héroult, en s'éloignant de Condé, rejoignent ceux du château de Cinglais; ils n'en sont séparés que par une petite plaine divisée entre plusieurs propriétaires et qu'on appelle les Champeaux. En venant habiter le Camp Héroult, Cénéri avait loué le droit de chasse sur cette plaine, que sa situation entre deux grands bois rend giboyeuse.

Le lendemain de sa conversation nocturne avec Tournebu, le garde Pernuit vint le prévenir qu'on avait vu la veille M. le baron Friardel chasser avec deux amis dans cette plaine, où ils avaient tué plusieurs lièvres et au moins une douzaine de perdrix.

Quelle que fût l'inimitié entre les deux beaux-frères, ou, plus justement, à cause même de cette inimitié, ils tenaient rigoureusement l'un et l'autre à leurs droits. Aussi la nouvelle de cet empiétement parut-elle fort étonnante à Cénéri.

— Avez-vous vu M. le baron? dit-il au garde.

— Non, mais c'est François La Loupe qui arrache ses pommes de terre, qui l'a vu et qui ce matin me l'a raconté.

— Travaille-t-il encore dans son champ?

— Ah! bien sûr, il en a pour plusieurs jours.

Cénéri voulut lui-même faire causer ce paysan et savoir bien exactement comment les choses s'étaient passées. Peut-être le gibier avait-il été tué sur la lisière du bois; mais qu'il l'eût été dans la plaine elle-même, il ne pouvait le croire; ou bien, si cela était ainsi, il y avait là une nouvelle vexation dont il ne comprenait pas la portée.

Sans tarder davantage, il prit son fusil, et, détachant un grand épagneul noir qui l'accompagnait dans toutes ses promenades, il partit à pied pour les Champeaux.

Il avait un peu plus d'une lieue à faire à travers bois; rien ne le pressant, il se mit en route paisiblement. Mais en marchant, et sans s'en apercevoir, il accéléra le pas. Malgré ses efforts pour penser à autre chose, ce qu'on venait de lui raconter s'imposait à sa pensée. Pourquoi Friardel, qui jusque-là avait scrupuleusement respecté ses terres, s'y établissait-il tout à coup en maître? En gentilhomme fidèle à la tradition, Cénéri était très jaloux de son droit de chasse, cette usurpation, dans les circonstances ordinaires, l'eût tourmenté; dans l'emportement de la colère, il allongeait le pas de telle sorte, que son chien, pour le suivre, était obligé de courir droit sur ses talons sans s'échapper de côté et d'autre en quêtant.

Un peu avant de sortir du bois et d'arriver aux Champeaux, il vit venir à lui le paysan dont son garde lui avait parlé, François La Loupe, qui se dirigeait, la fourche sur l'épaule, du côté du village. Il l'arrêta et le fit causer.

Les choses s'étaient exactement passées comme le garde les avait racontées, et le gibier avait été tué, non sur la lisière du bois, mais çà et là dans la plaine.

— Au premier coup de fusil, dit le paysan, j'ai relevé la tête pour vous souhaiter le bon jour, car je croyais bien que c'était vous. J'ai été tout surpris de voir que c'était M. le baron avec des messieurs de la ville, rapport que...

Il s'arrêta indécis s'il devait continuer.

— Rapport à nos relations, acheva Cénéri.

— Justement, ça me paraissait drôle de le voir chasser sur votre chasse, et je me disais à part moi : « Est-ce que l'amitié est revenue dans la famille? » Et à part moi aussi j'en étais bien aise, parce que entre beaux-frères, enfin un raisonnement que je me faisais, à tort, puisqu'aujourd'hui je vois que vous êtes tout émotionné. Bon, c'était dans la pièce à Tranquille qu'ils avaient tiré. Un lièvre part, ils le suivent en traversant mes pommes de terre, et ils vont le tuer dans le trèfle à Papillon. Et puis là c'est une fusillade comme au régiment; on aurait dit que tout le gibier du pays s'y était donné rende:-vous, ce qui n'est pas drôle après tout, puisque c'est la pièce la plus couverte.

Pendant que Cénéri écoutait ces explications avec une impatience qui se trahissait sur son visage par la pâleur, dans ses membres par un tremblement nerveux, tout à coup l'explosion d'un fusil retentit à cinq ou six cents pas.

— Tiens! c'est dans les Champeaux, dit La Loupe; tout à l'heure il n'y avait personne.

Un second coup partit.

— Bien sûr c'est M. le baron: je reconnais son gros calibre; ce n'est pas nos fusils qui font ce bruit.

Sans en écouter davantage, Cénéri se mit à courir vers la plaine, son fusil à la main. Le premier mouvement de La Loupe fut de le suivre, le second fut de s'arrêter. Probablement il allait se passer quelque chose de grave entre les deux beaux-frères, mieux valait ne pas y assister.

— M. Cénéri est bien sûr un bon garçon, se dit-il, mais le baron a le bras long; on ne sait pas contre qui il faudrait déposer, et s'il n'y avait jamais de témoins, il n'y aurait jamais de procès.

Et sur cette prudente réflexion de paysan normand, il continua sa route vers le village.

En quelques minutes, Cénéri arriva sur la lisière du bois. A quelques pas devant lui, un petit homme, lui tournant le dos, suivait de près deux chiens braques qui quêtaient doucement.

Il s'arrêta une seconde; agité par la course et la colère, il voyait trouble; mais le doute n'était pas possible, c'était bien la tournure, c'était bien la démarche de Friardel. Que faire? Il s'accroupit derrière un buisson d'ajoncs pour réfléchir et reprendre son calme.

Friardel était seul, sans gardes et sans amis; tout à l'extrémité de la plaine, on voyait un homme et une femme qui, courbés sur leurs râteaux, arrachaient de l'herbe dans un chaume.

A peine Cénéri s'était-il baissé qu'une compagnie de perdreaux qui s'envola, et sur laquelle Friardel lâcha ses deux coups le fit se redresser brusquement. La colère

du chasseur l'emporta sur la raison; il sauta dans le champ.

— Holà! cria-t-il.

A ce cri, Friardel se retourna, et quand Cénéri arriva sur lui, leurs deux regards se heurtèrent.

— Que faites-vous ici?

— Que me voulez-vous?

Ces deux exclamations partirent en même temps. Puis ils restèrent en face l'un de l'autre, se regardant, se défiant, sans baisser les yeux.

— Pourquoi chassez-vous sur ces terres? dit Cénéri d'une voix frémissante.

Il était hors d'haleine, et sa colère l'empêchait de desserrer les dents.

Friardel, plus calme, était effrayé de cette violence qui se contenait à peine, mais ce n'était pas le moment de reculer.

— Parce que j'en ai le droit probablement, dit-il.

— Parce que vous voulez m'exaspérer, me pousser à bout, me faire commettre quelque sottise pour l'exploiter demain devant les juges; mais vous en serez pour vos frais de ruse et de lâcheté. Je vous tiens, nous allons nous expliquer.

En criant ces paroles pressées, il brandissait son fusil, que Friardel ne quittait pas des yeux.

— N'ayez donc pas peur, dit Cénéri suivant ses regards; je ne veux pas vous tuer. Tenez, cela vous rassurera peut-être.

Et il jeta au loin son fusil. Il fit cela avec un geste de dédain et de noblesse qui devait rappeler celui de Louis XIV jetant sa canne par la fenêtre pour ne pas battre Lauzun.

Le fusil, lancé avec force, alla tomber à cinq ou six mètres; mais soit qu'il eût rencontré une pierre, soit seulement la violence du choc, le coup partit, et un des deux braques s'affaissa avec un gémissement; il avait reçu la charge en plein corps et il était mort instantanément; son camarade, effrayé, se sauvait au loin, tandis que l'épagneul, d'un air inquiet, tournait autour du cadavre saignant.

Quand Cénéri releva les yeux sur Friardel, il le trouva livide. Était-ce de colère ou de peur?

Durant plusieurs secondes, une minute

peut-être, ils restèrent dans la position où ce coup de fusil les avait surpris. Puis brusquement, Friardel tourna sur ses talons et s'enfuit à toutes jambes du côté de ses bois.

Machinalement Cénéri se mit à le suivre, mais après une dizaine de pas il s'arrêta, et la situation était tellement ridicule, Friardel se sauvant le dos voûté, son fusil à la main, était si drôle, qu'il fut pris d'un fou rire.

Quoiqu'il sût parfaitement qu'il n'était plus poursuivi, Friardel courait toujours.

— Est-ce qu'il voudrait m'attirer sur ses terres? se demanda Cénéri.

En effet, cette retraite précipitée, cette fuite insensée, n'étaient pas naturelles, et assurément le baron avait une idée.

— Va toujours, se dit Cénéri, croyant l'avoir deviné, je ne te suivrai pas.

Sifflant son chien, il revint sur ses pas et rentra dans son bois. L'envie de rire était passée; mécontent de cette scène grotesque, peiné de la mort de ce chien, fâché de cette occasion perdue de s'expliquer et de donner cours à sa colère depuis si longtemps amassée, il était inquiet en même temps d'un mot de Friardel, le seul qu'il eût prononcé. Il savait que celui-ci ne disait rien à la légère et que, s'il avait parlé de son droit à chasser sur ces terres, il devait y avoir quelque chose, en ce moment, d'obscur, mais qui plus tard s'éclaircirait sans doute, avec tout un cortège d'ennuis, peut-être même de procès. Et il avait hâte de rentrer au Camp Héroult pour avoir l'explication de ce mystère.

S'il fût resté plus longtemps dans la plaine, il eût vu que le baron, au lieu d'entrer dans le bois comme il l'avait cru, se dirigeait vers l'homme et la femme qui travaillait dans le chaume.

Ceux-ci, distraits de leur travail par le bruit des détonations, avaient suivi des yeux la scène entière, mais à une trop grande distance pour la comprendre.

— Vous avez vu ce qui vient de se passer? dit le baron en les abordant avec un air encourageant qui n'était guère dans ses habitudes.

— Ce qui vient de se passer? fit le paysan sans se compromettre davantage.

— M. d'Eturquerais courir sur moi, m'in-

jurier, me tirer un coup de fusil, et me poursuivre après avoir manqué son coup qui a tué un de mes chiens?

L'homme regarda la femme, la femme regarda l'homme, mais ni l'un ni l'autre ne dit mot. C'étaient deux pauvres gens de Cinglais; le mari, couvreur en paille, s'était, dans plusieurs chutes du haut des toits, cassé une jambe et tordu le cou, ce dont il avait été si mal soigné et si peu guéri qu'il était resté horriblement contrefait, une jambe plus courte que l'autre d'au moins vingt centimètres, le cou couché sur l'épaule; la femme comme lui usée, tannée par quarante ans de travail et de privations. Ils vivaient du bois mort ramassé dans la forêt, du glanage dans les champs, de l'herbe qu'ils coupaient le long des chemins pour nourrir leur vache. Mais il ne vivaient que par la grâce du maire, car Cinglais est un des villages de France le plus étroitement réglementés: pour le glanage, pour la police des chemins, pour les poules, pour les vaches, il y a des arrêtés pour tout; plusieurs, il est vrai, ne sont pas approuvés par le préfet, ce qui n'empêche pas qu'on fasse des procès en vertu de ces arrêtés. C'est là un moyen que plus d'un maire emploie et qui est, paraît-il, très efficace pour tenir les gens; conformément à un arrêté non revêtu d'approbation préfectorale, on fait faire un procès, puis, pour ne pas pousser les choses à bout, on l'arrange, et les pauvres diables s'en vont reconnaissants de ce bon office.

— Eh bien! dit le baron, ne comprenez-vous pas?

L'homme resta impassible comme s'il était sourd; mais la femme fut plus prompte à prendre son parti.

— Nous avons bien entendu vos deux coups de fusil sur les perdrix, dit-elle; puis après celui de M. d'Eturquerais; mais nous ne l'avions pas vu tirer.

— Croyez-vous que le coup est parti tout seul?

— Pardine, non.

— Vous l'avez bien vu aussi me poursuivre, probablement.

— Ça oui, dit le paysan.

— Cela suffit, vous allez descendre avec moi tout de suite, et vous déposerez de-

vant M. le juge de ce que vous venez de
voir.

Tous deux se regardèrent avec inquiétude, l'homme semblant dire timidement à la
femme qu'elle aurait mieux fait de ne pas
parler.

— C'est que le temps n'est pas au beau,
dit la femme en tâchant de se rattraper, et
vous savez que la *trainasse*, quand ça
mouille, ça poudre; nous n'avons que notre
vache pour vivre, mon bon Monsieur.

— Ça fait du mauvais ouvrage, dit l'homme en donnant un coup de râteau sur
l'herbe, qui s'arracha en entraînant avec
elle quelques brins de chaume.

— Je vous paie votre journée, dit le baron, pour couper court à ces raisonnements
de paysan rapace qui pouvaient durer une
heure.

— Tout *intière*, dit l'homme, en relevant
sa tête autant qu'il put.

— Tout entière: trente sous pour vous,
quinze sous pour votre femme.

— Vous mettrez bien cinquante sous, notre bon monsieur le maire.

Pour ces cinquante sous le baron emmena chez le juge de paix ses deux témoins,
qui déposèrent qu'ils avaient vu M. d'Eturquerais sortir de son bois et courir sur M.
le baron, qui venait de faire coup double
au milieu d'une compagnie de perdreaux
dans la plaine;—que M. d'Eturquerais ges-
ticulait vivement en criant très fort sans
que ses paroles vinssent pourtant jusqu'à
eux;—que presque aussitôt il avait tiré un
coup de fusil;—qu'ils étaient certains que
le fusil était celui de M. d'Eturquerais, bien
qu'ils ne l'eussent pas vu partir, et cela à
cause de deux circonstances: la première,
parce que M. le baron Friardel, qui venait
de décharger son fusil, n'avait pas eu le
temps de le recharger; la seconde, parce
que la dernière explosion ne ressemblait
pas aux deux précédentes, et qu'elle était
produite par une autre arme;—enfin que,
ce coup de fusil tiré, M. le baron Friardel
s'était sauvé, et que M. d'Eturquerais l'a-
vait poursuivi.

Pendant que Friardel prenait ainsi ses
précautions, Cénéri, rentré au Camp Héroult, tâchait de savoir quels pouvaient
être ces droits de chasse dont le baron

avait parlé. Avait-il loué ce droit depuis peu? c'était la seule explication
qui se présentait à son esprit. Leur rencontre avait eu lieu sur une pièce de terre
appartenant à Papillon, le propriétaire du
café Saint-Ursin; il alla chez lui.

Dans ce pays, les chasses ne se louent
pas, comme aux environs de Paris, en ad-
judication publique et moyennant une grosse somme; Cénéri louait tous les ans les
Champeaux par convention verbale pour
cinq ou dix francs qu'il payait à chaque
propriétaire lorsqu'il le rencontrait.

— Père Papillon, dit-il en entrant dans la
salle du café où Tournebu et Vattier
jouaient leur éternelle partie de dominos,
je viens vous payer le loyer de ma chasse
sur votre pièce des Champeaux.

— Mais, monsieur Cénéri, dit le cafetier
avec une figure embarrassée, vous ne me
devez rien.

— Pour l'année dernière, je le sais, mais
pour l'année qui vient de commencer.

— Présentement, j'ai loué à M. le baron
Friardel.

— Sans me prévenir?

— Il m'a offert dix francs de plus.

— C'est vrai, cette location?

— Le bail sur papier marqué est enregis-
tré.

Puis, reconduisant Cénéri jusqu'à
porte.

— Voyez-vous, monsieur Cénéri, il ne
faut pas m'en vouloir, dit-il lorsqu'il fut sûr
que ses deux pratiques ne pouvaient pas
l'entendre; mais M. le baron pourrait faire
fermer mon établissement.

— Pourquoi ne m'avez-vous pas prévenu?

— Il m'avait recommandé de n'en rien
dire; mais il n'y a pas que moi qui lui ai
loué; M. Bardou lui a loué aussi, et la mère
Brenu.

C'étaient les plus grandes pièces, celles
qui coupaient la plaine dans toute sa longueur: elles étaient pour ces champs ce que
sont les *layons* dans les bois de la Couronne: un chemin pour le gibier et les tireurs.

Cénéri rentra mécontent et triste. Sans
doute cette location de chasse le gênerait
peu, mais c'était une nouvelle vexation,
c'était une nouvelle maille ajoutée au filet

dans lequel Friardel l'enlaçait. Evidemment chaque jour désormais amènerait une
nouvelle attaque, une nouvelle lutte, et
maintenant c'en était fait de leur vie tranquille et heureuse.

— Est-ce que tu vas te désoler pour quelques perdrix? dit Cyprienne en riant, lorsqu'il lui conta sa journée; moi qui voulais te
faire une surprise; Henriot a poussé sa dernière dent.

Mais sa gaîté n'était pas sincère. Le
voyant abattu, elle voulait, comme de coutume, le distraire et le remonter. Au fond
du cœur, elle était elle-même triste et tourmentée. La mort de ce chien surtout la
frappait comme un mauvais présage; elle
avait la superstition des âmes ardentes, et
c'était en tremblant qu'elle se demandait si
la veine du bonheur était épuisée, et si c'é-
tait celle du malheur qui commençait.

XII.

Lorsqu'on est dans de pareilles dispositions morales, tout vous devient rapidement
sujet de trouble et d'inquiétude. Ainsi une
visite qu'ils reçurent le lendemain, et qui,
en temps ordinaire, eût passé inaperçue,
vint encore augmenter leur anxiété.

Peu de temps après son installation au
Camp Héroult, Cénéri avait eu à choisir un
médecin, non pour lui, il n'avait jamais été
malade, mais pour l'accouchement de Cyprienne, et, au lieu de prendre M. Gillet,
qui était le médecin à la mode, il avait pris
un vieux praticien qui autrefois avait accou-
ché sa mère.

Le souvenir et la reconnaissance avaient
inspiré ce choix; mais il est vrai de dire
qu'à ce double sentiment s'était jointe une
sorte d'antipathie instinctive contre le médecin de la *première société* de Condé,
comme on disait à Condé.

C'était en 1852 que M Gillet était venu
s'établir à Condé, où il n'avait ni famille, ni
amis, ni relations, ce qui, dans ce pays où
la confiance se mesure très étroitement, est
un crime impardonnable. Il arrivait avec
une réputation inquiétante; on disait qu'il
avait été sous-commissaire de la république
dans une petite ville du Midi et, à ce titre,
interné en 1851. Ses commencemens avaient

été des plus pénibles, et le boulanger et le
charcutier racontaient entre intimes qu'il
leur avait dû des notes d'un an. Une note
de charcuterie durant une année entière,
cela en dit plus long que toutes les phrases
sur un état de fortune. Cependant, et malgré ces antécédents, dès 1854, on le voyait
le familier et le complaisant du sous-préfet.

En 1856, le conseil municipal de Condé
ayant été dissous, il était nommé membre de
la commission administrative, grâce à cette
amitié préfectorale; puis, six mois après,
maire, personne ne voulant accepter cette
fonction dans une ville divisée plus encore
par des intérêts particuliers que par la politique. En deux ans la ville était métamor-
phosée, coupée en quatre par de larges
boulevards, et endettée respectablement ;
une machine hydraulique était construite
pour alimenter des fontaines monumenta-
les; une gendarmerie était bâtie dans laquelle le loyer de chaque gendarme coûtait
plus de quatre mille francs; les impôts aug-
mentaient d'un tiers. Le maire, discuté,
injurié ou prôné, devenait un personnage
important avec lequel tout le monde comptait. Le tribunal le choisissait pour les expertises médicales, et il avait la gloire
d'envoyer trois pauvres diables à l'échafaud
pour empoisonnement. Il découvrait l'arse-
nic comme pas un expert de France; il est
vrai qu'il le trouvait partout. La clientèle
obéissait à la vogue, et ceux qui n'étaient
pas entraînés d'enthousiasme par la toute-
puissance de la fortune étaient décidés par
des raisons de peur ou de prudence. Il ne
laissait aux autres médecins que les petits
bourgeois et les paysans pauvres. Pendant
quelques années un seul confrère, celui
choisi par Cénéri, le docteur Graux, avait
osé lui résister; habilement mêlé à un procès en avortement, il avait cédé, et tous les
autres s'étaient tenus pour bien avertis.
Dans cette prospérité, une seule chose manquait au bonheur du docteur Gillet: la décoration; le tribunal, le préfet, l'évêque l'a-
vaient inutilement demandée pour lui; on
s'était obstinément refusé à la lui donner,
sous prétexte qu'il avait un dossier au ministère de la justice, — politique il est vrai,
— mais suffisant néanmoins pour faire
ajourner pendant longtemps encore sa no-

mination. Comme cela se rencontre souvent chez beaucoup de ces faux républicains, la vanité était chez lui la passion maîtresse. C'était par vanité qu'il avait ajouté à son nom de Gillet celui de Berville, qui ne lui avait jamais appartenu, ni à lui, ni à personne de sa famille, et qui était simplement le nom de son village; ce ridicule nobiliaire lui avait attiré toute sorte de quolibets de la part de ses ennemis et même de ses amis, et à Condé il était de tradition de ne jamais prononcer le nom de Gillet, sans y ajouter quelque qualificatif grotesque « — de flanelle, de tricot, gilet croisé, ouvert, habillé, négligé, en cœur, à châle. » C'était par vanité qu'il voulait si ardemment la décoration, et c'était pour l'obtenir quelques années plus tôt qu'il s'était lié intimement avec le baron Friardel, dans l'espérance que celui-ci, tout puissant, pourrait agir auprès de la chancellerie et trancher les difficultés qui retenaient ce maudit ruban accroché.

Cénéri, revenu à Condé, et préférant à ce médecin à la mode un pauvre vieux bonhomme de praticien abandonné, presque méprisé, avait causé une sorte de scandale. Pendant huit jours, on n'avait parlé que de l'accouchement de Cyprienne, et toujours en ajoutant comme conclusion : « Vous savez qu'ils n'ont pas appelé M. Gillet. — Gillet a eu une veste », avait dit le sous-préfet, qui cultivait avec une passion malheureuse ce genre de calembour. Gillet n'était pas homme à pardonner une telle humiliation, et il en avait conçu un ressentiment qui plus d'une fois s'était manifesté avec amertume.

Aussi sa visite au Camp Héroult, où il n'était jamais venu, eût-elle été en tout temps assez étonnante; dans les conditions présentes, elle devenait un événement.

— Que peut-il nous vouloir? demanda Cyprienne lorsqu'on l'annonça.

— Probablement nous allons le savoir.

Mais ils ne surent rien du tout. Venu dans le village pour visiter une femme malade, il l'avait trouvée dans une telle misère, elle et ses quatre petits enfants, sans pain, sans chandelle, sans linge, qu'il demandait pour elle des secours, et que naturellement il commençait par frapper à la porte du château.

— Il est inutile de frapper à d'autres, dit Cénéri; si cette misère nous avait été signalée, elle serait soulagée; elle le sera ce soir. Madame s'en charge.

Gillet se tourna gracieusement vers Cyprienne et la remercia de ses sentiments de charité, qui d'ailleurs étaient connus de tout le monde et appréciés; puis il se leva pour partir.

— Mais cela ne faisait pas l'affaire de Cénéri, qui, toujours impatient et pressé, ne put pas attendre.

— Votre visite, dit-il, m'avait donné une espérance; je croyais presque que vous veniez au nom de M. le baron Friardel.

— Comment cela?

— Pour conclure la paix entre nous; vos relations d'amitié m'auraient fait trouver cette intervention naturelle.

— Je regrette qu'il n'en soit pas ainsi; mais si vous avez des propositions d'arrangement à lui soumettre, je serai heureux de m'en charger.

— Pardon, mais à moins de me déclarer fou moi-même, je ne vois pas quelles propositions je pourrais adresser à mon beau-frère. M. le baron Friardel me poursuit de sa haine; dans une requête au tribunal il formule contre moi les accusations les plus graves, il demande mon interdiction; depuis, il entretient quelques mauvais sujets pour couper mes arbres, étrangler mon gibier, tuer mes chevaux. La seule proposition que j'aurais à lui faire serait de me laisser tranquille; mais cela est bien inutile à demander, n'est-ce pas? et je ne peux pas vous en charger.

— D'autant mieux, dit Gillet avec une certaine dignité, que je ne peux pas admettre de pareilles accusations contre un homme dont j'ai l'honneur d'être l'ami, et, en son nom, je les repousse de toutes mes forces. Vous-même, Monsieur, en croyant M. le baron coupable de pareils faits, me semblez céder à des idées de persécution qui ne sont pas raisonnables. Dangereuses de pareilles idées, très dangereuses.

— Je fais plus que de croire, j'ai des preuves, mais je veux les épargner à votre amitié. Puisque votre visite n'est pas une visite de conciliation, n'en parlons plus, M. Friardel veut la guerre, c'est bien; je me défendrai, et, s'il continue, j'attaquerai moi-même.

Sans répondre, M. Gillet salua et sortit.

Pourquoi était-il venu? Ils agitèrent les hypothèses les plus absurbes, mais sans pouvoir s'arrêter à une seule. Cette visite était inexplicable.

XIII.

Si douloureuse que fût l'inquiétude dans laquelle les jetait cette lutte, leur vie matérielle ne s'en trouvait pas changée.

Tous les matins, comme à l'ordinaire, Cénéri surveillait le travail de ses chevaux dans le bois; puis il rentrait pour le déjeuner, et après déjeuner ils montaient dans un petit panier découvert, et allaient faire une promenade en plaine ou en forêt. Le soleil d'automne n'avait plus les ardeurs de juillet, et les haies touffues gardaient dans les chemins une certaine fraîcheur. A les voir passer appuyés l'un contre l'autre, se regardant ou regardant l'enfant qui jouait avec son petit fouet, on devait les prendre pour les amants les plus heureux du monde, et c'était seulement en entendant leur conversation, où à chaque instant revenait le nom de Friardel, que l'on comprenait leur angoisse.

Un matin, quatre jours après la visite de Gillet, Cénéri, se rendant à un endroit du bois assez éloigné du château, et où il devait retrouver ses chevaux, fut surpris d'apercevoir un gendarme qui semblait attendre quelqu'un.

En se rapprochant, il reconnut que c'était le maréchal des logis de Condé.

— Est-ce que vous venez pour les dégâts que l'on commet dans mes bois? dit-il en l'abordant; je n'ai pas déposé de plainte.

— Ce n'est pas pour cela que je viens, dit le gendarme.

— Vous cherchez quelqu'un; est-ce qu'il y a eu un crime de commis?

— Je cherche quelqu'un; mais il n'y a pas eu de crime de commis.

— Et vous croyez qu'il est dans ces bois?

— Je savais qu'il devait y passer.

Etonné de ces réponses embarrassées

Cénéri regarda un moment le gendarme, puis, ne voulant pas pousser plus loin ses demandes qui semblaient indiscrètes, il se disposait à continuer son chemin, lorsqu'il vit deux autres gendarmes sortir vivement du bois où ils étaient cachés et s'avancer vers lui:

Au même instant le maréchal des logis allongea la main.

— Au nom de la loi, monsieur d'Eturquerais, je vous arrête.

D'un bond, et avant que la main se fût abattue sur le collet de son habit, Cénéri sauta en arrière; mais au même instant il se sentit saisi par les deux gendarmes qui s'étaient jetés chacun sur un bras.

Trois hommes pour en arrêter un seul, alors surtout qu'il est paralysé par la surprise, cela suffit généralement; mais Cénéri, qui pendant plusieurs années avait été le meilleur élève de Lecour, et qui, par l'exercice journalier, maintenait en état sa force et sa souplesse, ne se laissa pas empoigner comme un paysan lourdaud. Avant d'avoir réfléchi, avec l'instinct de la bête attaquée qui se défend, il passa la jambe au gendarme qui lui tenait le bras et l'envoya rouler à terre; puis, de son bras devenu libre, il portait en pleine figure de l'autre gendarme un coup de poing que n'eût pas désavoué Heenan ou Tom Sayers, et qui faisait lâcher prise.

Cela s'était passé si vite, que le maréchal des logis, gros et lourd d'ailleurs, n'avait pas eu le temps de prendre part à l'action, et qu'il était resté le bras tendu.

Débarrassé, Cénéri recula de quelques pas et se mit en garde.

— Au nom de la loi, cria le maréchal des logis, pas de rébellion: monsieur d'Eturquerais, un homme comme vous!

Mais il était trop tard pour parler, les deux gendarmes s'étaient relevés, et, furieux de leur défaite, exaspérés par les coups qu'ils avaient reçus, ils s'élançaient sur Cénéri comme sur un Arabe ou un Russe, et le maréchal des logis lui-même se jetait dans la mêlée. Elle ne fut pas longue. C'était un homme solide, qui autrefois au régiment s'était conquis une réputation d'hercule; il saisit Cénéri par derrière, et, l'enlaçant fortement, il parvint à le maintenir pendant que les gendarmes lui atta-chaient les deux jambes avec des cordes. A son tour, Cénéri s'abattit sur le sable; ses habits étaient en lambeaux, teints du sang de l'un des gendarmes, celui qui avait reçu le coup de poing.

— On nous avait bien dit qu'il se défen-drait rudement, fit le maréchal des logis en soufflant.

— Quel coup de poing!

Couché sur la terre, la tête relevée, Cé-néri les regardait avec rage; tout son corps était secoué par des mouvements nerveux, ses dents grinçaient.

Pendant quelques minutes, personne ne parla, puis un certain calme lui revenant, si on peut appeler calme une fureur blan-che, il appela le maréchal des logis.

— Pourquoi m'arrêtez-vous? dit-il les dents tellement serrées que les paroles étaient à peine intelligibles.

— Parce que j'en ai la réquisition de M. le préfet.

Le préfet! que pouvait-il avoir à faire dans tout ceci? Cénéri chercha à com-dre. Mais il ne pouvait s'arrêter sur une idée, et en même temps il lui semblait que son cœur éclatait sous les coups précipités du sang.

— Soulevez-moi, dit-il; appuyez-moi con-tre un arbre.

Il était tellement pâle, que les gendar-mes le regardaient avec inquiétude, se de-mandant s'ils ne l'avaient pas tué.

Après plusieurs minutes de réflexion, il appela de nouveau le maréchal des logis.

— Où avez-vous ordre de me conduire?

Le gendarme hésita un moment avant de répondre:

— A la ferme du Luat.

Parler de la ferme du Luat à un habi-tant de Condé, c'est parler de Charenton ou de Bicêtre à un parisien; il n'y a pas de doute possible, tout le monde sait que c'est une maison de fous.

A ce mot, Cénéri, bien que ficelé étroi-tement, fit un effort qui cassa une des cor-des; mais les gendarmes, qui le guettaient se jetèrent sur lui avant qu'il eût pu se dégager et lui passèrent les menottes.

Pris d'un véritable accès de folie furieu-se, il se débattait comme un sauvage;

puis, lorsqu'il eut été mis dans l'impuis-sance de remuer bras et jambes, il inju-ria les gendarmes en vociférant.

— Décidément, dit le maréchal des lo-gis en se tournant vers ses hommes, il est bien fou.

Instantanément cette simple parole lui rendit la conscience de lui-même et de la situation.

— Déliez ces cordes, dit-il, je vous pro-mets de ne pas me défendre et de ne pas me sauver.

Mais le maréchal des logis haussa les épaules en secouant la tête.

— Pour que vous nous arrangiez comme tout à l'heure, non, merci. Regardez donc Ribière, il a le nez cassé.

En effet, le gendarme qui avait reçu le coup de poing ne pouvait pas arrêter le sang de sa blessure qui se tuméfiait; le coup avait été terrible.

La vue de ce sang et de ces déchirures acheva de calmer Cénéri, en le rendant honteux de lui-même.

— Je vous donne ma parole d'honneur, dit il doucement, de vous suivre; vous sa-vez bien que je ne suis pas fou.

Les trois gendarmes se regardèrent, pas un ne bougea.

— Si vous n'étiez pas fou, dit le maré-chal des logis, vous êtes un homme trop bien élevé et trop bien instruit pour vous être mis en rébellion; vous auriez pensé à la loi au lieu de nous assommer.

— Vous vous êtes jetés sur moi.

— Est-ce qu'on vous a brutalisé? On nous avait prévenu que vous feriez résistance, nous avons voulu vous en empêcher. Si vous n'êtes pas fou, vous devez compren-dre que, puisque nous avions un ordre, il fallait l'exécuter. Croyez-vous que c'est pour le plaisir qu'on arrête une personne comme vous? Mais ce n'est pas tout, ça; il faut nous suivre. Nous avons une voiture au coin de la route, là-bas.

— Où est la réquisition du préfet?

— Voilà celle du maire, dit le maréchal des logis en dépliant un papier qu'il lui mit devant les yeux; vous pensez bien que nous sommes en règle.

Ils l'étaient en effet, au moins autant que Cénéri, dans son trouble, put en juger par les signatures et les cachets. Il n'y avait qu'à céder à la force. Cependant une dernière tentative de résistance s'éleva encore en lui.

— Il y a là une terrible erreur, dit-il; conduisez-moi chez le sous-préfet, chez le procureur impérial.

— J'ai l'ordre de vous conduire au Luat, voulez-vous marcher?

Contre un danger immédiat, dans une lutte, l'homme de cœur trouve toujours des forces pour se défendre jusqu'à la dernière extrémité. Mais, dans ces circonstances, que faire ? Le sentiment de son impuissance l'écrasait. Dans la même minute il passait de la fureur à l'abattement, et, cherchant quelque moyen de défense, il ne trouvait rien; est-ce donc qu'il devenait véritablement fou? Son cerveau semblait se vider, et il éprouvait au crâne une douloureuse sensation de brûlure, comme si le bouillonnement du sang le soulevait.

Les gendarmes le regardaient en attendant qu'il fît un mouvement. A la fin, le maréchal des logis se pencha sur lui.

— Voyons, monsieur d'Eturquerais, dit-il avec assez de douceur, il faut vous lever et marcher.

— Déliez-moi!

Ils défirent les cordes qui attachaient les jambes, et l'un d'eux, le prenant par les épaules, le remit sur ses pieds; les cordes, serrées avec force, avaient arrêté la circulation du sang, il faillit tomber, et il fallut le soutenir. Il tendait les mains pour qu'on le débarrassât des menottes, mais le maréchal des logis refusa.

— Vous comprenez bien que c'est toute notre sûreté, dit-il.

Une fois debout, il respira plus facilement; les gendarmes défiants craignaient le moment où il retrouverait ses forces, il montra au contraire une tranquillité qui prouvait que sa raison lui revenait en même temps. Son parti était pris;—obéir, car toute résistance serait inscrite au compte de la folie, et plus tard exploitée. Par la soumission, d'ailleurs, il pourrait peut-être gagner les gendarmes et les décider à le mener, avant le départ, au Camp Héroult, pour embrasser Cyprienne et Henriot.

A cette demande, doucement présentée,

le maréchal des logis commença par répondre un *non* énergique. Mais ce n'était pas un méchant homme. Cénéri faisait valoir qu'il avait besoin de changer contre d'autres ses vêtemens en lambeaux; il parlait d'embrasser sa femme, son enfant. Après tout, ce n'était ni un assassin ni un voleur, mais un monsieur; il s'était défendu brutalement, cela était vrai, mais lui, maréchal des logis, n'avait rien reçu. Enfin on ne pouvait pas savoir ce que réservait l'avenir; il ne resterait pas toujours fou peut-être; il avait des amis puissants, et il se décida, à la fin, à tâcher de tout concilier. Ce qu'on lui avait ordonné, c'était de conduire M. d'Eturquerais à la ferme du Luat; qu'il y arrivât une demi-heure plus tôt ou une demi-heure plus tard, cela ne devait pas avoir grande importance (1).

Cénéri savait que Cyprienne était encore couchée, et que, par conséquent, elle ne pourrait pas le voir entrer au château en compagnie de ses gendarmes, les menottes aux mains. Il ne craignit donc pas de lui porter un coup trop violent, et il précéda

_____

(I) Un roman n'est pas un livre d'histoire, il n'a pas besoin de notes et de pièces justificatives ; cependant cette règle peut subir des exceptions, et, dans le cas présent, je crois bon que cette arrestation (qui, me disent un magistrat et un préfet de mes amis, est impossible) soit appuyée auprès du lecteur par quelque chose de grave.

Ce quelque chose, je l'emprunte à une plaidoirie de Me Senard (Droit du 4 janvier 1862). Voici l'espèce : M. le comte de L... est accusé de folie par ses enfants, qui demandent son interdiction ; on a donné des renseignements au préfet, et l'on a obtenu de ce magistrat un ordre de séquestration, rendu en vertu de la loi de 1838. Comment cet ordre est-il exécuté ? Je laisse la parole à l'avocat :

« On attend le comte, qui va venir déjeuner à onze heures du matin, et, au moment où il entre dans le village, un gendarme se présente à lui, le salue, et ses collègues, cachés dans une maison voisine, se jettent sur le malheureux, lui mettent les menottes et l'enchaînent comme un criminel On ne lui permet pas même de rentrer chez lui, on lui refuse la faculté de prendre quelque nourriture, et c'est le chef de gare du chemin de fer qui lui donne un verre d'eau. Puis on l'emmène jusqu'à l'asile d'aliénés de Caen. »

Le jugement, sur cette plaidoirie, repoussa la demande en interdiction et déclara que M. le comte de L... n'était pas fou ; il n'en avait pas moins été arrêté par les gendarmes, et détenu quarante-cinq jours au Bon-Sauveur.

les gendarmes comme s'il les conduisait gracieusement chez lui.

En apercevant ce singulier cortége, les gens de service qui travaillaient dans la cour d'honneur s'arrêtèrent stupéfaits et pas un n'osa avancer.

— Voulez-vous me permettre de prévenir Madame par un mot? dit Cénéri, ayant fait entrer les gendarmes; je voudrais lui épargner la violence du coup.

Le maréchal des logis hésita.

— Vous lirez ma lettre, continua Cénéri, décidé à aller jusqu'au bout dans la voie de la soumission la plus absolue.

Mais les menottes trop serrées le gênaient pour écrire, et il fallut qu'un gendarme lui rendît un peu de liberté.

Sa lettre ne renfermait que quelques lignes:

« Je viens d'être arrêté par les gendarmes. C'est un nouveau coup de Friardel. Descends m'embrasser avec Henriot avant que je parte pour la ferme du Luat où l'on me conduit. »

Une minute ne s'était pas écoulée depuis la sortie de la femme de chambre à laquelle il avait remis ce billet quand Cyprienne parut, portant Henriot dans ses bras.

Elle vit Cénéri assis sur une chaise, les mains attachées par une chaîne, les vêtements déchirés, la figure pleine de poussière et de boue, la chemise tachée de sang; elle poussa un cri de douleur et se jeta sur lui.

— Ils t'ont blessé! et, menaçante de colère, frémissante d'indignation, elle se tourna vers les gendarmes.

Il s'efforça de la rassurer et de lui expliquer ce qui se passait. Mais il fallut longtemps avant qu'elle comprit et admit qu'on l'arrêtait pour le conduire dans une maison de fous. Cela lui paraissait si monstrueux, si impossible, qu'elle se demandait si elle n'était pas folle elle-même, ou bien si elle n'était pas en proie à un horrible cauchemar. Puis, quand elle était écrasée sous l'évidence, une atroce douleur la paralysait, et ses larmes coulaient sans qu'elle pût prononcer une seule parole. Henriot, que le costume des gendarmes étonnait, s'amusait à frapper le parquet avec le fourreau de leur sabre.

Cénéri voulut abréger cette séparation, horrible pour lui aussi bien que pour Cyprienne; la voiture qu'un des gendarmes était allé chercher venait d'entrer dans la cour, il fit un signe furtif au maréchal des logis.

— Allons, Monsieur, dit celui-ci, heureux de mettre fin à une situation qui le gênait; il faut partir.

Cyprienne, éperdue, se cramponna à lui; il l'emmena à l'autre bout de la pièce, et, se penchant sur elle, car les menottes l'empêchaient de la prendre dans ses bras:

— Si tu veux me sauver, dit-il en lui parlant à l'oreille, sois forte; cette arrestation est un moyen désespéré de Friardel, elle ne pourra pas être maintenue; demain peut-être, dans quelques jours, je rentrerai ici; en attendant, tu vas aller tout de suite à Condé, tu enverras une dépêche à Hélouis, puis tu t'entendras avec Pioline sur les mesures à prendre immédiatement, s'il y a lieu. Embrasse-moi et tiens-moi Henriot que je l'embrasse.

Quand il parut sur le perron, les domestiques étaient dans la cour et discutaient entre eux à voix basse; les Anglais lançaient aux gendarmes des regards qui disaient clairement que Cénéri n'avait qu'un geste à faire pour être délivré en une minute. Il s'arracha aux bras de Cyprienne, et, montant en voiture, soutenu par un gendarme, il dit au maréchal des logis de fouetter son cheval.

Ils partirent au grand trot; il se retourna et il vit Cyprienne debout sur le perron, immobile comme il l'avait laissée; Henriot, pendu à son cou, pleurait, et ses cris, malgré le bruit de la voiture, arrivèrent jusqu'à lui.

On savait déjà dans le village que les gendarmes étaient venus arrêter M. d'Esturquerais, et tout le monde était sur le pas des portes pour le voir passer. Quand il parut dans la charrette, les menottes aux mains, assis à côté du maréchal des logis qui conduisait, tandis que les deux autres gendarmes, sur la banquette de derrière, étaient prêts à le retenir au premier mouvement, il y eut, parmi ces paysans fort peu sensibles, comme un courant de sympathie; hommes et femmes, chacun saluait.

Une distance de cinq lieues sépare le Camp Héroult du Luat. Avec le mauvais cheval qui était attelé à leur carriole, il leur fallut près de trois heures pour la franchir.

La ferme du Luat n'est point un établissement public destiné à recevoir et à soigner les aliénés, mais un établissement privé, fondé il y a une dizaine d'années par un certain abbé Battandier, plus homme d'affaires que prêtre, qui, à la suite de difficultés avec son évêque, avait ouvert au Luat une maison de santé sous le nom d'un médecin de ses amis, M. Mazure.

Les commencements des deux associés avaient été pénibles, et un prospectus que tous les journaux publièrent à cette époque donnera une idée de leur manière de procéder.

« M. Mazure, médecin et fondateur de la ferme du Luat, où il traite avec succès, selon la méthode de M. l'abbé Battandier, la folie et toutes les maladies nerveuses, telles que l'épilepsie, la chorée, etc., etc., est heureux de pouvoir annoncer au public que cette maison, comme la poule qui, pleine d'une sollicitude maternelle pour sa chère couvée, étend ses ailes pour recevoir et réchauffer ses faibles poussins, a aussi dilaté l'aile droite de ses bâtiments en faveur de la pauvre humanité afin de recevoir dans son sein un plus grand nombre d'infirmes.

» Cet établissement, créé dans une contrée salubre, au milieu d'une forêt magnifique dont il est séparé seulement par une belle plaine, peut recevoir un grand nombre de malades; ce sont là des conditions comme peu d'autres maisons en France ou à l'étranger peuvent en offrir: les malades qui par leurs habitudes ont besoin de travailler sont employés à la culture; ceux, au contraire, que leur éducation et leur goût ont toujours éloignés d'un labeur manuel peuvent se promener sous les ombrages de la forêt, sans craindre qu'un regard curieux vienne les reconnaître et signaler au monde leur triste position passagère. Mais cette précieuse maison n'offre pas que des avantages pour le corps; elle offre aussi à l'âme, au milieu du désert aride de cette vie, une charmante oasis qui seule peut lui faire oublier les peines de son triste pèle-rinage, je veux dire une chapelle dédiée à Marie-Immaculée, où M. l'abbé Battandier veut bien tous les jours faire descendre du ciel la grande victime au milieu des affligés pour l'intéresser en leur faveur.

» Le prix de la pension a été établi de manière à satisfaire toutes les fortunes, depuis les plus grandes jusqu'aux plus petites, et, par conséquent, laisser à toutes les familles le doux espoir de voir rentrer pleins de santé leurs chers infirmes au sein de la société dont ils étaient bannis pour toujours. »

Grâce à ce mélange de mercantilisme et de religiosité, la poule avait peu à peu dilaté ses ailes, et les constructions s'étaient ajoutées aux constructions. A l'imitation de ce que les frères Labitte ont si admirablement réalisé à Clermont dans leurs fermes de Fitz-James et de Villers, l'abbé Battandier avait établi au Luat une colonie agricole pour les aliénés pauvres, et comme il se trouvait au centre d'un pays où tout le monde a l'habitude du travail des champs, il avait pu faire au département, qui n'avait pas d'asile public, des propositions au-dessous de celles des autres établissements. On sait que quand les départements sont dans ce cas, ils sont autorisés à placer leurs aliénés dans un asile privé, où on les reçoit moyennant une pension fixée d'avance; les prix varient généralement depuis 1 fr. 20 c. jusqu'à 1 fr. 50 c. Lorsqu'on reçoit des aliénés de tous les pays, on ne peut pas leur demander une grande somme de travail agricole, comme à Clermont, par exemple, où les Parisiens, lorsqu'il y en avait, ne voulaient absolument rien faire; mais, au contraire, quand ce sont en majorité des paysans, le produit de leur travail entre en décompte de leur dépense. C'était sur ce calcul qu'avait raisonné l'abbé Battandier, et c'était ce qui lui avait permis de ne demander que 1 fr. pour les hommes et 90 centimes pour les femmes.

Aussi, au moment où Généri était dirigé vers le Luat, l'établissement avait-il atteint un haut point de prospérité. Il n'avait plus besoin de prospectus, ni de commis-voyageurs pour attirer les malades; les pensionnaires hors ligne et ceux qui étaient soumis au régime commun affluaient de tous côtés.

Ce qui s'était produit au Camp Héroult se renouvela dans chaque village qu'on traversa; en voyant venir de loin un monsieur entre trois gendarmes, les paysans accouraient au-devant de la voiture, et comme Cénéri était bien connu à dix lieues à la ronde, c'était partout des cris d'étonnement.

— As-tu vu? c'est M. d'Eturquerais!

— Celui du Camp Héroult?

— Qu'est-ce qu'il a donc pu faire? mon Dieu!

— A-t-il assassiné?

La carriole passait, et derrière elle des groupes se formaient.

Heureusement, Cénéri, absorbé dans sa préoccupation, était fort peu sensible à cette curiosité. Malgré les assurances qu'il avait voulu donner à Cyprienne, il était mal rassuré lui même sur les résultats de son arrestation. Quelles ressources la loi lui offrait-elle pour se défendre? Il n'en savait absolument rien; mais il sentait que, jusqu'au moment où cette défense serait organisée par Hélouis, il devait veiller sévèrement sur lui-même et ne pas commettre l'imprudence la plus insignifiante. Sa lutte contre les gendarmes était déjà un fait bien grave, toute violence nouvelle serait de la folie. Alors il s'excitait au calme, se promettant de tout supporter jusqu'à l'heure où Hélouis arriverait à son secours. Combien faudrait il de temps pour cela? réussirait-on? Et, à la pensée qu'il allait rester enfermé dans cette prison, avec de vrais fous, un mois, six mois, peut-être toujours, il regardait autour de lui; instinctivement il cherchait s'il ne trouverait pas un moyen de s'échapper. En fuyant à l'étranger, il pourrait organiser sa défense légale, tandis que, derrière ces murailles, il était mort. Et les idées se succédaient aux idées dans son cerveau enflammé. Plusieurs fois il fit arrêter la voiture pour boire; mais à peine avait-il bu que la salive se séchait dans sa gorge.

Enfin on arriva, et la voiture s'arrêta devant une grande porte qui s'ouvrait au milieu d'un long corps de bâtiments n'ayant pas de fenêtres sur la rue. Un gendarme sonna, et la porte roula doucement sur ses gonds; la voiture à peine entrée, elle se referma avec un bruit sourd et discret.

Un domestique en tablier blanc vint prendre le cheval par la bride.

— C'est M. d'Eturquerais, n'est-ce pas? dit-il au maréchal des logis, sans plus se soucier de Cénéri que si celui-ci avait été mort; je vais vous conduire au cabinet du directeur, on vous attend.

XIV.

Introduit dans ce cabinet avec le maréchal des logis, tandis que les deux gendarmes restaient dans la cour, Cénéri se trouva en présence d'un petit homme à cheveux grisonnans, vêtu d'une sorte de costume ecclésiastique: pantalon noir et redingote longue, boutonnée avec des petits boutons comme une soutane. C'était l'abbé Battandier.

— Monsieur le directeur, dit le maréchal des logis, voici M. le vicomte d'Eturquerais que j'ai été chargé d'arrêter et de déposer entre vos mains.

Pendant que le gendarme parlait, l'abbé Battandier regardait Cénéri; ses yeux fauves étaient si ardens que celui-ci, mal à l'aise, baissa les siens; jamais il n'avait vu, excepté chez les chats, une pupille douée d'une telle puissance de contraction et de dilatation; lorsqu'elle s'ouvrait, elle semblait darder une flamme comme ces lampes à gaz dont on se sert pour fondre et souder les métaux.

— Eh quoi! fit-il d'un ton surpris, les menottes?

— Dame, il a bien fallu. M. d'Eturquerais s'est terriblement défendu; il a presque tué un de mes hommes.

— Ah! de la violence, de la fureur! fâcheux, très fâcheux. Mais c'est égal; défaites-moi cela. Ici nous ne nous servons pas de ces instruments de torture.

La serrure ouverte, les poignets de Cénéri apparurent rouges et tuméfiés; la peau était déchirée et usée par places.

— Vous pouvez nous laisser, dit l'abbé Battandier d'une voix sévère, passez au bureau, on régularisera vos pièces.

Puis, quand le gendarme fut sorti honteusement, il vint à Cénéri, et lui prenant délicatement les mains:

— Ah! mon cher fils, dit-il, combien je regrette cette brutalité!

Cette marque d'intérêt émut Cénéri; il crut qu'il avait trouvé un défenseur, un libérateur peut-être.

— La douleur physique n'est rien, dit-il, et je souffre moins de ces poignets meurtris, que de colère, d'indignation et d'inquiétude.

— Du calme, n'est-ce pas?

— Soyez tranquille, Monsieur; c'est justement par le calme que je veux vous prouver que je suis victime d'une infâme persécution.

— Chut! chut! pas de mots pareils; si le docteur Mazure vous entendait, ce serait très grave. Vous savez bien que nous vivons dans un temps où la persécution n'est pas possible; pour admettre la persécution, il faut nécessairement admettre aussi les persécuteurs: où sont-ils? Est-ce M. le préfet? Est-ce moi? Une personne jouissant de sa raison ne peut pas le croire. Je dois même vous avertir que voir partout des persécuteurs est pour nous le signe le plus certain de l'hallucination.

Ces paroles, soufflées avec une discrétion onctueuse, éteignirent brusquement la lueur d'espérance qui avait commencé à s'allumer dans l'esprit de Cénéri. Que de choses à répondre, que d'explications à donner, combien cette persécution était facile à montrer, à prouver! Mais il fallait se contenir et ne pas engager une discussion dangereuse.

— Puisque je ne dois pas parler de persécution, dit-il en s'efforçant de peser ses paroles, permettez-moi de vous dire que je suis victime d'une erreur..., oui d'une erreur déplorable.

— Oh! pour cela, mon cher enfant, tout ce que vous voudrez; tout le monde est sujet à l'erreur, et vous pouvez être assuré d'avance que si vous êtes, comme vous me le dites, victime d'une erreur, nous ferons tout ce qui sera en notre pouvoir pour la réparer. De quelle erreur vous plaignez-vous?

— Mais de celle qui me fait enfermer dans cette maison sous une accusation de folie. Interrogez-moi, examinez-moi, et vous verrez que ma raison est, je ne dis pas celle d'un homme remarquable, mais sensée, saine, capable de me conduire dans la vie. Faites cet examen vous-même, faites-le faire par les médecins de votre établissement, et, convaincu que je ne suis pas un fou, rendez-moi la liberté.

Jamais Cénéri n'avait éprouvé pareille difficulté à s'exprimer, et c'était avec anxiété qu'il suivait l'effet de ses paroles dans les yeux de son juge. « Un mot trop vif, se disait-il, et je suis perdu. »

— Quant à étudier votre état mental, répondit l'abbé, c'est à quoi nous nous appliquerons, M. le docteur Mazure et moi; mais vous rendre la liberté, nous n'en sommes pas maîtres. Vous oubliez que vous m'êtes confié par M. le préfet.

— Et si je ne suis pas fou?

— Nous en avertirons M. le préfet, qui avisera.

— Comment! vous me garderez, et c'est le préfet qui, sans m'avoir jamais vu, m'a fait enfermer comme fou, qui, sans me voir davantage, me relâchera ou me gardera, selon son bon plaisir?

— Voilà que vous vous emportez encore: ce n'était pas cela que vous m'aviez promis.

— Non, Monsieur, je ne m'emporte pas. Je tâche, vous voyez bien que je tâche de comprendre, et ce n'est pas ma faute, ce n'est pas, il me semble, la faute de ma raison si je ne peux pas me rendre compte de la position qui m'est faite. Il y a un mois, on forme contre moi une demande en interdiction, l'affaire est pendante devant le tribunal; pourquoi n'attend-on pas sa décision, pourquoi m'arrête-t-on avant de savoir s'il me déclarera ou ne me déclarera pas fou?

— Parce que, suivant la loi de 1838, le préfet d'un département peut ordonner le placement dans un établissement d'aliénés de toute personne interdite ou non interdite dont l'état d'aliénation compromettrait l'ordre public ou la sûreté des personnes.

— Mais je n'ai pas troublé l'ordre public et n'ai jamais menacé la sûreté de personne.

— Vous le croyez, j'en suis certain; les rapports présentés à M. le préfet disent le contraire.

— Ces rapports sont mensongers, c'est une nouvelle infamie...

— Vous voyez, dit l'abbé en levant doucement le doigt, toujours de l'exaltation.

Les gouttes de sueur perlaient sur le front de Cénéri et tombaient sur ses mains, car, dans sa volonté de se contenir, il s'était imposé de ne faire aucun geste, et il parlait en tenant ses deux mains enlacées sur ses genoux.

— Vous avez raison, dit-il; pardonnez-moi.

— Mon cher fils, continua l'abbé, il ne faut pas penser que vous avez été arrêté arbitrairement; dans votre état, rien ne serait plus mauvais qu'une pareille idée. Tenez, voici l'arrêté de M. le préfet, lisez-le; vous verrez que cet honorable magistrat a en des motifs sérieux pour le prendre.

Il chercha dans une liasse de papiers et, ayant trouvé l'arrêté qui concernait Cénéri, il le lui présenta; puis, pendant que celui-ci lisait, il sonna; un domestique parut.

— Dites à M. le docteur Mazure que je désire lui parler aussitôt que possible.

Indifférent à ce qui se passait autour de lui, Cénéri avait saisi cet arrêté, mais ses mains tremblaient tellement que, pour le lire, il fut obligé de le poser sur un bureau.

Voici comment il était conçu:

« Nous, préfet, etc,

» Vu le rapport qui nous est adressé par M. le sous-préfet de Condé-le-Châtel, tendant à ce que nous prescrivions d'office le placement du nommé Cénéri Bonnard, vicomte d'Eturquerais, au quartier d'aliénés du Luat;

» Vu le certificat délivré par M. Gillet, médecin à Condé-le-Châtel, constatant que ledit Cénéri d'Eturquerais est atteint d'aliénation mentale, et, comme tel, dangereux pour la sûreté des personnes;

» Vu un certificat de M. le maire du Camp Héroult sur la position de fortune de l'aliéné;

» Vu la loi du 30 juin 1838 et les instructions de M. le ministre de l'intérieur pour l'exécution de cette loi;

» Considérant qu'il est constaté par les pièces ci-dessus visées que: 1° il y a deux mois le nommé Cénéri d'Eturquerais s'est livré à des actes de violence sur le nommé Tournebu, en lui portant des coups qui ont occasionné des blessures graves; 2° aussitôt qu'il a connu la demande en instruction formée contre lui, il a couru chez son père, s'y est introduit de force en brisant les portes, maltraitant les domestiques, et qu'il s'y est livré aux désordres les plus graves; 3° il y a quelques jours, il a donné l'ordre à ses gardes de tirer sur les nommés Tournebu et Vattier ni plus ni moins que s'ils étaient des chiens, et qu'il les a menacés de tirer lui-même; 4° le même jour il s'est précipité sur son beau-frère, M. le baron Friardel, et qu'après l'avoir injurié de la façon la plus honteuse, il a tiré sur lui un coup de son fusil de chasse, que que, ne l'ayant pas atteint, il l'a poursuivi à travers la plaine pour lui décharger son second coup, auquel M. le baron Friardel n'a échappé que par une fuite rapide; ces derniers faits résultant d'une déposition du nommé Bonjour et de sa femme qui, travaillant dans les champs, à peu de distance du lieu où la scène se passait, en ont été témoins; ladite déposition reçue par M. le juge de paix de Cinglais;

» Arrêtons:

» Art. Ier. Le nommé Cénéri d'Eturquerais sera conduit à l'asile des aliénés du Luat, pour y être enfermé.

» Art. II. Il y sera soumis immédiatement aux examen et traitement par les médecins à ce préposés et tenu à notre disposition jusqu'à justification de sa guérison.

» Art. III. Le présent arrêté sera adressé à M. le sous-préfet de Condé-le-Châtel, qui en fera faire notification: 1e à la famille; 2e à M. le directeur du Luat; 3e à M. le procureur impérial. »

A cette pièce était jointe une autre pièce, le certificat du docteur Gillet.

« Je soussigné, docteur en médecine, certifie que M. Cénéri d'Eturquerais est atteint d'aliénation mentale caractérisée par des conceptions délirantes, des hallucinations, le délire de persécution avec perversion des facultés morales;

» Que cet état lui enlève la conscience et la responsabilité de ses actes, ce qui, avec les accès de fureur dans lesquels il tombe fréquemment, le rend dangereux pour la sûreté des personnes et aussi pour lui-même.

» Suivant ma conviction, un homme dans l'état où se trouve M. Cénéri d'Eturquerais ne jouit pas de son libre arbitre, pourquoi je suis d'avis qu'il ne peut être rien fait de plus convenable que de l'isoler momenta-nément dans une maison d'aliénés pour y être traité.

» GILLET. »

Pendant cette lecture, un homme de cin-quante à cinquante-cinq ans, de tournure leste et joviale, entra dans le cabinet: c'é-tait le docteur Mazure.

Voyant Cénéri absorbé dans sa lecture et agité d'un tremblement nerveux, il fit un signe d'interrogation à l'abbé Battan-dier, qui répondit en haussant les épaules d'un air de pitié.

Après avoir achevé la lecture du certifi-cat de médecin, Cénéri demeura accablé, les bras pendans, le corps affaissé; il était dans un état complet de prostration.

— Vous voyez, dit l'abbé Battandier.

Cénéri releva la tête.

— Faites de moi ce que vous voudrez, dit-il désespérément: je ne sais pas ce que mes amis trouveront pour me défendre, moi, je me rends.

Puis se levant, les poings serrés:

— Et pourtant... s'écria-t-il avec une vio-lence concentrée.

Mais ce ne fut qu'un éclair; il se rassit.

— A quoi bon? je ne sortirai pas du cer-cle qui m'enserre.

— Vous voyez votre persécuteur, de-manda l'abbé.

— Je sens sa puissance et son habileté; elles m'écrasent.

L'abbé et le docteur échangèrent un re-gard pour se confirmer mutuellement leur opinion. Halluciné, archihalluciné, délire de persécution; maintenant, plus de doute possible, ils étaient fixés.

Si accablé qu'eût été Cénéri par la lec-ture de l'arrêté du préfet et le certificat de Gillet, qui lui avaient fait comprendre com-bien habilement Friardel avait organisé son attaque, toute espérance n'était pas encore

éteinte en lui. Courber la tête sans lutter était une lâcheté. Il était devant deux hommes de qui dépendait son sort. Peut-être étaient-ils gagués par Friardel, mais peut-être aussi étaient-ils parfaitement in-dépendans, sensibles seulement à la vérité et à 'a justice. Cela même paraissait pro-bable, leur position et leur réputation étant une sorte de garantie. Dans ce cas, il ne fallait donc pas déserter la bataille et re-culer avant d'avoir combattu.

— Monsieur le docteur, dit-il en s'adres-sant à Mazure, je suis ici pour être exami-né par vous. Je me mets à votre disposi-tion. J'ai déjà subi un interrogatoire de-vant le tribunal; je suis prêt à répondre à toutes les questions que vous voudrez me poser.

— Sans doute, nous procéderons à cet examen, et il sera attentif; mais le moment n'est pas venu.

— Cependant, pour me garder ici, il faut que je sois fou, n'est-ce pas? Si vous ne m'examinez pas, comment saurez-vous si je le suis ou ne le suis pas; et si précisé-ment je ne le suis pas, comme je le sou-tiens, à quel titre me retiendrez-vous?

— Mon cher monsieur, il faut, pour que je vous examine, que vous soyez dans vo-tre état normal; or, vous êtes *sous une in-fluence.*

— Quelle influence? demanda Cénéri, qui n'avait pas l'habitude de ces formules toutes faites, si commodes pour répondre sans répondre.

— L'influence qui vous a fait casser la figure de ce pauvre gendarme. Je viens de le panser; jamais malade, même dans les accès les plus violents, n'a donné pareil coup de poing.

— C'est que vous n'avez jamais eu de malades pratiquant la boxe anglaise.

— Heureusement.

— Comment avez-vous pu, demanda l'ab-bé, vous laisser aller à une pareille vio-lence?

— Je ne me donne pas pour une nature calme; je suis, au contraire, d'un caractère emporté, et si je ne cédais pas à l'empor-tement, il me semble que justement alors je n'aurais pas ce caractère.

— L'homme jouissant de sa raison et

qu'on vient arrêter sous une accusation de folie, prouve sa raison par son calme; s'il a le libre usage de son intelligence, il sait qu'en obéissant à la violence il nuit à son intérêt. Comment n'avez-vous pas réfléchi à cela?

— L'homme qui s'enivre sait qu'en buvant il nuit à son intérêt; ceux qui cèdent à leurs passions ou à leur caractère, quoiqu'ils sachent d'avance où leur faiblesse les conduira, sont donc fous? Bon ou mauvais, je n'ai jamais pu résister à mon premier mouvement.

Le docteur fit un signe à l'abbé; cette conversation, cette dispute commençait à lui paraître un peu longue; l'heure de son déjeuner avait sonné, et son estomac n'aimait pas à attendre. Si l'on écoutait ainsi tous les malades, on n'en finirait jamais et l'on ne tarderait pas à se donner une bonne dyspepsie.

— Nous reprendrons cette discussion, dit-il. Pour aujourd'hui, vous avez besoin de calme et de repos; il ne faut pas vous exciter. Vous causez, vous causez; cela vous est mauvais.

— Vous me gardez ici? s'écria Cénéri.

Sans doute l'exclamation était bien ridicule, car ils ne purent cacher un sourire de pitié.

— Vous n'avez donc pas lu l'arrêté de M. le préfet? demanda l'abbé.

— Il dit que je serai retenu jusqu'à justification de ma guérison; puisque je ne suis pas malade, ma guérison n'arrivera jamais, alors vous me garderez donc toujours?

C'étaient les portes de la prison éternelle qui se fermaient sur lui pour ne se rouvrir peut-être jamais; moralement il se débattait, comme le matin il s'était débattu physiquement contre les gendarmes.

— De grâce, Messieurs, procédez à cet examen que demande le préfet.

— Mon cher Monsieur, dit le docteur avec une impatience qu'il ne se donna pas la peine de cacher, on ne constate pas une maladie mentale comme une fracture ou une contusion; il faut du temps, de la réflexion, comprenez-vous cela?

— Oui, chez un malade: mais chez un homme sain...

— Nous tournons dans un cercle vicieux. Demain je vous examinerai, après-demain, tous les jours, et c'est sur cette série d'études que je baserai mon opinion. Vous avez contre vous le certificat du docteur Gillet, un homme considérable par son savoir et sa position; croyez-vous que je vais lui donner, à un confrère, un démenti à la légère, si, comme vous le prétendez, il s'est trompé?

— Alors vous acceptez ce certificat d'un homme qui ne m'a pas examiné.

— Jusqu'à preuve du contraire, oui.

— Mais ce certificat est faux, c'est une infamie.

— Vous voyez que l'exaltation vous reprend quand on aborde certain sujet, et si je vous laissais aller, vous me diriez, j'en suis sûr, que c'est une manœuvre de vos persécuteurs.

— Manœuvre de mon persécuteur, oui; manœuvre ou erreur du docteur gagné ou trompé, oui encore; et je vous l'expliquerais et je vous le prouverais si vous vouliez m'écouter. Tout est là, Messieurs. Donnez-moi quelques minutes, et je vous montre clair comme le jour toute la trame de cette persécution.

Le docteur s'était dirigé vers la porte, Cénéri voulut le suivre, se cramponner à lui, comme le misérable naufragé se cramponne à tout ce qui peut le sauver. Mais le docteur était habitué à échapper adroitement aux fous qui chaque jour le poursuivaient dans sa visite, les uns pour demander qu'on les relâche, les autres qu'on leur ôte la camisole; en un tour de main, il se trouva dehors, et la porte fut renfermée.

— Monsieur, dit Cénéri en revenant vers l'abbé Battandier, je suis à bout de forces; faites-moi conduire là où je dois être enfermé: j'ai peur de moi.

— Allons, du calme, mon cher enfant, pas d'exaltation. Ne vous effrayez pas, ne vous faites pas de fantômes. Cette maison n'est pas une prison, Dieu merci! Je vous verrai tous les jours; vous me direz vos besoins et je tâcherai de les satisfaire. Pour aujourd'hui, si je suis obligé de prendre certaines précautions, n'en accusez que votre état d'exaltation et vos violences contre les gendarmes. Nous avons une lourde responsabilité.

Il sonna:

— Avertissez le surveillant de Saint-Charles de venir, dit-il au domestique.

Puis, pendant que cette commission s'accomplissait:

— Mon cher enfant, dit-il à Cénéri, vous verrez que le régime de la maison est très doux et qu'on a pour les malades tous les égards possibles; mais je dois vous prévenir que si l'on manque à la règle ou à la discipline, on est exposé à des mesures de rigueur.

— C'est bien, Monsieur; je suis votre prisonnier.

— Quel mot!

— Si je n'étais pas votre prisonnier, je serais votre malade, et cela, je ne peux pas le reconnaître.

Le surveillant ouvrit la porte: c'était un grand gaillard, solidement bâti, aux épaules larges, à barbe noire et rude.

— Adieu, mon enfant, dit l'abbé Battandier, à demain.

— Montrez-moi le chemin, dit Cénéri au surveillant lorsqu'ils furent descendus dans la cour.

— Non, Monsieur; marchez devant moi.

— N'ayez pas peur, je ne veux pas me sauver.

— Je ne dis pas, mais j'ai vu votre gendarme.

Le Luat ne ressemble en rien à ces grands établissements d'aliénés qui, construits d'un seul coup, sur un plan général, ont été rigoureusement appropriés à leur destination; c'est un ensemble de bâtimens juxtaposés qui ont été élevés au hasard, à mesure que l'argent tombait dans la caisse de l'abbé Battandier. De là, des difficultés de communication des uns aux autres, beaucoup de corridors, de serrures.

Tout en marchant, Cénéri jetait les yeux à droite et à gauche. Il n'avait aucune idée de cette petite ville de douze cents habitans. C'était là désormais qu'il allait vivre. Combien de jours, combien de mois faudrait-il à Cyprienne et à Hélouis pour le tirer de cette prison? On longeait des magasins, des granges, des cuisines. Des gens vêtus de blouses de toile, au regard hébété, s'arrêtaient pour les voir passer. Il y avait des bâtiments d'où partaient des cris, d'autres autour desquels régnait un silence de mort. Ils marchaient sans échanger une parole, le surveillant immédiatement sur ses talons et bien certainement à la longueur du bras. Comme l'espace n'avait pas été ménagé lors de la construction des bâtiments, ils avaient quelquefois d'assez grands espaces à parcourir en plein air pour passer d'une maison à l'autre; ces espaces étaient occupés par des jardins plantés de gros légumes, des choux, des salades, des poireaux. Pas un pouce de terrain n'était perdu; où les légumes ne pouvaient croître, s'élevaient des hangars pour le fourrage, des amas de bois ou de fagots. A chaque porte le surveillant se présentait le premier, l'ouvrait avec une clef qui était bonne pour toutes les serrures, et la refermait soigneusement.

Enfin ils arrivèrent devant un bâtiment carré à un seul étage, isolé, au milieu d'un grand jardin; par-dessus les murs de ce jardin on apercevait d'un côté la plaine et tout autour la forêt avec ses arbres que l'automne commençait déjà à jaunir.

En approchant de ce bâtiment, Cénéri entendit une étrange confusion de cris: des plaintes, des rires, un brouhaha. Il se retourna vers le surveillant.

— Qu'est-ce que cela?

— C'est Saint-Charles, l'asile des agités.

Ils étaient arrivés à la porte que le surveillant ouvrit; derrière cette porte pleine, à cinq ou six pas de distance, était une grille en fer. A travers cette grille, Cénéri aperçut, collées contre les barreaux, deux ou trois figures grimaçantes; puis au delà, dans la cour, des gens qui s'agitaient en tournant.

— C'est là que vous me conduisez, s'écria-t-il, jamais!

Et il recula.

Mais en même temps le surveillant, qui était derrière lui, le saisit vivement par les cheveux et voulut le pousser en avant. Malgré la douleur, Cénéri se retourna, et d'un coup de poing, le même qui était tombé sur le gendarme, il jeta le surveillant contre la muraille.

Alors l'espèce de charme qui l'avait soumis se trouva rompu; il oublia ses résolutions de calme et de résignation. Devant lui, par-dessus le mur, était la forêt; l'instinct de la liberté l'emporta: d'un bond il fut dans le jardin. S'il gagnait les bois, il saurait bien se cacher, dépister les recherches; en se sauvant à l'étranger, il échapperait à cette prison.

Le surveillant, en retrouvant son souffle après ce formidable coup de poing, fit entendre un sifflement particulier, aussitôt deux de ses camarades sortirent de l'asile; il leur montra Cénéri courant à travers le jardin, et tous trois se mirent à sa poursuite. Mais il avait quelques secondes d'avance, et d'ailleurs il était de beaucoup plus vite qu'eux.

De loin, le mur ne lui avait pas paru très élevé; en approchant, il reconnut que la distance l'avait trompé et que ce mur avait près de 4 mètres de hauteur, c'est-à-dire qu'il était infranchissable sans aide. Des espaliers d'un an plantés au pied ne pouvaient lui être d'aucun secours. Fallait-il se rendre? Dans un coin du jardin était un amas de perches ou, plus justement, de petits arbres de 7 ou 8 mètres de long, qui avaient servi à des échafaudages pour les maçons. Il courut vers ce tas, cela lui faisait faire un détour et le rapprochait des surveillants, mais c'était son seul moyen d'escalade; qu'il pût dresser une de ces perches contre le mur, et pour un homme agile comme lui, rompu aux exercices de la gymnastique, c'était un jeu de gagner le chaperon. Arrivé au tas de perches, n'ayant pas le temps de choisir, il prit celle qui était dessus, la mit sur son épaule et courut vers le mur; il était temps, les surveillants approchaient.

Vivement il abattit sa perche contre le mur et monta dessus à califourchon, en s'aidant des bras et des jambes. Il allait atteindre le chaperon quand la perche cassa, brisée autant par les secousses qu'il lui imprimait que par la pourriture. Il tomba sur la terre. Les surveillants arrivaient.

En une seconde, il fut saisi et mis dans l'impossibilité de faire un mouvement.

On le ramena vers l'asile.

— Au bain, dit le surveillant-chef, celui qui avait reçu le coup de poing.

Et on le conduisit dans une salle voûtée en pierre où on le déshabilla. Deux baignoires recouvertes d'un couvercle en tôle étaient à chaque extrémité; on découvrit l'une d'elles, et on le plongea dedans; quand il fut couché, on rapprocha le couvercle qui l'emboîta au cou de manière qu'il pouvait tourner la tête, mais sans faire un mouvement. Puis sur la tête on lui plaça une grosse éponge imbibée d'eau froide.

Entre les mains des surveillants il était devenu une chose inerte. La fatalité l'avait vaincu, il s'abandonnait à la fatalité. D'ailleurs, épuisé de fatigue et d'émotions, il n'avait plus la conscience de lui-même.

Au bout d'une heure, deux surveillants le tirèrent de la baignoire, lui passèrent ses vêtements et par-dessus une grosse veste en toile grise, — la camisole de force, ce que, dans leur façon congrue de dire les choses, ils appelaient « les manches. »

Stupéfaits de sa docilité, ils se tenaient sur leurs gardes, s'attendant toujours à une nouvelle explosion; mais il ne bougea pas. Alors ils ouvrirent une porte et le poussèrent doucement dans une cour, une sorte de préau entouré d'une galerie circulaire.

Cinq ou six hommes occupaient le milieu de la cour, d'autres se tenaient sous la galerie; chacun semblait ne pas connaître son voisin.

A peine eut-il fait quelques pas, qu'un homme à barbe blanche, décoré de la Légion-d'Honneur, se précipita vers lui.

— De grâce, Monsieur, dit-il, prenez garde à vous, vous allez vous faire prendre dans la machine.

— Il regarda autour de lui et ne vit rien.

— Quelle machine? dit-il.

— La machine qui vous soutirerait votre esprit, vous seriez perdu.

XV.

Tandis que Cénéri était dirigé sur le Luat, Cyprienne courait à Condé-le-Châtel, au bureau du télégraphe.

Malgré son empressement fiévreux, il lui fallut longtemps pour faire sa dépêche; les mots se heurtaient dans son esprit, et les phrases s'enchevêtraient sans former un ensemble clair et précis.

Quand elle eut déchiré plusieurs feuilles, l'employé vint à son secours.

— Pardon, Madame, dit-il poliment en parlant derrière son grillage, vous paraissez embarrassée, veuillez faire votre dépêche comme une lettre ordinaire et, si vous le permettez, j'effacerai les mots inutiles.

Grâce à ce secours, elle arriva à dire à peu près ce qu'il fallait: « Cénéri, arrêté et conduit à la maison de fous du Luat, priait son ami Hélouis de venir aussitôt que possible. »

Elle voulut attendre la réponse dans le bureau même; mais cette réponse ne pouvait arriver aussi vite que le demandait son impatience. Ce fut ce que l'employé lui expliqua; peut-être la ligne de Paris n'était-elle pas libre. De la rue de Grenelle à la rue Sainte-Anne, où demeurait l'avoué, il y avait interruption électrique, emploi d'un porteur, enfin toutes les complications possibles de l'imprévu. Mais elle était dans un état de surexcitation à ne rien admettre de ces raisons; et ce qu'elle comprit, c'est que le télégraphe était d'une lenteur désespérante.

Assise sur un banc, elle passa là deux heures d'angoisse cruelle. Chaque fois que la bande de papier sur laquelle s'impriment les dépêches se déroulait avec un petit bruit de dévidoir qui lui remuait le cœur, elle se levait et se collait la figure contre le grillage, comme si elle allait pouvoir lire cette réponse qui tardait tant.

Et bien souvent pendant ces deux heures la bande se déroula: c'était à croire que le bureau de Condé était un des plus occupés de France, ce qui n'est pas absolument vrai. Les règlements d'administration défendent sévèrement que les employés de deux bureaux se servent du télégraphe pour causer entre eux; mais ce sont là des défenses de règlement qui n'ont jamais empêché deux camarades séparés par la distance de faire un bout de causerie, quand ils ont quelque chose à se dire ou quand ils s'ennuient trop dans leur bureau désert; on coupe la bande de papier qui a reçu ces épanchements intimes, on recolle les deux

bouts, et les inspecteurs n'y voient que du feu.

Si elle avait compris le tic-tac musical de l'appareil en mouvement, elle eût compris aussi qu'il était question d'elle.

— Pendant que vous vous moisissez dans votre infect bureau, disait l'employé de Condé à son camarade, n'ayant pour compagnie que votre ex-gendarme et pour parfum que la puanteur de vos piles, moi, j'ai le plaisir d'avoir devant les yeux une femme magnifique qui parfume mon bureau d'une douce odeur de violette et l'éclaire de sa beauté.

— Blagueur, répondait le camarade sur la bande qui se déroulait.

Et la conversation se continuait sur ce ton.

Enfin la réponse arriva.

— Madame, dit l'employé, c'est pour vous.

Et à mesure que la bande se déroula, il lut tout haut la dépêche.

« M. Hélouis est parti en Espagne pour affaire importante; on lui transmet votre dépêche; il ne pourra pas être de retour avant sept ou huit jours. »

Ce fut pour Cyprienne une pénible déception, car elle avait cru que l'avoué n'avait qu'à paraître pour sauver Cénéri. Huit jours! on ne pouvait pas attendre huit jours. Elle alla chez Pioline.

Heureusement, comme toujours, celui-ci était à son étude. Il ne montra aucune surprise au récit de Cyprienne.

— Je n'oserai pas dire que je m'attendais à cela, fit-il doucement; mais la vérité est que je m'attendais à quelque chose. Il fallait bien penser que M. Friardel se retournerait quand il verrait que l'affaire allait mal pour lui, et elle allait mal, très mal.

— Maintenant, qu'allez-vous faire? interrompit Cyprienne, qui n'avait souci que de l'heure présente.

— Maintenant, les choses ont changé de face; mais, malgré cela, elles ne sont pas désespérées.

— Désespérées!

— Je veux dire inquiétantes.

Elle avait cru que Pioline, en apprenant l'arrestation de Cénéri, allait courir chez le procureur impérial, le sous-préfet, une puissance quelconque, et d'un mot le faire mettre en liberté. C'était ainsi que son ignorance de femme, son impatience et son anxiété arrangeaient les choses. Au lieu de cet empressement, il montrait de l'embarras et ne proposait rien.

— Il faut agir. Qu'allez-vous faire? demanda-t-elle.

— La loi nous trace notre chemin : nous allons nous pourvoir devant le tribunal, afin qu'il ordonne la sortie de M. d'Eturquerais.

— Et quand aura lieu cette sortie?

— Après que les médecins nommés par le tribunal auront vérifié son état et fait un rapport favorable.

— Mais cela va prendre du temps.

— Bien peu; nous introduisons notre requête immédiatement, le tribunal nomme ses experts, ceux-ci se transportent au Luat, examinent M. d'Eturquerais, font leur rapport, et le tribunal rend sa décision sans délai. Avant huit ou dix jours il peut être en liberté.

— Huit jours! Vous voulez qu'il reste huit jours dans cette maison de fous, c'est impossible. Il doit y avoir un autre moyen plus rapide.

— Je n'en vois pas, et celui que je vous propose est le plus sûr.

— Puisque c'est le préfet qui a ordonné l'arrestation, il doit pouvoir ordonner la sortie, sans passer par toutes ces formalités: adressez-vous au préfet.

Les femmes ont une façon particulière de comprendre les affaires et de les décider d'instinct par des moyens rapides tirés du droit naturel ou du droit raisonnable, façon qui n'est pas celle des hommes, encore moins des hommes de loi. Aussi Pioline eut-il beaucoup de peine à persuader Cyprienne de l'excellence de son conseil. Malgré tout ce que lui avait dit Hélouis, il n'était qu'un avoué de province, et, dans les conditions présentes, elle eût voulu une autorité parisienne: c'était le malade qui croit que Nélaton ou Grisolles le sauvera, l'accusé qui n'a confiance pour le défendre que dans Berryer ou Jules Favre.

Ce n'était pas assez d'avoir organisé la défense de Cénéri, il fallait encore que ce-

lui-ci sût qu'il serait défendu, et que, dans sa prison, il ne restât pas livré aux angoisses de l'incertitude et de l'attente. Tout étant décidé avec Pioline, qui promit de ne pas perdre une minute, elle partit pour le Luat.

La route voulait qu'on passât par le Camp Héroult; elle s'y arrêta quelques minutes pour changer de cheval; mais, malgré le train rapide dont elle fut conduite, ces cinq lieues lui parurent infinies: dans chaque village elle faisait arrêter pour demander s'ils étaient dans le bon chemin.

Enfin se dressa devant elle un amas de constructions entourées de murs, et son cocher lui annonça que c'était la ferme du Luat.

Mais elle n'avait pas besoin de cette parole, elle le savait déjà. Sa voiture venait de croiser une grande charrette de ferme; sur l'un des chevaux était assis, les jambes ballantes, un homme en blouse bleue, à l'air hébété. Sa figure reflétait un sourire idiot, et un bout de langue dépassait entre ses lèvres entr'ouvertes; dans la charrette, adossés contre les ridelles, étaient deux autres paysans avec exactement le même sourire et le même regard fuyant. C'étaient trois pensionnaires de la ferme, trois fous, employés aux travaux des champs, plus brutes assurément que les bêtes qu'ils conduisaient.

A la pensée que c'était avec de pareilles gens qu'il était enfermé, les larmes lui montèrent aux yeux; — lui!

Mais ce n'était pas le moment de se laisser aller à l'émotion. Par un effort de volonté douloureuse, elle comprima les battements de son cœur et sonna à la porte où trois heures auparavant avaient sonné les gendarmes qui amenaient Cénéri.

On la conduisit au cabinet de l'abbé Battandier. En venant, elle n'avait pensé qu'à une chose: le voir, l'embrasser, le rassurer en lui disant les mesures prises par Pioline; et l'idée ne s'était pas présentée une seconde à son esprit qu'on pouvait faire des difficultés et l'empêcher de pénétrer auprès de lui, mais lorsqu'elle se trouva dans ce cabinet sombre et sévère, meublé de bustes en bronze, en face de ce prêtre-médecin dont le regard la pénétrait, elle se sentit prise d'une vague inquiétude.

— Je voudrais voir M. d'Eturquerais, dit-elle.

— M. d'Eturquerais? fit l'abbé sans répondre directement, et comme si on lui parlait d'un inconnu.

— On a dû vous l'amener il y a quelques heures, continua-t-elle; j'ai besoin de le voir immédiatement.

— En quelle qualité? demanda l'abbé, ses yeux ardents et curieux toujours posés sur elle.

Cyprienne pâlit; mais les coups qui depuis quelques jours s'étaient successivement abattus sur son cœur l'avaient déjà durci, elle n'était plus dans les conditions où l'avait surprise l'huissier Espérandieu. Elle leva la tête:

— Je suis la mère de son fils.

L'abbé, qui la veille avait reçu la visite de Friardel, connaissait la situation fausse de Généri. Dans son récit, le baron n'avait eu garde d'oublier le portrait de Cyprienne: « l'intrigante, la drôlesse qui depuis deux ans avait exercé une si fatale influence sur son malheureux beau-frère. » Il fut surpris que la femme qu'il avait devant lui ressemblât si peu à ce portrait. Il savait se servir des yeux perçants que la nature lui avait donnés, et une longue pratique, jointe à une sagacité instinctive, ne lui permettait guère de se tromper sur une physionomie.

Assurément cette jeune femme n'était pas telle que le baron avait voulu la représenter.

Ses manières s'adoucirent aussitôt.

— Madame, dit-il poliment, il est vrai que M. d'Eturquerais nous a été amené ce matin et qu'il est ici; mais, à mon grand regret, je ne puis vous le laisser voir en ce moment.

— Mais qui donc pourra pénétrer jusqu'à lui?

— Personne, pour le moment. M. d'Eturquerais est arrivé dans un état de surexcitation violente: après une scène déplorable avec les gendarmes.

— Ils s'étaient jetés brutalement sur lui.

— Sans doute l'arrestation était maladroite, mais la défense a été plus maladroite encore. Un homme auquel on reproche la fureur évite avant tout de tomber dans cette fureur, au moins s'il est raisonna-

ble. M. d'Eturquerais en est convenu avec moi, ce qui ne l'a pas empêché, lorsqu'on le conduisait à sa cellule, de se jeter sur les surveillants et de les rouer de coups.

— C'est qu'il a été insulté, rudoyé. Est-il un supplice comparable au sien? être traité en fou quand on est raisonnable, en misérable quand on est le meilleur et le plus honnête des hommes!

L'abbé eut un sourire de pitié qui disait que dans sa maison on ne pouvait pas être ni rudoyé ni insulté, mais il ne voulut pas engager avec une femme une discussion sur ce point.

— M. d'Eturquerais, reprit-il, est dans un état qui exige le plus grand calme, et ce calme il ne le trouvera que dans l'isolement. Voilà pourquoi je ne peux pas vous admettre auprès de lui.

Ce fut tout ce qu'elle en put obtenir. Aux prières, aux supplications, aux explications, il ne répondit que par ce seul mot: l'isolement. C'était le remède par excellence, l'unique remède.

Elle voulut expliquer qu'il n'était pas malade; il s'inclina poliment sans la contredire, mais sans céder.

Elle sortit indignée. Assurément cet abbé était aussi un complaisant, un complice de Friardel. Sous le coup de la douleur et de la passion, elle ne pouvait pas comprendre qu'il obéissait tout simplement à un système, à son système, et cela de la meilleure foi du monde.

Ceux qui ont approché les aliénés savent combien la folie est souvent difficile à reconnaître et à affirmer à première vue. Beaucoup de fous sont habiles à dissimuler, et, lorsqu'ils sont sur leurs gardes, on peut les examiner longtemps sans qu'ils vous donnent une occasion de surprendre leurs conceptions délirantes.

C'était sur cette règle qu'était basé le système de l'abbé Battandier. Tout individu qu'on amenait dans son établissement, il le regardait comme fou et le traitait en conséquence: les symptômes n'éclataient pas les premiers jours, peu importait: c'est que le malade dissimulait; il fallait attendre, observer; un jour ou l'autre il se trahirait bien.

Elle revint à Condé de toute la vitesse de son cheval, elle se fit conduire chez Pioline, à qui elle raconta sa visite.

— Il faut, dit-elle en terminant, que Cénéri sache bien que nous nous occupons de le délivrer. On m'a repoussée, parce que je ne suis qu'une femme et que je n'ai pu que prier. Mais vous, un avoué, un homme d'affaires, vous saurez faire parler vos droits. Vous avez sa confiance, vous êtes chargé de sa défense; on ne pourra pas vous fermer la porte.

Pioline secoua la tête.

— Est-ce que les avocats n'entrent pas dans les prisons? continua-t-elle avec animation. Vous le verrez, vous le rassurerez. Songez donc dans quelles angoisses, dans quel abattement il doit être.

Elle était elle-même dans un tel état d'exaltation, qu'il n'osa pas la refuser, et pour la seconde fois la voiture reprit le chemin du Luat.

Cyprienne voulut accompagner l'avoué, et il fut convenu qu'elle l'attendrait à la porte.

Elle n'attendit pas longtemps, car on accueillit l'avoué exactement comme on l'avait elle-même accueillie quatre heures auparavant.

— M. d'Eturquerais doit être maintenu dans l'isolement, dit l'abbé Battandier.

— Mais, pour organiser sa défense, il faut que je confère avec lui.

Et Pioline développa les raisons qui découlaient de cet argument. Tout fut inutile. L'abbé ne répondit que par un mot, toujours le même: l'isolement.

— Au moins, puis-je lui écrire, et ma lettre lui sera-t-elle remise?

— Je ne sais pas; c'est une question à laquelle M. le docteur Mazure répondra demain après sa visite, et la solution dépend de M. d'Eturquerais lui-même, c'est-à-dire de l'état dans lequel il sera demain. Sera-t-il exalté? je n'en sais rien. Avant tout il faut apaiser cette exaltation, et notre responsabilité nous oblige à écarter tout ce qui peut l'entretenir ou le rappeler. Voilà pourquoi, en ce moment, je ne crois pas pouvoir vous autoriser à le visiter.

— C'est une véritable mise au secret.

6 *Mars*, 1869. — *No.* 4.

— Je ne connais pas ce mot; c'est l'isolement.

Pioline n'était pas homme à céder à la colère; mais comme son sang commençait à s'échauffer, il jugea prudent d'abandonner la place.

Le retour fut triste, pour Cyprienne désespérée. Ah! si Hélouis eût été là, il eût bien trouvé un moyen, lui, pour briser ces obstacles ou les tourner.

Le château avait pris un air lugubre: les gens de service allaient et venaient discrètement, parlant bas comme s'il y avait un mort dans la maison. Elle trouva Henriot couché et endormi dans son petit lit, mais ses yeux et ses joues gardaient les traces de ses larmes séchées: le sommeil l'avait pris pleurant, demandant à grands cris sa maman qui, pour la première fois, manquait à son coucher.

Comme le tribunal était en vacances, il fallait bien attendre la prochaine audience pour qu'il examinât la demande formée par Pioline en nomination de médecins, c'est-à-dire quatre jours. Que devait penser Cénéri dans sa prison pendant ces quatre jours, sans lettre, sans visite, sans rien qui vînt lui dire: Tu n'es pas abandonné, nous pensons à toi, nous travaillons à ta délivrance? Elle souffrait cruellement de son impatience, de son inquiétude, de ses angoisses.

Une dépêche qu'elle reçut d'Espagne vint lui donner un peu de courage: Hélouis annonçait qu'il partait pour Paris, et que d'ici à quatre ou cinq jours il serait à Condé.

Enfin le jour du jugement arriva, et la décision du tribunal fut telle qu'ils la pouvaient désirer. Elle nommait pour experts deux médecins justement considérés, les docteurs Patras et Louville, et elle ordonnait qu'ils eussent à se transporter immédiatement au Luat pour examiner le sieur Cénéri d'Eturquerais et faire sur son état mental un rapport qui devrait être déposé dans les huit jours.

Pour Pioline, ce jugement était parfaitement satisfaisant, mais non pour Cyprienne! Ces huit jours s'ajoutant aux quatre qui s'étaient déjà écoulés, c'était l'éternité. Puisque c'était en vertu d'une loi que

Cénéri était enfermé, elle avait voulu connaître cette loi, et Pioline lui avait donné la loi de 1838 sur les aliénés, en riant intérieurement. Une femme étudier les textes, quand elle a, pour la guider, des gens d'affaires intelligents et dévoués! Enfin c'était un caprice excusable et, dans tous les cas, peu dangereux.

Cette loi, elle l'avait lue, relue, apprise par cœur, et, dans l'article 4, elle avait vu que le préfet, le président du tribunal, le procureur du roi, le juge de paix, le maire sont chargés de visiter les établissements consacrés aux aliénés et de recevoir les réclamations des personnes qui y sont placées. Puis, plus loin, elle avait vu encore que les établissements privés doivent être visités, à des jours indéterminés, une fois au moins chaque trimestre, par le procureur du roi.

Là-dessus elle bâtit un plan qui, s'il ne devait pas délivrer Cénéri, devait au moins le rassurer; et, sans le communiquer à Pioline, dont la prudence et les moyens légaux l'exaspéraient, elle résolut de le mettre elle-même à exécution.

Au lieu de quitter Condé après le jugement, elle se rendit au Palais-de-Justice et se fit indiquer par le concierge le cabinet du substitut. C'était M. de Bellemare qui, en l'absence de son chef, tenait le parquet.

Son cœur battait fort lorsqu'elle se décida à frapper à une porte sur laquelle était écrit: « Cabinet de M. le substitut »; cependant elle entra assez résolûment.

Le substitut, qui avait pris un air rébarbatif, se leva poliment lorsqu'il l'eut reconnue, et, rassurant son faux-col d'une main, de l'autre faisant tomber son pantalon sur ses bottines, il la pria de s'asseoir et de lui dire à quoi il devait l'honneur de sa visite.

Alors elle raconta comment, s'étant rendue au Luat pour voir Cénéri, elle avait été repoussée, et comment, y étant retournée avec Pioline, celui-ci n'avait pas été plus heureux.

— M. l'abbé Battandier a seul la direction de son établissement, dit prudemment le substitut, qui crut à une plainte; il a agi dans ce qu'il a cru l'intérêt de son malade, nous ne pouvons intervenir.

— Ce n'est pas là ce que je demande, dit-elle vivement, car si ses premières paroles avaient été embarrassées, l'émotion maintenant, l'importance du but qu'elle poursuivait, son amour pour Cénéri lui donnaient le courage et la décision. Je ne me plains pas de M. l'abbé Battandier, au moins je ne veux pas m'en plaindre.

Ce qu'elle demandait, c'était que M. de Bellemare, exécutant les prescriptions de la loi de 1838, voulût bien faire une visite au Luat. Les difficultés qu'on avait soulevées devant elle et devant Pioline n'existeraient pas pour le magistrat. Il pourrait voir Cénéri, l'interroger, et, en lui disant quelles mesures avaient été prises pour sa délivrance, calmer son inquiétude et lui donner la patience.

Cette demande était au premier abord assez étrange, et, en l'écoutant, M. de Bellemare laissa paraître sa surprise. Lui, un magistrat, accepter ce rôle! mettre la loi au service d'un intérêt particulier!

Mais c'est une admirable puissance que la beauté. Il n'écoutait pas seulement la femme qui lui parlait, il la regardait aussi, et son cœur, qui peut-être fût resté insensible aux instances d'un ami ou aux supplications d'une mère, dominé par l'impassibilité voulue du magistrat, son cœur était ému par cette voix vibrante et par ces grands yeux mouillés de larmes qui le troublaient délicieusement.

Chaque parole qui sortait de ces belles lèvres frémissantes faisait fondre la réserve glaciale du magistrat, et l'homme de vingt-cinq ans, chez qui n'étaient point encore éteints les emportements et les enthousiasmes de la jeunesse, se sentait pris d'une ardente sympathie pour cette douleur passionnée qui s'exprimait par des regards si touchants.

— Madame, dit-il dans un élan involontaire, il sera fait comme vous le désirez; demain j'irai au Luat, et en revenant, si vous voulez le permettre, j'aurai... l'honneur de m'arrêter au Camp Héroult pour vous donner des nouvelles de M. d'Eturquerais.

Et discrètement, avec une politesse exquise, sans un mot de plus, il la reconduisit jusqu'à la porte.

Elle courut chez Pioline. Quand celui-ci apprit que le substitut irait le lendemain au Luat pour voir Cénéri, il tomba dans un étonnement véritablement comique: il se tirait les cheveux, et de ses deux grands yeux étonnés il regardait Cyprienne sans rien dire.

Mais quand elle fut partie, il fit explosion:

— Oh! les femmes, s'écria-t-il, quelle race!

Puis montant à la chambre de sa fille, il prit celle-ci sur ses genoux, et brusquement il lui ébouriffa les cheveux.

— Oh! papa, dit l'enfant en bondant, tu me défrises.

— Tant mieux, c'est pour que tu ressembles à un garçon.

Le pauvre homme ne pouvait pas chasser le souvenir de sa femme, et il eût donné vingt ans de sa vie pour que sa fille fût un fils. — « Elle sera comme sa mère » était la pensée qui le rongeait. De là une manie qui amusait toute la ville: il l'habillait en garçon: pantalon long et cheveux courts.

XVI.

Le lendemain, comme il l'avait promis, M. de Bellemare, en revenant du Luat, se présenta au camp Héroult.

Cyprienne, qui dans son impatience avait calculé et mesuré le temps strictement nécessaire pour son voyage, l'attendait vers midi: une heure et demie pour visiter l'établissement, une heure pour revenir, cela faisait en tout trois heures et demie, il devait donc arriver au camp Héroult à midi au plus tard, s'il était parti à huit heures.

Il y arriva à sept heures du soir, au moment où Cyprienne, qui avait passé par toutes les angoisses de l'attente, allait se faire conduire à Condé.

— Pardonnez-moi d'être si en retard, dit-il en s'excusant; mais ma visite m'a pris plus de temps que je ne croyais.

— Vous l'avez vu?

— Assurément; et c'est parce que j'ai voulu lui donner le temps de vous écrire que je me présente à pareille heure.

— Une lettre?

— La voici.

Il lui tendit un énorme paquet de papier qui ne ressemblait en rien à une lettre.

Elle regarda un moment ce tas informe sans le prendre.

— Privé d'encre et de papier, dit le substitut, répondant à sa muette interrogation, il vous a écrit, depuis qu'il est au Luat, comme il a pu et sur ce qu'il a pu; mais cela ne se renouvellera pas. Je lui ai fait donner ce qu'il faut pour écrire, et vous recevrez une lettre de lui tous les jours. Cela est entendu avec M. l'abbé Battandier.

— Ah! Monsieur, combien je vous suis reconnaissante!

— Dans cette privation de papier et d'encre, il y avait un peu d'exagération de la part des directeurs. La loi veut qu'aucunes réclamations adressées par les malades, soit à l'autorité judiciaire, soit à l'autorité administrative, ne puissent être supprimées par les chefs d'établissement; empêcher les malades d'écrire est une suppression tout comme la mise au panier d'une réclamation. C'est ce que j'ai fait comprendre aux directeurs; il y avait là un abus qui ne se renouvellera pas.

Il parlait avec la satisfaction d'un homme qui est bien aise de montrer qu'il sait accomplir son devoir et user de sa puissance, mais Cyprienne ne l'écoutait guère. Elle ne pensait qu'à cette lettre qu'elle avait entre les mains. Cependant il fallait répondre, dire quelque chose, car M. de Bellemare, bien posé sur sa chaise, faisait sérieusement une visite.

— N'est-ce pas qu'il a toute sa raison?

— Je l'ai trouvé calme, répondit le substitut, évitant de se prononcer, fort triste sans doute, cela se comprend, mais enfin dans un état de santé aussi satisfaisant que possible. Il est vrai que l'établissement du Luat est dans d'excellentes conditions, de l'air, de l'espace; les soins matériels dont on entoure les malades me paraissent bien entendus. Cet abbé Battandier ne néglige aucun détail. Quelle différence entre ces maisons d'aujourd'hui et celles d'autrefois!

Il eût pu continuer longtemps ainsi, Cyprienne avait l'esprit ailleurs. L'éloge de l'abbé Battandier! Le moment était bien choisi. C'était cette lettre, cette lettre seule qui lui importait. Et il parlait, parlait toujours.

Ce pendant, aux mouvements nerveux avec lesquels elle froissait le papier, à ses regards inquiets, à sa contenance impatiente et gênée, il comprit ce qui se passait en elle.

— Au reste, dit-il, tout ce que je pourrais vous raconter ne vaudrait pas pour vous ce que cette lettre va vous apprendre. Je vous laisse la lire.

Et il se leva; il était à la fois blessé et peiné. En croyant que ce voyage au Luat et cette journée de fatigue lui mériteraient la reconnaissance de cette femme qui avait fait une si délicieuse impression sur son cœur, il avait compté sans l'égoïsme féroce de la passion. Sans doute elle lui savait gré de ses démarches et des nouvelles qu'il apportait; mais, pour l'heure présente, elle avait bien d'autres soucis que de l'en remercier.

Cependant elle le reconduisit jusqu'à sa voiture; mais à peine avait-il tiré la portière, qu'elle courait à sa chambre, où elle s'enferma pour lire tranquillement la lettre de Cénéri.

Quand elle eut déchiré l'enveloppe, il s'en échappa une masse de morceaux de papier de toutes les grandeurs, rouges, jaunes, quelque chose comme une liasse ramassée par un chiffonnier. Au milieu de ce bizarre assemblage se trouvait une feuille de papier ordinaire pliée dans la forme d'une lettre: ce fut elle qu'elle prit:

« Ma chère bien-aimée,

» M. de Bellemare me dit que c'est à tes instances que je dois sa visite. Tu as eu là une heureuse idée. Il était temps. Assurément je n'ai pas douté une seconde de ton dévouement; et dans toutes mes défaillances, dans mes cruelles alternatives d'espérance et d'abattement, ma foi en ton amour est restée pleine et intacte; mais, à la longue, je commençais à croire que tes efforts pour me secourir seraient en pure perte, et que notre ennemi serait assez habile pour paralyser notre défense et me maintenir dans cet épouvantable isolement.

» Je vois que j'avais raison de compter sur toi, et maintenant je vais endurer plus docilement mon emprisonnement. Avec l'aide de Pioline et de notre ami Hélouis qui va arriver, surtout avec ton activité passionnée, je suis tranquille. Ce n'est plus désormais qu'une affaire de temps. Tâche d'avoir autant de patience que j'en aurai moi même. C'est égal, le coup de Friardel était admirablement monté, et nous l'échappons belle.

» Après la joie d'avoir des nouvelles de toi et de notre cher Henriot, M. de Bellemare m'apporte encore un autre bonheur. Il me fait donner du papier, des plumes et de l'encre, si bien que je vais pouvoir t'écrire.

» Depuis que je suis ici, cette privation de moyens de correspondre avec toi a été ma douleur la plus irritante peut-être.

» — Comment écrire à ma femme? a été mon premier mot.

» Quand j'ai su que les pensionnaires du quartier des agités, car c'est là que je suis enfermé, ne devaient pas écrire, je n'ai plus pensé qu'à enfreindre cette règle et à trouver un artifice quelconque pour t'avertir que j'étais vivant.

» Cela était difficile, car on ne laisse absolument rien à notre disposition, et inventer une encre nouvelle, un papier nouveau, des plumes nouvelles, quand on manque de tout pour la fabrication, n'est pas une besogne commode.

» Pourtant je ne me suis pas découragé; le désir de te faire savoir que je pensais à toi et à notre fils m'a rendu l'esprit plus fertile en expédients que légitimement je ne devais l'espérer. Ce désir a agi sur moi comme le besoin de liberté agit sur le prisonnier qui, à cent pieds sous terre, arrive cependant à creuser un chemin par lequel il se sauve.

» Pour l'un de nos premiers repas, on nous a donné une salade tellement vinaigrée que le diable lui même eût fait la grimace. Ce vinaigre m'a suggéré une idée, digne, je crois, de Latude ou de tout autre prisonnier. Quand mes misérables camarades eurent dévoré la salade, il restait dans les bidons en fer-blanc qui nous tiennent lieu de saladiers une sauce abondante qui était du vinaigre mélangé à de l'eau: Je suis allé verser cette sauce dans un trou creusé au milieu d'une dalle qui forme parapet, et dans cette sauce j'ai mis tremper quelques morceaux de fer rouillé, que j'ai pu détacher avec mes ongles de mes grilles de clôture. En restant exposée au soleil, cette solution devait se concentrer, et il me semblait, fournir une encre qui, sans avoir toutes les vertus requises, serait toujours assez bonne pour t'écrire.

» Mon encre trouvée, il me restait à me procurer une plume et du papier.

» La plume, je comptais tuer avec un caillou une des nombreuses corneilles qui viennent se poser sur les arbres de notre préau.

» Quant au papier, j'aurais rencontré une impossibilité complète, si l'un de mes camarades — car ces malheureux fous sont, hélas! mes camarades — n'avait eu une provision de morceaux de papier rouge, jaune, bleu, ayant servi à envelopper le chocolat que ses parents lui donnent de temps en temps.

» Dans ces conditions je pouvais donc espérer qu'il me serait bientôt possible de t'écrire. Il est vrai que je n'avais pas encore imaginé comment je taillerais ma plume de corneille, car nous sommes rigoureusement privés de couteaux. Il est vrai aussi que je ne savais guère comment, ma lettre écrite, je pourrais te la faire parvenir. Mais le monde ne s'est pas bâti en un jour; et puisque j'avais déjà l'encre, la plume et le papier, je ne devais pas désespérer du reste.

» Malheureusement la nuit vint déranger ces beaux projets. Une pluie d'orage, qui tomba vers le matin, lava le parapet, et quand j'allai voir où en était ma solution, je trouvai que le vinaigre avait été tellement étendu qu'il ne restait plus dans le trou qu'une eau trop faible pour dissoudre le fer rouillé.

» Il fallait donc renoncer à l'encre. Ce fut une cruelle déception. Mais je ne m'y abandonnai pas longtemps et cherchai autre chose.

» En me promenant dans la cour, je vis que le tuyau qui conduisait les eaux pluviales au dehors était en plomb. J'étais sauvé. Avec un silex bien coupant, je parvins à en détacher un petit morceau long comme le doigt pendant que les gardiens avaient le dos tourné, et j'eus ainsi un crayon qui remplaçait heureusement la plume et l'encre.

» C'est avec ce crayon de plomb que je t'ai écrit, sur les feuilles de papier volées par moi à mon camarade, l'histoire complète de mon séjour ici. Pour cela, je me suis levé tous les matins aussitôt que le jour paraissait, c'est-à-dire une bonne heure avant que les gardiens n'ouvrent la porte de nos cellules. Tu auras donc un journal à peu près exact de ce que j'ai fait et de ce qui m'est arrivé depuis le moment de notre séparation. Le crayon n'a pas tracé tous les mots d'une façon très nette, mais l'intérêt avec lequel tu liras te guidera au milieu de ce gribouillis.

» M. de Bellemare, qui m'avait donné une heure pour t'écrire, revient voir si ma lettre est prête. Malgré tout ce que j'ai à te dire, il me faut couper là.

» Au reste, tu sais maintenant l'essentiel, c'est-à-dire que je suis en bonne santé et que je t'aime de tout mon cœur. Ne te tourmente pas, ne te donne pas la fièvre d'impatience; garde-toi belle et fraîche pour le jour de ma délivrance qui, je l'espère bien, ne tardera pas. Oh! le beau jour!

» Demain je t'écrirai plus intimement; si tu trouves cependant mes lettres froides en les comparant à celles que je t'écrivais autrefois, n'en prends pas souci et ne va pas t'imaginer que je mets rien au-dessus de ton amour; mais je ne sais pas dans quelles mains ces lettres passeront. J'ai la pudeur du cœur, et je rougirais que d'autres que toi pussent lire ce qui n'est écrit que pour toi.

» Adieu, chère mignonne; je t'embrasse comme je t'aime, à plein cœur et à pleines lèvres. Embrasse bien Henriot, et tâche qu'il dise distinctement « papa » le jour où je le reverrai.

« CÉNÉRI. »

Cette lettre lue, Cyprienne passa à la liasse des papiers à chocolat; ils étaient tous rangés en ordre et datés.

« Mercredi.

»Si les larmes n'aveuglaient pas tes yeux, tu m'as vu partir. Je n'ai pas eu à me plaindre des gendarmes pendant tout le voyage. Mais les menottes trop serrées m'ont écorché les bras, et chaque cahot de la voiture me causait de cruelles douleurs. Ma préoccupation, plus cruelle encore, m'empêchait heureusement de les sentir dans toute leur intensité. Est-ce heureusement qu'il faut dire? Et les tortures morales que j'ai eu à endurer pendant ce voyage, enchaîné entre des gendarmes, sachant qu'on allait m'enfermer avec les fous, n'ont-elles pas été plus horribles que les tortures physiques?

» Arrivé au Luat, on m'a mené devant l'abbé Battandier, le directeur. J'espérais qu'après quelques mots d'entretien, il allait reconnaître l'erreur dont j'étais victime, et me rendre à la liberté. Mais, pour un aliéniste, le genre humain entier doit être fou, puisqu'il a donné l'ordre de me conduire au quartier des agités. D'ailleurs, eût-il voulu me relâcher, il n'en avait pas le droit; je suis le prisonnier du préfet, et je dois rester à sa disposition. C'est au moins ce que j'ai compris.

» Malgré les promesses que je m'étais faites de garder un calme imperturbable, quoi qu'il pût m'arriver, j'ai eu alors un moment de faiblesse qui très probablement me coûtera cher. J'ai cru que je pouvais m'échapper, gagner les bois, te rejoindre, ma chère Cyprienne, fuir avec toi à l'étranger, où nous aurions attendu la fin de mon procès. Mais j'ai été repris par les gardiens, et, comme punition, plongé de force dans une baignoire où l'on m'a pris le cou dans un couvercle en fer.

»Je ne sais pas si ces bains peuvent faire du bien à un malheureux fou; pour un être raisonnable, c'est quelque chose d'horrible: l'éponge imbibée d'eau froide sur la tête, et autour du cou le couvercle de fer qui vous emboîte, il y a de quoi exaspérer un saint.

» Je suis cependant sorti de là décidé à la résignation quand même, et j'ai eu la force de n'y pas manquer quand on m'a passé la camisole de force. Tu sais ce qu'est cette veste de grosse toile qui se ferme derrière le dos, et dont les manches, prolongées au delà des mains, sont réunies et sans ouverture. L'immobilité dans laquelle elle vous maintient est énervante; je crois que j'aime encore mieux les menottes, au moins elles vous avertissent par la douleur.

» Quand je fus ainsi babillé, on me lâcha dans la cour, et à mon premier pas je faillis tomber, car, lorsqu'on a les bras collés contre le corps, on est mal en équilibre.

» Il faut dire aussi que mes yeux voyaient trouble; le sang de la honte qui m'avait monté à la tête m'aveuglait. Cela heureusement passa vite: pourquoi avoir honte? de quoi rougir? les misérables qui m'entouraient n'étaient-ils pas des fous?

» Il y en eut un qui, aussitôt mon entrée, vint à ma rencontre. C'était un homme d'une cinquantaine d'années, une belle tête couronnée de cheveux blancs, la décoration à la boutonnière d'une redingote déchirée.

» — Monsieur, cria-t-il en m'abordant, prenez garde à la machine!

» Instinctivement je fis un pas en arrière.

» — Quelle machine?

» — La machine dont je suis l'esclave et qui me retient là. Vous ne connaissez donc pas leur machine invisible qui agit à distance par l'électricité?

» Un moment j'avais écouté avec surprise, je compris à qui j'avais affaire.

» Lorsqu'ils dirigent contre quelqu'un leur machine, continua-t-il, c'est fini; on est pris, engrené, perdu. Tenez, moi, quand j'étais officier de marine, j'avais la réputation d'être une tête solide; maintenant, quand ils le veulent, ils me font déraisonner, ils me font dire des folies malgré moi, et je le sens. Cette machine s'applique à tout le monde. Ils en ont une pour la Chambre des Députés: aussitôt qu'un orateur qui leur déplaît parle, ils lui font dire des bêtises. Il me semble qu'un gouvernement qui fait faire une pareille action manque essentiellement à ses devoirs, car nul sur la terre n'a le droit de prendre l'esprit d'autrui dans sa tête, sous quelque prétexte que ce soit. Pourquoi donc le gouvernement me prend-il depuis onze ans, par l'électro-magnétisme, mon esprit et toutes mes pensées dans mon cerveau?

»Je voulus faire un pas en arrière, il me retint par la manche de ma camisole.

»—Je comprends, dit-il, tout le malheur d'avoir un cerveau stérile et indigent, mais ce n'est pas une raison pour me prendre mon esprit en me torturant, en détruisant ma santé, mon avenir et ma réputation. Un gouvernement qui s'est établi pour sauver la famille, la religion et la propriété, aurait du respecter la propriété de ma pensée. Il n'en est pas ainsi. Toutes mes pensée se reproduisent immédiatement et exactement dans le cerveau de nos gouvernants. Prendre l'esprit d'un homme, et s'en servir sans le récompenser, en le rendant, au contraire, ridicule ou méprisable, cela n'est pas très honorable. Je le dis parce que cela est. Je sais bien que des hommes très instruits peuvent se servir des idées d'un homme qui leur est inférieur, mais ils n'emploient pas la violence pour les prendre dans son cerveau. J'admets une aristocratie; mais il faut qu'elle soit honnête et qu'elle ne sacrifie pas le peuple au prince. Un gouvernement qui se respecte n'emploierait pas un espion comme celui qui me fait vibrer et dit toutes mes pensées comme un écho, à voix basse, jour et nuit. Pourquoi cela est-il ainsi? Oui, pourquoi?

»Sous cette parole précipitée, il me semblait sentir mon esprit vaciller; dans ma tête, mon cerveau avait des tournoiements comme si cette machine agissait réellement sur lui. Je ne savais comment échapper à cette sorte de vertige. Ce mot me fournit un moyen.

»—Aujourd'hui, je ne peux pas vous répondre, lui dis-je doucement, mais demain nous reprendrons la question.

»—Parfaitement; je vois d'ailleurs que vous êtes un homme raisonnable, vous n'avez pas les yeux hagards de ces pauvres diables.

»Un fou qui me déclarait sensé quand les médecins m'avaient jugé fou, cela me donna envie de rire tout d'abord; mais, en y pensant, cela m'épouvanta.

»La cour qui nous sert de préau est fermée des quatre côtés par des bâtiments; dans ces bâtiments sont nos cellules; tout autour règne une galerie. Cela est peutêtre très commode pour le service, je n'en sais rien, mais, à coup sûr, c'est bien triste: de quelque côté qu'on se tourne, les yeux se cognent contre une muraille; pour voir le ciel, il faut relever la tête.

»Mon fou à la machine m'ayant abandonné, j'allai dans le coin le plus tranquille. J'avais besoin de calme pour me remettre de toutes les secousses et des émotions qui depuis le matin m'avaient accablé.

»Mais dans cette cour habitée par trente ou quarante aliénés, de ceux qu'on appelle les agités, c'est-à-dire les furieux, le calme n'est pas possible.

»Tout ce monde marche, court, crie, se démène, pleure, rit dans un tourbillon vertigineux. Trois seulement avaient, comme moi, la camisole de force; ils étaient assis sur un banc, dans une attitude accablée. Chose étrange! et qui tout de suite me sauta aux yeux, il n'y avait pas de groupes: chacun allait de son côté, sans s'inquiéter de ses voisins, ou, plus justement comme s'il ignorait qu'il eût des voisins. Il y en avait qui dans un coin causaient seuls en s'adressant sans doute à un être imaginaire; les paroles sortaient de leur bouche comme d'un moulin, sans interruption et toujours sur le même ton. Au milieu de la cour, il y en avait un qui de cinq minutes en cinq minutes se prosternait à genoux en regardant avec extase le soleil auquel il adressait des prières.

»Malgré mes efforts et ma volonté, je ne pouvais m'isoler dans ma pensée: ce brouhaha, ce va-et-vient, ce mouvement perpétuel me troublait et m'irritait.

»J'étais resté debout. Tout à coup je reçus par derrière un choc à l'épaule; je voulus étendre les bras en avant pour me retenir, mais la camisole, que j'avais oubliée, me paralysa, et je tombai tout de mon long. Quand je me retournai, je vis, penché sur moi, un fou qui riait aux éclats en gambadant. C'était une bonne farce qu'il avait voulu faire.

» Cette plaisanterie n'étant pas du goût des gardiens, en une minute le pauvre fou fut emprisonné dans la camisole de force. Je voulus intercéder pour lui, ils haussèrent les épaules et ne me répondirent même pas. Fou, moi-même, je n'avais aucune autorité pour intervenir en faveur d'un autre.

» L'heure du dîner arriva. Bien que torturé par la fièvre et la colère, j'avais cependant faim. Quand je vis apporter les plats en étain dans lesquels était notre nourriture, je me demandai comment j'allais manger; le soir approchait et je n'avais rien pris depuis la veille, c'est-à-dire depuis vingt-quatre heures.

» La réponse ne tarda pas. On ne nous retira pas notre camisole, ce qui m'avait paru le moyen le plus simple: mais un fou fut chargé d'empâter ceux qui n'avaient pas les mains libres.

» Quand la cuiller fut approchée de ma bouche, j'eus un mouvement de révolte. Mais il fallait se soumettre, ou ne pas manger. Je me soumis.

» Ceux qui n'ont pas vu manger les fous ne peuvent pas imaginer combien cela est révoltant. Si grande que fût ma faim, le dégoût m'eut vite étranglé. Ajoute que mon fou nourricier, plein d'attentions et de soins, avait la précaution de souffler sur chacun des morceaux qu'il me donnait, comme on fait pour un bébé; quelquefois il les mettait dans sa bouche.

» La nuit arriva sans autre incident, et l'on nous fit rentrer dans nos cellules pour le coucher. Ces cellules sont d'une forme allongée, quatre mètres de long à peu près sur deux mètres de large; une petite fenêtre grillée donne sur le préau, deux portes ouvrent, l'une sur le préau à côté de la fenêtre, l'autre sur un vestibule de service. De telle sorte que si un malade voulait se barricader dans sa cabine, on pourrait, pendant qu'il serait occupé à défendre une porte, entrer par l'autre et le prendre par le dos. Mais cette barricade serait difficile à construire, car le seul mobilier de la cellule se compose d'un lit en fer fixé au parquet par de grosses vis qui paraissent pénétrer

profondément dans le chêne; pas d'autres meubles; pas de chaises, pas de porte-manteau; on dépose le soir les vêtements dans le vestibule et on vous les donne le matin en ouvrant la porte.

» On voulut bien me défaire ma camisole, mais avec des précautions et en présence de trois gardiens prêts à sauter sur moi. Naturellement je ne bougeai pas; le temps de la colère et de l'emportement était passé. Lorsqu'on m'eut déshabillé, on m'enferma dans ma cellule.

» Jeudi.

» La nuit a été plus dure que la journée d'hier; je veux dire que durant cette nuit éternelle je n'ai pas dormi.

» Les distractions du jour, les incidents sans nombre par lesquels j'ai passé, mon interrogatoire, la nouveauté des choses et des hommes m'avaient de force arraché à moi-même. Mais, dans le silence et la solitude de la nuit, l'horreur de la situation où Friardel a su m'amener a pesé sur moi de tout son poids.

» Quand je parle du silence de la nuit, il faut être plus précis: jusqu'à minuit, ce silence a été troublé par les chants d'un de mes voisins. Ce malheureux, depuis le moment où nous nous sommes couchés, n'a cessé de chanter la louange de Dieu, et par quels cris, par quelles vociférations! Il faut les avoir entendus pour s'en faire une idée. Plusieurs fois les gardiens sont entrés dans sa cellule; c'est au moins ce que j'ai compris au grincement des serrures et au bruit des voix. Il se taisait alors; mais à peine étaient-ils sortis, que les chants recommençaient. Enfin, vers minuit, — je suppose qu'il devait être à peu près le milieu de la nuit, car nous n'avons pas d'horloge qui sonne les heures, — ils s'est fait un grand tapage dans la chambre du chanteur théomane, des éclats de voix, des jurons, des coups sourds comme s'il y avait lutte. Ce bruit a réveillé mes voisins, qui se sont mis à hurler. C'était à croire qu'on était tombé dans un chenil. Puis subitement il s'est établi un silence de mort qui m'a donné une sueur froide. Me croiras-tu? j'ai tremblé dans mon lit. J'avais compris comment on avait obtenu le silence, et, bêtement, bestialement plutôt, j'avais peur, oui, peur.

» Dans ces conditions, tu comprends qu'on est mal disposé au sommeil. Aussi m'a-t-il été impossible de m'endormir. La lune, la belle lune d'automne, toujours si pure et si lumineuse dans un ciel où l'humidité de l'air éteint l'éclat des étoiles, pénétrait en un large rayon dans mon étroite cellule. Je ne sais pas si c'est religiosité ou poésie, mais j'ai toujours été profondément troublé par ces clairs de lune de septembre ou d'octobre. Je n'avais pas besoin de cette influence pour rester éveillé.

» Je te fais grâce des tristes pensées qui m'ont alors traversé le cerveau, ou, pour être plus sincère, je m'en fais grâce à moi-même. C'est bien assez de les avoir subies une fois sans encore m'y exposer. Je ne suis pas si fort, que j'ose jouer avec ma volonté chancelante. Cela était bon au temps où, n'ayant jamais souffert, j'avais toutes les audaces de l'ignorance.

» Ce fut avec une véritable satisfaction que je vis l'aube blanchir mes vitres. La maison s'éveilla; je me retrouvai moi-même.

» On ouvrit la porte et l'on apporta mes vêtements. Je m'habillai. Il y eut un moment d'hésitation entre mes gardiens pour savoir si l'on me ferait grâce de la camisole. Mais, en fin de compte, on ne me jugea pas digne de cette faveur.

» Vers huit heures, il y eut un mouvement dans la cour, et je vis entrer l'abbé Battandier, suivi du docteur Mazure.

» Ces messieurs me firent l'honneur de venir à moi tout d'abord.

» — Eh bien! me dit l'abbé, est-ce là le calme que vous m'aviez promis. Battre les gardiens, vouloir se sauver, est-ce d'un homme raisonnable?

» Je n'avais rien à répondre, ou bien il fallait engager une discussion dans laquelle je me savais d'avance vaincu. Je baissai la tête sans rien dire.

» — Avez-vous passé une bonne nuit? demanda le docteur.

» Répondre non me parut dangereux, n'était-ce pas avouer que j'étais dans un état d'agitation et de fièvre?

» — Très bonne, je vous remercie

» — Oh! l'isolement opère déjà, il n'y a rien de tel.

» Et il se tourna vers l'abbé pour le prendre à témoin de l'efficacité de ce moyen merveilleux.

» — Donnez-moi votre parole d'être sage, dit l'abbé avec douceur, je vous fais retirer cette camisole.

» — Donner ma parole et la tenir serait d'un homme raisonnable, je ne suis qu'un fou.

» — C'est là ce que nous ne savons pas et précisément ce que nous étudions. Voulez-vous me faire cette promesse?

» J'hésitai un moment. Mais, en somme, cet engagement, dans les termes où on me le proposait, n'était de ma part ni une bassesse ni une lâcheté. J'étais résolu à pousser la patience jusqu'à l'absurde. Je promis. Il eût été puéril de m'entêter dans une dignité exagérée. Et si cette idée de refuser m'était venue à l'esprit, c'est que le spectacle de la servilité honteuse de mes compagnons, toujours tremblants devant les médecins ou les gardiens, m'avait révolté. Une douche! avec ce mot seul on peut mener à la baguette toute la population d'un asile.

» Les gardiens m'ôtèrent cette ignoble camisole. A leur figure rechignée, il était facile de comprendre qu'ils auraient préféré me la laisser.

» — Vous n'avez rien de particulier à me demander? me dit l'abbé.

» — Rien, si ce n'est ma liberté.

» — Nous y travaillons.

» La visite continua, et l'on passa à un autre malheureux, aussi emprisonné dans la camisole.

» — Eh bien! demanda le docteur, sommes-nous toujours tourmenté de la manie du départ?

» Et avec une sorte de bonhomie il lui donna deux petites claques sur les joues.

» — Je veux m'en aller.

» — C'est bien cela, manie du départ. Ah! mon gaillard, si vous ne changez pas de discours, nous ne sommes pas près de nous séparer.

» Il paraît que vouloir quitter une maison de fous dans laquelle on est enfermé constitue une forme de la folie qu'on appelle « manie du départ. » N'est-ce pas prodigieux?

» Les gardiens faisaient leur rapport sur chaque malade. J'appris alors que la camisole de force ne s'appelait pas « camisole de force » dans cet honnête établissement, où les mots eux-mêmes avaient leur politesse: on disait « les manches. » Si vous n'êtes pas sage, je vous condamnerai aux manches, deux jours de manches. Quel doux euphémisme!

» Ces messieurs allaient vite dans leur tournée; bientôt ils se dirigèrent vers la porte.

» Il y eut un mouvement parmi les fous. Déjà, pendant que l'abbé et le docteur s'occupaient de moi, plusieurs étaient venus rôder autour de nous, et les gardiens avaient dû les écarter. Quand ils virent les directeurs se préparer à sortir, ils se massèrent à la porte.

» J'eus la curiosité de savoir ce qui provoquait ce mouvement. Hélas! ce qu'ils voulaient c'était cela même que moi aussi j'avais demandé quelques instants auparavant: la liberté.

» — Mon bon docteur, laissez-moi partir.

» — Au moins ne me laissez pas avec ces furieux, je ne suis pas dans un pareil état. Ce sont des brutes.

» — Monsieur le docteur.

» — Monsieur l'abbé.

» — Je vous récompenserai bien.

» — Je n'aurai plus jamais de colère.

» — Laissez-moi retourner à la maison, mes enfants meurent de faim.

» Et, désespérément, ils se cramponnaient aux bras, aux habits du docteur et de l'abbé. Il y en eut un qui se jeta à genoux et embrassa les pieds du docteur. C'étaient des cris, des pleurs, un spectacle horrible. Impassibles, les gardiens s'efforçaient d'écarter cette tourbe.

» Comment allaient-ils sortir? la porte était encombrée. Mais je ne savais pas que ce qui me poignait là si douloureusement se renouvelait tous les jours, et que personne n'est habile à faire une sortie en se faufilant, comme un médecin d'aliénés. Au moment même où je les croyais le mieux

pris, ils se trouvèrent dehors, et la porte fut refermée.

» Il y eut une grande clameur parmi les fous, une bousculade, un brouhaha, puis l'un d'eux, montant sur un banc, nous harangua d'une voix formidable:

» — Messieurs, j'en appelle à vous, on me retient de force ici; c'est une infamie, et ma femme qui depuis trois ans m'attend sur la jetée de Trouville; il faut que j'aille la chercher.

» Personne ne l'écoutait, et ce que j'avais remarqué la veille devenait pour moi une vérité absolue. Les fous ne font pas attention à ceux qui vont et viennent autour d'eux; ils ne sont sensibles qu'à leur propre folie; leur personnalité domine tout; absorbés dans leur rêve, ils ne voient et ne suivaient que ce rêve. C'est pour cela sans doute qu'il n'y a pas d'inconvénient à ce que les fous soient enfermés pêle-mêle les uns avec les autres. Que cet inconvénient n'existe pas pour les fous, c'est possible; mais pour ceux qui, n'étant pas fous, se trouvent enfermés comme moi? A cette idée j'ai peur, et il me semble sentir la raison me manquer. Heureusement, n'est-ce pas, que je ne resterai pas longtemps avec ces pauvres gens? Je ne sais pas si les médecins ont constaté que la folie était contagieuse, mais il me semble qu'il n'y a pas de maladie plus facile à contracter, et qu'il n'y a qu'à la voir pour la gagner.

» De ce que les fous sont insensibles à ce qui se passe près d'eux, il en résulte qu'ils me laissèrent assez longtemps tranquille sur le banc où je m'étais assis. Cependant mon ami « le fou à la machine », qui pendant toute la matinée ne m'avait adressé ni une parole ni un regard, perdu sans doute dans une hallucination quelconque qui l'absorbait, vint tout à coup me serrer la main avec de grandes démonstrations d'amitié.

» — Je voudrais vous présenter au capitaine Bourdon, dit-il; il faut absolument que vous le connaissiez.

» J'aurais bien voulu, moi, qu'il me laissât à mes pensées; mais cela me peinait de le repousser.

» — Qu'est-ce que le capitaine Bourdon?

» — Une personne raisonnable comme vous et moi.

» — Il y a donc des personnes raisonnables enfermées ici?

» — Parbleu, puisque tous deux nous y sommes. Je ne vous demande pas votre histoire, la confiance viendra plus tard. Mais je suis bien certain que comme moi, vous êtes victime de quelque machines infernale oh! ces machines!

» — Et le capitaine est dépouillé de son esprit par une machine?

» — Mon Dieu non, heureusement pour lui, le brave capitaine. Cependant son histoire n'est pas beaucoup plus gaie. Quand je vous dis c'est une personne raisonnable, cela n'est pas rigoureusement vrai. Il a ses moments où il déménage un peu; mais enfin il n'est pas dans un état à être enfermé ici; d'ailleurs, lorsqu'il a été enfermé, il jouissait d'une raison aussi ferme que la nôtre.

» — Comment cela?

» Il s'assit sur le banc à côté de moi.

» — Il faut que vous sachiez, dit-il, que le capitaine a épousé une jeune femme fort jolie, mais, par malheur, plus légère encore que jolie; légère est un mot poli. Elle est devenue bien vite la maîtresse du général commandant la division. Comment? je vous passe les détails, cela importe peu. Cette liaison dura longtemps sans éveiller les soupçons du capitaine, car il adorait sa femme. Mais, à la longue, tout se découvre. Il se passa alors dans le ménage des scènes violentes de jalousie, et Mme Bourdon eut l'adresse de mettre les torts apparents du côté de son mari. Enfin, un jour celui-ci frappa le général; très probablement il était excité par leur machine, mais cela n'a pas été constaté, et cette supposition doit rester entre nous. Le général pouvait envoyer le capitaine devant le conseil de guerre, il aima mieux l'envoyer ici; on prétexta la folie, et le mari jaloux fut emprisonné, tandis que le général et sa maîtresse s'aimaient tranquillement, bien assurés de n'être pas troublés. Le pauvre capitaine, entré ici, avec toute sa raison, ne tarda pas à avoir des accès de folie, car vous savez que la folie se propage, par imitation, des fous aux personnes faciles à im-

pressionner. On ne vit pas impunément avec les fous. Cela est tellement vrai, que les médecins aliénistes deviennent, avec l'âge, plus fous que les malades qu'ils ont la prétention de soigner. Je suis peut-être le seul exemple d'un homme ayant résisté à cette contagion. Le capitaine a été moins heureux que moi, et de temps en temps il a des accès, bien légers il est vrai, mais il en a; et le terrible, c'est qu'il le sait. Lui-même vous dira qu'entré dans cet établissement avec sa pleine raison, il n'en pourra jamais sortir, attendu qu'il y est devenu fou. Libre, il guérirait immédiatement, mais on ne le mettra jamais en liberté, puisqu'on demande tout d'abord qu'il soit guéri.

» Cette histoire me jeta dans de tristes réflexions. Sans doute elle m'était racontée par un fou, et je devais faire la part de l'exagération d'un cerveau malade; mais quelle était cette part? Naturellement elle ne pouvait pas être la même pour celui qui entendait ce récit au coin de son feu, heureux entre sa femme et ses enfants, que pour celui qui, comme moi, l'entendait dans le préau d'une maison d'aliénés où il avait été jeté par surprise. Il y a des gens qui ont le droit de hausser les épaules ou de sourire quand on leur raconte de pareilles histoires, mais moi! Il n'était pas fou à son entrée au Luat, il l'était devenu. Combien de temps fallait-il pour cela? Une sueur froide me mouilla le dos: heureux ceux qui n'ont pas peur de l'inconnu! Et ces misérables qui gesticulaient devant moi et me criaient aux oreilles, comment ne pas les voir, comment ne pas les entendre?

» — Le capitaine nous attend.

» Je me laissai conduire, curieux d'ailleurs de voir quel était cet homme dont l'histoire me troublait si profondément.

» Nous le trouvâmes dans un coin, et la présentation se fit avec toutes les cérémonies voulues. C'était un homme de trente-cinq à trente-huit ans, à la tournure militaire; une belle prestance et une belle figure.

» En l'abordant, je souhaitais presque le trouver aussi fou que mon ami à la machine; cela m'eût jusqu'à un certain point rassuré. Je le trouvai, au contraire, parfaitement calme et sensé.

» — M. d'Auvers (c'était l'homme à la machine) me rapporte, dit-il, que vous jouissez de toute votre raison. C'est un grand malheur, Monsieur; dépêchez-vous de sortir d'ici, ou devenez fou bien vite. Vous voyez en moi un homme qui regrette que ses accès ne durent pas toujours. Le rêve est moins cruel que la réalité: ne pas se souvenir, ne pas sentir.

» Il avait prononcé ces paroles avec un accent désespéré, le regard éteint. Je frissonnai jusque dans les os. Tout à coup ce regard s'alluma:

» — Ce général est un pommadin, dit-il d'une voix saccadée, et la femme n'est pas digne d'être la femelle du chat.

» En même temps, il se produisit un phénomène qui m'étonna beaucoup: cet homme, qui nous parlait, cessa de nous voir, et il continua sérieusement ses invectives en les adressant à la muraille.

» Instantanément aussi M. d'Auvers changea d'attitude; il fit un bond en arrière, et de la main il repoussa, en se débattant, un être imaginaire.

» — Non, s'écria-t-il, je ne céderai pas; vous avez beau faire, je vous dis que je ne mettrai pas mes doigts dans mon nez. Ah! brigands, vous employez la violence, mais, je vous résisterai.

» Et il se mit à pousser des cris comme si on l'assommait. Après quelques minutes de lutte, baigné de sueur, haletant, il se laissa tomber sur le sable.

» — Je cède, dit-il épuisé. Tenez, êtes-vous contents? est-ce assez?

» Et il se fourra les deux mains dans les narines jusqu'aux yeux.

» Je demeurai hébété. Est ce que cette frénésie allait me prendre aussi?

» Je retournai m'asseoir sur mon banc et j'y restai toute la journée, perdu dans une morne préoccupation.

» Je n'osais lever les yeux sur les fous qui allaient et venaient autour de moi; il me semblait que tout à coup j'allais me mettre à gambader comme eux.

» Seulement, quand il se faisait un mouvement ou du bruit vers la porte, je regardais anxieusement de ce côté. D'un mo-

ment à l'autre, sans doute, on allait venir me chercher pour me conduire auprès de toi, Hélouis et Pioline ont dû agir.

» Mais personne ne vint. Friardel nous tient solidement. Pourrons-nous jamais nous arracher de ses griffes?

> Vendredi.

» Je ne t'ai pas encore parlé de notre vie matérielle et tu dois être tourmentée de ne pas savoir comment nous sommes traités.

» Convenablement. On nous donne de la viande tous les jours, excepté le vendredi et le samedi. Nous faisons trois repas: le premier se compose d'une soupe, le second d'une soupe et de viande, le troisième d'une soupe et de légumes. Il est vrai que notre cuisinier ne serait pas chef au Café Anglais; mais ce qu'il nous prépare n'est pas dégoûtant. Le pain est bon, meilleur que celui du soldat, et dans un broc d'eau on nous met toujours une bouteille de cidre.

» De ce côté, ne me plains donc pas trop.

» Et c'est là, jusqu'à un certain point, quelque chose d'exaspérant: il n'y a pas de grief précis à formuler. Etant admis qu'ils ont le droit de nous retenir, il n'y a pas de reproches fondés à leur adresser, sauf un seul, qui est grave.

» Les gardiens ne sont pas assez nombreux, de telle sorte que, pour maintenir les malades agités, ils sont obligés, presque malgré eux, d'employer la brutalité; et cette brutalité n'est pas chez eux accidentelle.

» Leur manière de procéder m'a donné à réfléchir, et lorsque tu me reverras tu me trouveras bien changé. Le matin de la visite du docteur, je lui ai demandé qu'il voulût bien me faire couper la barbe et les cheveux. Il a paru très surpris de cette demande, qui avait quelque chose d'insensé; mais je ne lui ai pas donné mes raisons. Ces raisons, les voici: les gardiens, lorsqu'ils veulent vous contraindre à quelque chose, vous empoignent souvent par la barbe ou les cheveux, et le malheureux malade, vigoureusement secoué, obéit aussitôt. C'est pour éviter d'être ainsi traité que je me suis fait tondre et raser; malgré mes résolutions de calme et de docilité, je sais bien que je n'aurais pas été maître de moi si un gardien m'avait saisi par les cheveux; il en serait résulté quelque scène de violence qui n'eût pas aidé à me tirer d'ici. Maintenant que j'ai une tête de comédien, ils ne pourront me prendre que par le bras; or, si brutalement qu'ils puissent le faire, il n'y aura pas cette surprise, cette instantanéité de douleur physique qui instinctivement pousse à la résistance.

» Comprends-tu que je sois obligé de prendre des précautions pour empêcher une brute de porter la main sur moi et de me violenter? Oh! Friardel! Est-ce vrai qu'il y a une Providence rémunératrice, et que tout se paie en ce monde?

» Aujourd'hui le capitaine Bourdon m'a paru calme. Il est venu s'asseoir auprès de moi, et nous avons causé raisonnablement pendant une heure. Pauvre homme, cela a paru lui faire du bien. Peut-être que le meilleur remède contre la folie est la parole d'un homme sensé; le meilleur et le seul, car ici je n'en vois mettre aucun en usage; nous sommes enfermés, voilà tout; emprisonnement n'est pas traitement.

» Pendant que nos camarades passaient et repassaient devant nous, il me les a fait connaître; il est ici depuis plusieurs années et il les a vus presque tous arriver. Tu as entendu parler l'année dernière de M. de Lorie, qui, après des escroqueries au jeu et des billets faux qui compromettaient plusieurs personnes et ruinaient sa famille, avait disparu; il est ici. Au lieu de le laisser passer aux assises et aller au bagne, sa famille l'a fait enfermer comme fou. L'est-il réellement? Le capitaine Bourdon prétend que la famille a voulu éviter le déshonneur de son nom. Est-ce vrai? Je tâcherai de m'en assurer. Si j'avais le malheur de commettre de pareils crimes, j'aimerais mieux le bagne qu'une maison d'aliénés.

» Avant d'être enfermé ici, je n'aurais jamais cru que de pareilles séquestrations fussent possibles, maintenant je doute: ces *bastilles de santé* peuvent rendre tant de services!

» Si j'ai été surpris de voir M. de Lorie, qui devrait être au bagne, je ne l'ai pas été moins en apprenant l'histoire d'un misérable qui devrait être je ne sais où.

» Comme il a déjà tué quatre hommes, bien que n'ayant pas plus de vingt et un à vingt-deux ans, on prend avec lui de grandes précautions. Il n'a pas la camisole, mais des espèces de gants en cuir dans lesquels les mains sont prises; ces gants, fermés au poignet par une petite serrure, sont soutenus par des bretelles en cuir noir. Ainsi maintenu, on le laisse libre.

» J'avais déjà remarqué sa face ignoble et ses yeux louches. Quand le capitaine m'eut raconté ce qu'il savait de son histoire, c'est-à-dire la mort de ces quatre hommes, je me suis approché de lui.

» — Pourquoi avez-vous tué tant de monde?

» — Parce que.

» Qu'est-ce donc que le premier vous avait fait?

» — Il disait du mal de moi.

» — Quel mal?

» — Que je louchais; alors j'ai tapé dans son ventre avec mon couteau.

» — Et le second?

» — Il riait quand je passais.

» — Et le troisième?

» — Vous m'ennuyez. Si j'avais mon couteau, je vous arrangerais aussi.

» Est-il possible qu'on mette de pareils monstres en contact avec des hommes comme le capitaine Bourdon et M. d'Auvers? Il n'est pas question de moi; je dois être, je veux croire que je suis une exception. Faut-il les tuer? Non, assurément; mais puisque ce sont des bêtes féroces, et rien que cela, les traiter comme les bêtes féroces du Jardin des Plantes. Cela vous donnerait trop de peine et vous coûterait trop cher? j'entends. Ne dites pas alors que les fous sont pour vous des malades. A des malades on n'impose pas la compagnie des brutes.

» Je ne te parle pas de mes autres compagnons de misère. Il y en a de toute sorte: des démens, des maniaques, des idiots, des mélancoliques, des hallucinés, des théomanes extatiques; toutes les formes de la folie, toutes les classes de la société. Un prêtre qui enseignait un catéchisme drolatique aux petites filles, un forgeron qui a tué sa femme dans un accès d'ivresse furieuse, des gens de la ville, des gens de la campagne.

» A quoi bon t'entretenir de ces gens avec lesquels j'espère ne pas rester long-temps? Ce sera bien assez d'emporter leur souvenir qui, j'en suis trop certain, trou-blera plus d'une fois mon sommeil par d'hor-ribles cauchemars.

» Samedi.

» Ce sont les nuits qui sont mauvaises.

» Comment la nuit, dans la solitude et dans le silence, suis-je plus faible et plus malheureux que le jour, au milieu de tous ces fous? je n'en sais rien, mais cela est.

» L'ombre a ses monstruosités et ses ef-farements pour l'esprit aussi bien que pour les yeux.

» Aussitôt qu'on m'a couché (car on me couche), je m'endors d'un sommeil instan-tané, c'est-à-dire que mon corps et mes membres fatigués s'endorment; mais mon cerveau travaille, et j'en ai conscience, au moins dans une certaine mesure. A peine ai-je fermé les yeux que je suis transporté dans un monde extraordinaire. Les idées et les images traversent mon esprit avec la rapidité de l'éclair. En quelques minutes, en quelques secondes je fais de longs voya-ges, je vois se dérouler devant moi des pay-sages que je ne connaissais pas, et j'accom-plis une infinité de choses qui, dans la vie raisonnable, demanderaient des mois ou des années. Les paroles même que je pro-nonce ont une telle volubilité, qu'elles sont à peine intelligibles, et mes phrases ou cel-les de mes interlocuteurs sont rarement achevées: un mot, un geste suffit pour que nous nous comprenions.

» Après un temps que je ne peux pas fixer, mais qui, j'en suis certain, n'est ja-mais long, mes idées, par une pente fatale, se portent sur Friardel. Aussitôt je m'é-veille en sursaut avec un tressaillement de tout mon corps qui fait grincer le lit.

» Alors j'ai le sentiment parfaitement net de ce qui vient de se passer dans ma tête, et je fais un effort de volonté pour chasser loin de moi l'idée de Friardel. Générale-ment, afin de m'empêcher d'y penser, je me récite à moi-même une pièce de vers qui m'est restée dans la mémoire: *la Cara-vane*. Mais je ne vais jamais loin, et avant d'arriver à l'apparition du lion:

Ecoutez! écoutez! debout prêtez l'oreille!

je me rendors.

» C'est-à-dire, pour employer un mot plus juste, je perds la direction de mon esprit et de ma volonté.

» Le souvenir de Friardel a été écarté; il n'a pas été chassé, il revient, il s'empare de moi. Je veux le repousser, mes efforts sont inutiles. C'est à croire que cette idée suscite en moi un mouvement physique qui se porte sur certaines fibres, et que ces fibres, excitées par ces agitations périodi-ques, finissent pas s'habituer automatique-ment à ces espèces de convulsions.

» Sans doute je t'explique cela tort mal, mais je te l'explique comme je le sens. Au reste, un exemple te fera mieux compren-dre l'état auquel je suis arrivé, état que j'observe avec une véritable frayeur.

» Voici mon rêve de cette nuit: rêve ou hallucination. Je suis à la Cour d'assises, accusé d'avoir tué un gendarme; je vois les conseillers, le procureur-général, mon avo-cat, le public, la salle elle-même, et cela avec un relief, une intensité de vérité qui donne à tout, aux hommes comme aux cho-ses, une physionomie ineffaçable. Je me défends et me défends bien; le président est fort ennuyé, le procureur général m'ac-cable de toutes les injures polies qu'il peut trouver, le public est pour moi. Tout à coup on appelle un témoin: c'est Friardel. Il m'a vu tuer le gendarme; il le dit avec un ricanement moqueur. Le président re-prend courage, et, chose étrange! c'est Friardel qui est devenu président; c'est sa voix, son regard, le procureur-général se lève, lui aussi il a été remplacé par Friar-del. Je suis condamné à mort, et comme on est très pressé, il est entendu que je serai exécuté dans la salle d'audience. Le bour-reau arrive, me coupe les cheveux, c'est Friardel. Là-dessus je me suis réveillé pour ne plus me rendormir, plus affecté par la figure grimaçante de Friardel que par le froid des ciseaux que cependant je sens toujours sur mon cou.

» Ce qui m'épouvante le plus dans ces rêves, c'est d'en être effrayé. Autrefois, ils m'auraient amusé; aujourd'hui, ils me font pour: je me demande s'ils ne sont pas l'indice d'un dérangement d'esprit.

» Oui, ma chère Cyprienne, j'en arrive, dans la fièvre de mon insomnie, à me demander par moments, si je ne suis pas véritablement fou, si Friardel n'a pas eu raison de me faire enfermer, si l'abbé Battandier n'a pas raison de me retenir.

» Ah! ma chère bien-aimée, tire-moi, tire-moi vite de cette épouvantable maison.

» Comment se fait-il que je n'aie pas encore eu ta visite ou celle de notre ami Hélouis, pas de lettres, rien? Comprends-tu par quelles angoisses je passe? Tout ce qu'une imagination inquiète peut inventer de malheurs défile devant moi: tu es malade: Henriot a le croup; Friardel vous a fait empoisonner tous les deux; je vois votre enterrement, car, par une monstrueuse bizarrerie, je me complais dans ces idées terrifiantes; je vous suis au cimetière, je vois les prêtres, les enfants de chœur qui rient, le buisson de prunelliers sauvages qui est auprès de la croix avec ses fruits bleus que cueillent des gamins.

» Cependant, dans mon affolement, il y a une idée qui ne s'est jamais présentée à mon esprit: c'est que tu ne m'aimes plus et que tu es bien aise de mon emprisonnement qui te débarrasse de moi. Tout, j'ai tout prévu, tout pressenti, tout, excepté cela, heureusement.

» Une autre modification, encore bien étonnante, de mes idées, c'est que vers le matin, inévitablement, je suis envahi par une vague religiosité; me vois-tu devenir dévot, ou plutôt me vois-tu redevenir enfant, car ce sont les impressions de mon enfance auprès de ma pauvre maman qui me reviennent et qui me remettent sous l'influence des leçons et des idées que j'ai reçues d'elle. Où est l'homme assez fou pour croire qu'il s'appartient?

» Si horriblement longue que soit la nuit, elle finit pourtant par s'écouler. J'entends les coqs chanter au loin dans les poulaillers du village, les chiens s'appeler et se répondre. Le jour va venir; le calme monte de mon cœur à mon cerveau, comme l'aube blanchissante monte au ciel du côté de l'Orient. Alors je pourrais peut-être reposer un peu; mais j'ai mieux à faire: t'écrire

ces feuillets pendant que j'ai la certitude de n'être pas dérangé par les gardiens encore endormis.

» Aussitôt que la lumière donne une forme à peu près distincte aux objets, je me lève, et en chemise, car je n'ai pas mes vêtements, debout, car je n'ai pas de chaise, je me mets à t'écrire sur l'appui de ma fenêtre; je sais que j'ai à peu près une heure devant moi, et je griffonne aussi vite que possible ces feuillets que tu auras sans doute bien de la peine à déchiffrer. Le froid du parquet me glace un peu les pieds, mais heureusement je ne suis pas enrhumable.

» Ce matin, aussitôt que nous avons été descendus dans la cour, j'ai remarqué chez les gardiens une activité qui n'était pas ordinaire. Ils balayaient et lavaient avec un soin qui n'est pas dans leurs habitudes.

» L'explication nous est venue avec la visite de l'abbé et du docteur. Ces messieurs étaient accompagnés de deux curieux pour lesquels on s'était mis en frais.

» Je ne sais pas si les vrais fous souffrent d'être examinés et étudiés par des étrangers, cela est bien probable, au moins quant à ceux qui ne sont pas « sous une influence », comme on dit ici. Pour moi, je me suis senti humilié sous leurs regards.

» Il est vrai que j'avais dû être signalé, et que mon histoire avait dû leur être racontée, car ils m'ont honoré d'une attention particulière. C'étaient des questions, des observations à voix basse qui n'en finissaient pas.

» Un moment j'ai eu envie de leur parler; mais à quoi bon? Qui étaient-ils d'ailleurs? Et puis, je me suis rappelé que la veille M. d'Auvers me recommandait précisément de me bien garder de plaintes ou d'accusations, attendu que, pour le médecin, elles sont la preuve d'un état maladif.

» — Le malade qui a la franchise de réclamer, me disait-il, est jugé; il a besoin d'être soigné; celui, au contraire, qui a l'hypocrisie de montrer un visage souriant prend le chemin de la liberté; il est en voie de guérison.

» Pour un fou, cette observation est assez raisonnable. Au reste, il n'y a là rien d'étonnant; les fous sont souvent pleins d'intelligence et de bons sens.

» Le pauvre capitaine Bourdon n'a pas eu ma retenue. Lorsque les visiteurs se sont approchés de lui, il a été à eux, et il leur a raconté son histoire en demandant justice.

» Pendant ce temps, l'abbé et le docteur faisaient leur inspection de tous les matins, et le capitaine a pu expliquer en détail sa position. Les deux visiteurs paraissaient l'écouter avec intérêt; ils lui posaient des questions, et ils se regardaient l'un l'autre avec une surprise évidente.

» Tout à coup l'abbé est revenu; ils lui ont parlé bas; l'abbé a répondu quelques mots sur le même ton, et les deux étrangers ont tourné le dos au capitaine avec un air de pitié.

» Celui-ci, qui était resté debout devant eux comme s'il attendait sa délivrance immédiate, ou au moins une promesse, a couru après eux.

» — Vous m'aviez écouté avec sympathie, disait-il, et vous me fuyez. Pensez donc que je suis seul, je n'ai pas de parens qui puissent s'adresser au tribunal pour me tirer d'ici, je n'ai que ma femme qui fait tout pour m'y retenir. Un mot pourrait me rendre à la liberté; je ne suis pas fou, M. l'abbé Battandier le sait bien.

» C'était navrant. Ainsi ces deux passans avaient été un moment attendris; puis l'abbé était venu, et d'un mot il avait refoulé leur émotion; devant son affirmation, les doutes qu'ils avaient pu avoir sur la folie de cet homme s'étaient changés en certitude. Après tout, quoi de surprenant à cela? N'est-il pas plus naturel de croire le médecin que le malade?

» — Si vous ne m'aviez pas dit qu'il était fou, je ne m'en serais pas aperçu, n'est-il pas le mot de plus d'un visiteur?

» Oh! ma chère femme, ne recule devant aucun moyen; dépense toute notre fortune, s'il le faut; arrache-moi d'ici.

› Dimanche.

» C'est aujourd'hui l'anniversaire de notre voyage au Havre; tu t'en souviens, n'est-ce pas?

» C'est un des bons souvenir de notre vie; il m'est doux et comme réconfortant de me le rappeler en ce moment.

» Au lieu de me promener dans quelque rêve douloureux, entraîné çà et là avec une rapidité vertigineuse, j'aime mieux te voir sur le pont du bateau à vapeur. C'était ton premier voyage à la mer, qu'en bonne Parisienne tu ne connaissais pas, et depuis Caudebec, à chaque détour de la rivière, tu me demandais: « Où est la mer? » Il faisait un léger brouillard vaporeux, et de chaque côté la vue ne s'étendait guère plus loin que les coteaux boisés de la Seine déjà colorés des teintes jaunissantes de l'automne, tandis qu'à l'avant elle se perdait dans une brume blanchâtre. Tes grands beaux yeux s'écarquillaient, tu te dressais sur la pointe des pieds et tu tâchais de percer cette brume: « Où est la mer? » Nous arrivâmes à Quillebœuf, et la marée montante fit rouler la coquille de noix ayant nom « le Furet » qui nous portait. Ta bouche n'osa pas parler, mais ta main, en pressant la mienne, me demanda: « Est-ce la mer? » Ah! comme j'étais heureux de ta curiosité et me faisais fête de ton étonnement! La machine secouait le navire, la cheminée laissait derrière nous un gros câble de fumée noire qui se déroulait, et les roues tournaient dans l'eau jaunâtre avec une régularité qui nous faisait rapidement avancer. Insensiblement les rives s'écartaient, et la nappe d'eau, courant contre nous avec de longs serpens d'écume, allait s'élargissant. En passant entre la pointe de la Roque et celle de Tancarville, une petite brise venant de l'ouest nous souffla au visage une fraîcheur salée. Tes yeux se tournèrent vers les miens, grands ouverts, étonnés; mais en même temps, à l'avant du navire, il se fit dans la brume une large trouée jaune: comme un rideau déchiré par le milieu, le brouillard s'écarta, et tout au loin, à l'horizon, entre les falaises de Grâce et celles de la Hève s'ouvrit l'immensité: tes yeux se perdirent dans i'infini.

» Combien de fois me suis-je rappelé ton émotion à la vue de cette mer et de ces navires qui, gros comme une mouche, se détachaient en noir sur le ciel pâle!

» Ce matin, ce souvenir m'a fait du bien; il a chassé toutes les mauvaises idées qui m'obsèdent, et, pour la première fois depuis mon emprisonnement, je n'ai pas senti venir le jour avec ces affres terribles qui m'ont rendu si malheureux.

» Depuis ce voyage, nous avons eu bien des jours de bonheur, et ton amour m'a assurément donné toutes les joies qu'un homme peut attendre d'une femme. Pourquoi ce souvenir est-il resté si vivace dans mon cœur? Mais peu importe, n'est-ce pas? et tu auras plaisir d'apprendre que c'est de toi que m'est venue ma consolation.

» Au reste, la journée, qui avait bien commencé, s'est bien continuée.

» Mon plus grand tourment, je crois te l'avoir dit, c'était la conversation de mes camarades, M. d'Auvers, le capitaine Bourdon, qui tout à coup, au milieu d'un entretien, se mettaient à déraisonner.

» Leurs paroles rapides, prononcées avec une telle volubilité que souvent elles n'étaient pas terminées, et que les phrases se suivaient au hasard sans aucune liaison, me fatiguaient extrêmement; et aussi leurs regards inquiets, leurs gestes désordonnés. A la fin de la journée, j'arrivais à un agacement très douloureux.

» Ce matin j'ai fait un bout de conversation avec l'un de nos gardiens, et cela m'a été un tel soulagement d'entendre une parole stupide mais raisonnable, de voir des yeux bêtes mais non égarés, que je suis retourné près de lui dans la journée: j'ai été assez heureux pour gagner sa confiance, et il a daigné m'honorer de ses confidences.

» Or, si tu veux te représenter mon nouvel ami, figure-toi un gros lourdaud de près de 6 pieds de haut, qui s'est fait gardien pour ne pas travailler: l'intelligence la plus épaisse de toute la Normandie, des yeux niais, une voix de canard enrhumé. Malgré ce portrait, qui n'a rien d'exagéré, je me plais en sa compagnie, et les histoires qu'il veut bien me raconter m'intéressent.

» Les histoires, c'est-à-dire son histoire, car je t'assure qu'il n'est pas capable d'inventer. Cette histoire est des plus simples: il est gardien au Luat et il espère y rester encore deux ans, ça lui fera douze cents francs d'économies, alors il épousera sa connaissance, qui est cuisinière à Paris et qui reviendra avec un magot de quatre mille francs. Elle n'a pas gagné tout ça à être cuisinière, elle est partie pour être nour-

rice, et les nourrices ça gagne gros, le baptême, la première dent et le reste; ça leur fera près de trois cents francs de rente; avec ça on ne meurt pas de faim.

» Voilà les récits qui me charment, voilà où j'en suis venu, voilà le compagnon que je recherche, et telle est mon abjection, que pour avoir un sourire de lui, pour écouter sa parole qui m'empêche d'entendre celle de mes compagnons, j'en arriverai assurément à faire des bassesses.

» Ah! mon amie, ne te décourage pas, quelques difficultés qu'on t'oppose, et bien vite enlève de force ma délivrance. C'est mon éternel refrain; ne m'en veuille pas, j'étouffe ici.

» Vois Hélouis, et s'il ne trouve pas de moyens légaux pour me faire sortir, cherche en dehors de lui. J'ai été enfermé par l'intrigue et l'arbitraire, que l'arbitraire et l'intrigue ouvrent ma prison. »

XVII.

Le lendemain du jour où Cyprienne reçut ce paquet de lettres, Hélouis arriva au Camp Hérouit.

Après avoir lu ces lettres, il se montra peu rassuré.

— Que nous puissions délivrer Cénéri, dit-il, cela ne fait pas de doute. Mais dans quel délai, je ne peux vous le fixer.

— Les experts doivent déposer leur rapport dans les huit jours.

— Ils doivent, cela est certain, mais il faut compter avec les entraves, les complications que nous ne pouvons pas prévoir. Or il est urgent que Cénéri ne reste pas plus longtemps livré à l'inquiétude; si nous ne pouvons lui rendre la liberté, il faut au moins qu'il sache qu'on s'occupe de lui, il faut qu'il voie une figure amie.

— On vous repoussera comme on m'a repoussé, comme on a repoussé M. Pioline.

— Aussi je ne me présenterai pas comme vous vous êtes présentés. Faites-moi conduire tout de suite à Condé.

L'espérance revint à Cyprienne: c'était bien ce qu'elle avait prévu; Hélouis avait des ressources et des moyens à lui. Tout était sauvé.

Pioline expliqua longuement et complaisamment les mesures qu'il avait prises.

— Tout cela est parfait, interrompit Hélouis, cependant il y a un moyen auquel vous n'avez pas songé, et qui, je l'espère, va nous ouvrir les portes du Luat, au moins pour entrer. C'est un référé. Vous autres, messieurs les avoués de province, vous recourez peu au référé, il ne faut pas en faire fi.

Comme Cyprienne les regardait tous deux pour tâcher de comprendre ce mot.

— Le référé, poursuivit Hélouis, est une procédure sommaire pour faire juger provisoirement et avec rapidité une affaire urgente. Nous allons immédiatement introduire notre demande de communiquer avec Cénéri pour organiser sa défense, et si partial que puisse être le président, il ne pourra pas la repousser. D'ailleurs nous prendrons soin de nous appuyer d'un exemple récent identique au nôtre, et M. Bonhomme de la Fardoyère sera bien forcé de s'exécuter. En même temps vous formerez aussi une demande en nomination d'un curateur chargé de veiller: 1° à ce que les revenus de Cénéri soient employés à adoucir son sort et à accélérer sa guérison; 2° à ce qu'il soit rendu au libre exercice de ses droits aussitôt que sa situation le permettra. Si, contrairement à nos prévisions, la mise en liberté n'arrivait pas prochainement, nous pourrions, en faisant manœuvrer ce curateur, ennuyer Friardel et paralyser ses desseins. La guerre est déclarée, il ne faut rien négliger.

C'est le président seul qui, sans délai, rend les ordonnances de référé. Une heure après son arrivée à Condé, Hélouis était autorisé à visiter M. Cénéri d'Eturquerais dans l'établissement du Luat, et avant midi les deux amis étaient dans les bras l'un de l'autre. La médecine avait dû céder devant la loi, et l'abbé Battandier s'était exécuté de bonne grâce.

— Mon opinion était que M. d'Eturquerais avait besoin de calme, dit-il en lisant l'ordonnance; cette opinion n'a pas varié, mais la justice en décide autrement, je m'incline; à elle la responsabilité.

Il fut moins facile lorsque l'avoué lui demanda d'enlever Cénéri du quartier des agités pour le placer dans un appartement particulier.

— La garde de M. d'Eturquerais n'est pas chose commode, dit-il; je réponds de lui à M. le préfet, je prends donc les précautions que je juge nécessaires.

— Nous engagerons notre parole de rester soumis à tous les règlements de la maison.

— La vôtre, assurément, serait déterminante; mais celle de M. d'Eturquerais? Vous-même, Monsieur, pouvez-vous vous faire le garant de la parole d'un malade?

— Pour moi, il n'est pas malade.

— Pour moi, il l'est; de là les différences dans la façon dont l'un et l'autre nous envisageons la question. Quand M. d'Eturquerais est arrivé, je ne pensais pas à l'envoyer au quartier des agités; ses violences envers les gendarmes m'y ont obligé, de même que ses violences envers nos gardiens et sa tentative de fuite m'ont obligé à l'y laisser. Que M. d'Eturquerais s'échappe, que dans un accès...

Hélouis fit un geste.

—... Que dans le paroxysme de la colère, si vous préférez ce mot, il tue son beau-frère, qui, selon lui, est son persécuteur, qui sera responsable de ce malheur? Moi, n'est-ce pas ? On accuse souvent de cruauté les directeurs d'asile, on ne voit pas toujours les difficultés de leur tâche.

— M. d'Eturquerais serait malade, vous auriez assurément raison de prendre ces précautions, mais il ne l'est pas.

— Pour vous.

Hélouis n'était pas aussi facile à démonter que Pioline.

— Monsieur l'abbé, dit-il avec fermeté, vous êtes certainement mieux en état que moi de décider qu'un homme est ou n'est pas fou, seulement vous voudrez bien m'accorder que, comme tout le monde, vous êtes sujet à l'erreur.

— Il est évident que je puis me tromper... quelquefois, dit l'abbé avec un sourire qui signifiait clairement que cette concession de sa part était de pure politesse.

— Cela arrive aux plus célèbres de vos confrères: ainsi dernièrement un de mes cliens avait été enfermé dans une des grandes maisons de Paris; je parlais de sa position avec le médecin en chef de cette maison. « Notre pensionnaire est un homme bien étonnant, me dit-il, il déploie une telle adresse à feindre la raison que pour tout le monde c'est un homme sensé, moi seul je ne me laisse pas tromper et connais sa folie.— Pardon, répondis-je, mais s'il en est ainsi, il faut le relâcher immédiatement, puisqu'il n'est fou que pour vous seul; dehors il sera raisonnable.... C'est là un peu le cas de mon ami Cénéri.

— Croyez-vous que pour les gendarmes qu'il a battus, que pour notre gardien qu'il a assommé, que pour M. Gillet, que pour M. le baron Friardel, que pour ce paysan nommé Tournebu, que pour M. le préfet, que pour bien d'autres, il ait l'usage de sa raison?

— Pour moi, pour sa famille, pour ses amis, pour tous ceux qui le connaissent et n'ont pas intérêt à le faire interdire, il n'est pas plus fou que nous tous; je crois qu'il n'a jamais eu la plus légère attaque de folie, mais je crois aussi que si vous le gardez de force avec des fous furieux il peut en avoir. La folie est contagieuse, n'est-ce pas?

— Peut-être, mais seulement pour les natures nerveuses disposées à contracter la folie.

— Eh bien! comme Cénéri peut avoir une de ces natures, je vous demande formellement un appartement particulier où vous lui donnerez autant de surveillants que vous jugerez à propos, deux, trois, quatre s'il le faut; il peut les payer. En venant le visiter ici, j'ai déjà obtenu gain de cause contre vous, monsieur l'abbé, je vous demande pardon de vous le rappeler; si vous nous refusiez, je serais forcé de recommencer les hostilités, et je crois pouvoir vous dire que je vous enlèverais M. d'Eturquerais pour le conduire à Paris.

Ce dernier argument décida l'abbé Battandier. Lui enlever un malade quand ce malade voulait bien payer quatre gardiens, jamais. S'il tuait un de ses gardiens, on porterait le mort sur la note.

Du quartier des agités, Cénéri fut donc transféré dans un petit pavillon isolé au milieu de l'un des jardins, et entouré de hautes murailles et de solides grilles. Les fenê-

tres garnies de barreaux de fer et de grillages, les quatres gardiens attachés à sa personne, deux pour le jour qui l'accompagnaient partout, et deux de nuit qui couchaient dans sa chambre, c'était là un luxe de précautions qui avait bien quelque chose d'irritant; mais, entre sa nouvelle situation et l'ancienne, il y avait une telle différence, une telle amélioration, qu'il eût fallu être véritablement fou pour se plaindre. S'il était, s'il se sentait toujours prisonnier, au moins n'avait-il plus à subir les grimaces et les vociférations de ses compagnons, le spectacle continuel de la démence ou de la fureur, les conversations de M. d'Auvers, les plaintes du capitaine. Il avait à sa disposition des plumes, de l'encre, du papier, une table; il pouvait demander à la bibliothèque les livres qu'il désirait; ce n'était plus maintenant qu'une affaire de patience; les experts allaient faire leur visite; le tribunal leur avait donné huit jours seulement pour déposer leur rapport. Il revint à l'espérance et à la vie. La première nuit qu'il coucha dans sa nouvelle chambre ne fut pas troublée par le spectre de Friardel; il dormit jusqu'au matin et il s'éveilla sans ressentir cette oppression, cet anéantissement qui, dans sa cellule, lui avaient été si douloureux.

La visite des experts ne se fit pas attendre, et le lendemain de son installation il les vit entrer dans sa chambre, amenés par l'abbé Battandier et par le docteur Mazure. Cette réunion l'inquiéta; il lui semblait que la stricte équité ordonnait de le voir seul, sans subir tout d'abord l'influence de ses adversaires. Mais il se garda bien de laisser rien paraître de son étonnement et de sa défiance; ces deux hommes tenaient sa vie entre leurs mains.

Le docteur Patras était un vieux médecin de l'école ancienne, à face rougeaude, bien encadrée dans du linge blanc, à grosse bedaine de gourmand, marchant posément, parlant lentement en s'écoutant, gesticulant noblement avec des attitudes étudiées, malgré cela gai de caractère et risquant volontiers les plaisanteries salées, — voltairien et matérialiste.

Louville, au contraire, était le jeune médecin frisé, cravaté de couleurs tendres, habillé à la dernière mode, souriant, complimentant, le médecin ami des artistes, achetant des objets d'art et des bibelots, affectant la légèreté alors qu'au fond il était continuellement sérieux et attentif, flattant les jeunes filles, conseillant les mères, assidu à tous les bals et aux offices: catholique pratiquant, il traitait la religion comme tout le reste, et quand ses confrères, gens généralement peu dévots, le plaisantaient sur ses sentimens religieux, il répondait sans se fâcher: Ces sentiments sont nés chez moi de raisons particulières. — Quelles raisons? — Permettez-moi de n'en pas parler: ce sont des bonnes fortunes dont un galant homme ne parle jamais.

Après quelques mots d'introduction l'abbé et le docteur laissèrent les deux experts en tête-à-tête avec leur sujet.

— Messieurs, dit Cénéri, vous allez tout à l'heure décider de mon sort; permettez-moi de vous demander de me juger non d'après ce qu'on a pu vous dire, mais d'après ce que vous constaterez vous-mêmes. Je ne veux pas récriminer, car je sais que, dans ma position, toute plainte, toute accusation me serait imputée à crime, et jusqu'à un certain point prouverait que je suis fou; mais je dois vous prévenir cependant qu'il y a des personnes qui ont un intérêt important, quelque chose comme quatre cent mille francs, à ce que je sois interdit. Si vous ne tenez compte que de l'état présent de mon intelligence, dans huit jours je serai libre, rendu à ceux que j'aime, je pourrai me marier et légitimer mon enfant. Si, au contraire, vous me jugez d'après mes antécédents et certains faits groupés avec un art infernal, et c'est ainsi que jusqu'à présent j'ai été jugé, je suis perdu, les portes de cette prison ne se rouvriront plus pour moi. Cela dit, je me livre à vous.

Pour venir d'un fou, ce petit discours n'était pas trop maladroit; pourtant il avait un défaut; c'était de vouloir imposer une direction à l'examen des experts.

Un regard lancé par le docteur Louville à son confrère et surpris par Cénéri avertit celui-ci de la mauvaise impression produite sur les deux médecins.

— Je sais, dit-il, qu'en parlant ainsi je vous préviens peut-être contre mon outre-cuidance, car assurément vous savez mieux que moi ce que vous avez à faire, mais ce résultat fût-il certain, je le préférerais encore au danger de vous laisser ignorer les machinations de mon adversaire.

L'interrogatoire commença, dirigé par le docteur Patras. Quand on lui demanda s'il dormait bien, Cénéri répondit franchement que depuis qu'il était au Luat il avait perdu le sommeil. Un véritable fou eût très probablement dissimulé avec soin les hallucinations qui troublaient son repos, il les avoua avec une parfaite sincérité. A quoi bon les cacher? A ses yeux elles étaient un argument devant déterminer sa mise en liberté.

— En ce moment, dit-il, je ne suis pas fou, je le sens et l'affirme, mais je n'ose affirmer que je ne le deviendrai pas si vous me laissez ici.

A ce mot, les deux médecins se regardèrent, et les questions devinrent plus vives et plus serrées; le docteur Patras paraissait vouloir faire porter son examen sur les troubles de l'organisme, le docteur Louville sur le bouleversement des opérations intellectuelles.

Puis souvent ils s'arrêtaient et discutaient entre eux, mais Cénéri ne comprenait pas grand'chose à leur phraséologie; les mots: idées-image, appareils sensoriaux, répercussion, dépression, organes cérébro-psychicaux, substance cérébrale, hallucinations psychiques et psycho-sensorielles, illusions encéphaliques, entraînements psychiques n'avaient pour lui aucun sens, et l'impression qui lui resta de cet examen long et horriblement fatigant, c'est qu'ils n'étaient pas d'accord; mais lequel était pour lui, lequel contre? il lui était impossible de le savoir.

— Il faut absolument, dit-il à Hélouis lorsque celui-ci vint dans la journée lui demander le résultat de cet interrogatoire, il faut que tu voies les médecins et que tu les fasses parler. Je ne peux pas attendre.

— Des experts, c'est assez difficile.

— Peut-être, mais en tout cas, il faut essayer; d'ailleurs, l'épreuve est nécessaire. S'ils sont corruptibles, ils ont déjà été achetés par Friardel, nous pouvons en être certains, et c'est à ton habileté de l'emporter sur lui; ne ménage pas l'argent. Pour Friardel, il ne s'agit que de 400,000 fr.; pour moi, il s'agit de la vie; pour Cyprienne, de l'honneur; pour Henriot, de l'avenir; nous pouvons, nous devons payer plus cher que lui. Si, au contraire, ils ne veulent pas se vendre, nous avons bien des chances pour nous, et ce me sera un grand soulagement de le savoir. Va, et si tu ne veux pas te charger de la négociation, trouve quelqu'un de délié et de sûr qui la mène à bien.

Elle échoua complètement auprès du vieux bonhomme Patras, qui, sans se fâcher, mais avec un geste imité de celui d'Hippocrate refusant les présents d'Artaxèrcès, mit le négociateur à la porte, après lui avoir fait ce petit discours:

— Quand on ne croit qu'en soi et sa conscience, on ne va pas s'outrager soi-même, et ce n'est pas quand on est prêt à quitter la vie qu'on donne un démenti à cinquante années de probité.

Il fallut se retourner du côté de Louville, qui se montra moins intraitable. Au premier mot cependant on put croire que son accueil serait celui de son confrère

— Cher Monsieur, dit-il en souriant, n'allons pas plus loin, j'ai l'intelligence très dure pour ces sortes de choses, et ce serait perdre votre temps; je ne comprendrais pas.

Mais le cher monsieur ayant expliqué que dans une question capitale comme celle-là, quand il s'agissait de la vie d'un homme et de l'honneur d'une famille on était décidé à reconnaître généreusement les services rendus, et qu'on ne se croirait pas quitte lorsqu'on aurait payé ces services cinq mille, dix mille, quinze mille francs s'il le fallait, cette intelligence si dure s'éveilla. Au mot vingt mille francs, elle comprit même tout à fait, car elle était de la nature de ces esprits qui, rebelles aux premières opérations de l'arithmétique, deviennent d'autant plus sagaces qu'on s'élève davantage dans cette science.

— Mon Dieu, dit-il avec un sourire engageant, je voudrais d'autant moins inquiéter M. d'Eturquerais, que d'avance je lui suis tout dévoué. Sa position m'inspire la plus vive sympathie, et je n'ai pas eu besoin de deux minutes d'examen pour voir qu'il jouissait de toute sa raison. C'est même

cette conviction qui m'a permis d'entendre vos propositions jusqu'au bout: changer d'opinion pour de l'argent est une infamie; mais recevoir le paiement des services que l'on rend conformément à son opinion est tout autre chose. Ainsi, je crois que M. d'Eturquerais n'a jamais été fou, et je puis vous promettre que je ne négligerai rien pour qu'il soit mis en liberté.

— Alors, le rapport?

— Le rapport, je ne sais pas, à vrai dire quand il sera déposé; le vieux Patras, comme toujours, trouve le cas difficile.

— Le tribunal a fixé un délai de huit jours.

— Ce délai n'est pas limitatif; le tribunal, vous le comprenez, ne peut pas nous obliger à affirmer notre conviction dans un délai quelconque, si au lieu d'une conviction nous n'avons que des doutes. Et c'est là l'espèce, Patras est embarrassé, il ne voit pas clair, il veut un nouvel examen.

— Mais après ce second examen, il pourra en demander un troisième, et après le troisième un quatrième.

— Sans doute cela se peut, et même cela s'est vu. Il y a des exemples, en voici un qui vous montrera que nous ne sommes pas tenus par les termes de l'ordonnance qui nous donne notre mission: ainsi un aliéniste célèbre est chargé par le tribunal de la Seine d'examiner une femme et de faire dans les trois jours un rapport circonstancié sur son état mental; cet examen étant difficile, au lieu de trois jours il prend trois mois, et il la visite à quatre reprises différentes. Le bonhomme Patras est bien de ce tempérament: il ne se prononcera qu'à la dernière extrémité.

— Un simple certificat donné à la légère peut vous faire enfermer instantanément, et il faut toutes ces difficultés, tous ces détails pour vous faire sortir.

— Affirmer la folie est plus facile qu'affirmer la raison.

— Alors c'est au malade à souffrir de l'impuissance de la médecine ou du médecin.

— Hélas! oui, en aliénation mentale comme en tout.

Le délai de huit jours avait été pour Cénéri un terme fatal qui ne pouvait être dé-

passé, et sur ces huit jours il avait écha-
faudé toutes ses combinaisons, calculant les
journées, les heures, les minutes. Quand il
apprit que ce délai ne signifiait rien, et que
le rapport serait retardé, il tomba dans un
abattement désespéré: au calme et à la
tranquillité d'esprit qui lui étaient revenus
après les démarches d'Hélouis succéda
immédiatement l'inquiétude fiévreuse. A
quand la fin maintenant de cet emprisonnement? Après ce retard un autre, et ainsi,
de retards en retards, jusqu'où ne pouvait-
on pas aller? Que signifiait le pouvoir donné aux magistrats, si un simple médecin
pouvait selon sa fantaisie le paralyser et le
réduire à néant? Alors il porta la peine des
moyens qu'il avait employés auprès de Louville. Pourquoi Patras ne serait-il pas vendu à Friardel, puisque Louville s'était bien
laissé acheter? Et ce qui devait le rassurer
fut cela précisément qui le tourmenta. Louville lui-même tiendrait-il jusqu'au bout et
ne se laisserait-il pas surenchérir?

Rien n'était fini: tout était à recommencer avec les mêmes incertitudes, les mêmes
angoisses. Il fallait attendre; attendre quoi?
attendre jusqu'à quand?

Sur ces entrefaites, le tribunal, en vertu
de la demande formée par Hélouis, accorda
la nomination d'un curateur. Et son choix
porta sur un vieux notaire honoraire qui,
par quarante années d'exercice, s'était ac-
quis l'estime universelle: un de ces notaires
qui mettent dans leur caisse les dépôts
qu'on leur confie, et, après vingt ans, les
rendent ensachés et ficelés comme on les
leur a donnés.

Mais il n'y avait pas là de quoi rassurer
Cénéri; il y avait même plutôt de quoi l'effrayer. Cela ne semblait-il pas dire que la
procédure devait se prolonger indéfiniment?

Quant à Cyprienne, depuis longtemps
déjà elle ne croyait plus à l'efficacité des
moyens légaux. Pour elle, la loi était un
instrument puissant, mais seulement sous
les mains de ceux qui savent en jouer. Un
moment, quand Hélouis avait pu forcer les
portes du Luat, elle avait espéré qu'il allait être ce virtuose; mais cette espérance
n'avait eu que la durée d'un éclair, et bien
vite le Code était redevenu pour elle un

épouvantail. Ce n'était donc pas sur lui
qu'elle comptait pour délivrer Cénéri.

Pendant son séjour au camp Héroult,
d'Ypréau avait parlé souvent de ses relations avec de Sainte-Austreberthe et avec
son père, le général courtisan dont fréquemment elle avait lu le nom dans les
journaux.

Elle bâtit là-dessus tout un plan qui, par
ses côtés aventureux et romanesques, plaisait à son imagination de femme. Elle irait
à Paris, elle verrait le ministre, appuyée
par le père de Sainte-Austerberthe, et comme le ministre était plus puissant que le
préfet qui avait fait enfermer Cénéri, elle
obtiendrait assurément une mise en liberté
immédiate. Puisque c'était par de pareils
moyens que Friardel agissait, pourquoi ne
pas s'en servir?

Naturellement elle se garda bien de communiquer cette idée à Pioline et à Hélouis;
mais aussitôt que celui-ci eut quitté Condé
pour revenir à Paris, elle se mit en route
elle-même, après avoir prévenu Cénéri.
Elle emmenait Henriot et la bonne de l'enfant.

Quand d'Ypréau, qui en était resté à la
demande en interdiction, apprit ce qui s'é-
tait passé depuis son départ, il poussa les
hauts cris.

— Vous avez eu raison de compter sur le
général, dit-il; demain il vous obtiendra une
audience, et il vous accompagnera. L'affaire est sûre, tous nos amis vont entrer en
campagne.

Cependant l'audience ne fut pas fixée au
lendemain; le ministre voulant, avant de répondre, avoir reçu communication de toutes
les pièces. Cyprienne dut rester cinq jours
à Paris.

Enfin un matin le général vint la prendre
pour la conduire au ministère, et, ainsi ac-
compagnée, elle vit toutes les portes s'ouvrir devant elle. Les saluts, les poignées
de main, les flatteries, les bassesses qui
dans le salon d'attente accueillirent le général, lui donnèrent bon courage. Un homme que l'on courtisait de telle sorte devait
être tout-puissant. Elle marchait soutenue
par les ailes de l'espérance lorsqu'elle passa devant les députés, les conseillers
d'Etat, les financiers, les hauts fonction-

naires qui, moins favorisés que son intro-
ducteur, faisaient antichambre.

Le ministre se leva pour venir au-devant
du général, et il prit un air agréable pour
faire asseoir Cyprienne.

— Monsieur le général m'a déjà parlé de
votre affaire, dit-il gracieusement; mais je
vous prie, Madame, de me l'expliquer vous-
même. Je vous dois de la reconnaissance
pour avoir pensé à vous adresser à moi.
Dans un bon gouvernement, il faut que la
vigilance existe au sommet, comme elle existe en bas.

Cette phrase de tribune acheva ce que
les regards curieux qu'elle avait dû affronter avaient déjà commencé; elle eut un moment de trouble, et durant quelques secondes elle ne put pas trouver une parole. Mais
bientôt elle se remit, et aussi brièvement
que possible elle fit le récit qui lui était demandé. Elle eût voulu entrer dans des détails, mais elle n'osait, car le ministre, qui
s'était approché de son bureau, s'était mis à
signer rapidement un monceau de pièces
et de lettres. Je l'ennuie, il ne m'écoute
pas, était la pensée qui la paralysait. Cependant elle arriva à la fin.

— Tout cela, dit le ministre, est parfaitement conforme aux renseignements qui
m'ont été transmis. Aussi m'est-il impossible
d'intervenir; sans doute le préfet peut toujours ordonner la sortie d'office, mais, dans
l'espèce, M. d'Eturquerais a été conduit au
Luat sur le vu d'un certificat de médecin
constatant l'aliénation mentale; toutes les
formalités exigées par la loi ont été accom-
plies; aujourd'hui le tribunal est saisi d'une
demande de mise en liberté, des experts
sont nommés, il faut attendre. Une illéga-
lité aurait été commise, je serais intervenu;
mais j'en commettrais une moi-même si
j'intervenais dans les circonstances présentes.

Il se leva; l'audience était finie.

— La légalité, la légalité, dit le général
en offrant son bras à Cyprienne pour descendre l'escalier, il nous la donne bonne, c'est la
légalité qui nous tue, et ce sont tous ces
avocassiers qui nous perdront. Soyez tranquille, j'écrirai au préfet.

⸻ o ⸻

XVIII.

Tranquille! Elle revint au contraire plus
agitée, plus inquiète qu'elle n'était partie.
Si influent que fût le général, que pourrait-
il là où le ministre lui-même avait été im-
puissant?

Et Cénéri qui ne cessait de la presser d'a-
gir. Au lieu du succès sur lequel il comptait et dont elle-même, depuis son séjour à
Paris, lui avait donné l'assurance dans toutes ses lettres, c'était une déception nouvelle
qu'elle lui apportait.

Comment lui dire le mot du ministre « attendre », quand ce mot accablant était celui d'Hélou's, celui de Louville, celui des
médecins, celui des gens d'affaires, celui
que, depuis son emprisonnement, chaque
heure, on lui répétait sur tous les tons?

Attendre quoi, d'ailleurs? Le dépôt du
rapport des experts! Mais si ce rapport ne
concluait pas à la mise en liberté; si, au
contraire, malgré des conclusions favorables, le tribunal maintenait l'emprisonnement; si le procès en interdiction qui suivait son cours se terminait par un jugement
prononçant l'interdiction! Combien de
temps faudrait-il attendre, des semaines, des mois, des années, peut-être? Combien de mauvaises chances fallait-il affronter, combien de dangers?

Elle devait donc trouver quelque moyen
dont l'effet fût certain et immédiat. Mais
quel moyen réunissait ces conditions? Hélouis, Pioline? Ils avaient fait ce qu'ils
pouvaient, il était inutile de leur demander davantage. Les médecins? Il n'y
avait plus à agir auprès d'eux. Le substitut? Il était parti en vacances, et d'ailleurs
quoi lui demander? C'était en vain que
pendant son retour elle cherchait quelque
combinaison satisfaisante: son esprit tournait dans un cercle sans issue.

La route qui de la station du chemin de
fer va à Condé-le-Châtel passe par Cinglais.
Au moment où elle allait entrer dans ce
bourg, la voiture de louage qu'elle avait
prise à la station croisa un phaéton dans lequel elle crut reconnaître Friardel. Mais,
comme c'était seulement au moment où les
deux voitures se frôlaient qu'elle l'avait

aperçu, elle n'était pas bien certaine que ce fût lui.

— N'est-ce pas M. le baron Friardel? demanda-t-elle à son cocher.

— Jé ne sais pas, Madame, je ne le connais pas, il n'y a pas longtemps que je suis dans le pays, mais on peut demander.

Un cantonnier qui travaillait à une petite distance fut interrogé. C'était bien Friardel qui s'éloignait de Cinglais.

Une inspiration traversa l'esprit de Cyprienne, et instantanément, sur cette rencontre, tout un plan fut bâti.

— Conduisez-moi à la première auberge que vous rencontrerez, dit-elle à son cocher; j'ai une course à faire, vous m'attendrez.

Après avoir fait allumer du feu dans une chambre où elle installa Henriot et la bonne d'enfant avec recommandation expresse de ne pas sortir, elle se mit en route, ayant réparé tant bien que mal en un tour de main le désordre de sa toilette de voyage.

Jamais elle n'avait été au château de Cinglais, mais cent fois elle avait passé devant l'avenue de pommiers qui de la grande route conduit à son perron. Elle n'eut donc pas de renseignements à demander aux gens du village qui regardaient curieusement passer cette dame inconnue.

Bien que depuis quelques semaines elle se fût singulièrement aguerrie, son cœur battit plus fort en suivant cette avenue qu'il n'avait battu dans le salon du ministre. C'était sa dernière bataille qu'elle allait livrer: celle-là perdue, c'en était fini; il ne restait plus qu'à courber le cou et à attendre.

Comme cela arrive souvent dans beaucoup de maisons de campagne, il ne se trouva personne dans le vestibule d'entrée. Elle repoussa avec force la porte vitrée, fit du bruit en frappant des pieds; personne ne vint. Après quelques minutes d'attente, elle demeura assez embarrassée. Où aller? à quelle porte frapper?

Tout à coup, au milieu de ce silence gênant éclata un bruit de voix enfantines, de cris, de jeux avec trompette et tambour. Ce bruit venait d'une pièce située au rez-de-chaussée, et séparée du vestibule par une grande salle; à la fin sans doute elle trouverait quelqu'un à qui parler; les enfants, dans tous les cas, pourraient la conduire auprès de leur mère.

A peine avait-elle fait quelques pas dans la salle que les jeux cessèrent, et une querelle s'éleva.

— Ah! méchant Gontran, criait une voix de petite fille, je le dirai à maman, que tu fais toujours du mal à Lucienne et que tu lui as donné exprès un grand coup de ton sabre. Viens, Lucienne, viens.

Mais Lucienne, qui pleurait en se plaignant, ne cessa pas ses cris.

— Si tu rapportes à maman, cria une voix de garçon, une voix grêle et sèche, je dirai à papa que tu as appelé Mme Forster « mauvaise gueuse. »

— C'est vrai que c'est une mauvaise gueuse, Fanny le dit tous les jours, et aussi que c'est elle qui fait tant pleurer maman.

— Bon, quand j'aurai dit ça à papa, tu verras comme il sera content et comme il arrangera ta peste de Fanny, et toi aussi; tu sais comme il veut que l'on soit avec Mme Forster.

Bien que cette querelle déjà si pleine de révélations menaçât de devenir plus instructive encore, Cyprienne n'en écouta pas davage: Lucienne pleurait toujours; il fallait voir si l'enfant n'était pas vraiment blessée.

Elle entra dans la pièce d'où partaient les cris. Il s'y trouvait trois enfans, les trois enfans de la sœur de Cénéri: Gontran l'aîné, âgé de sept ans, Valentine, âgée de cinq et Lucienne de quatre. Le garçon avait la figure chafouine de son père; les deux filles étaient les portraits de leur mère, roses et blondes, avec un regard doux et résigné. Ceux qui croient que dans le mariage c'est celui des deux époux aimant le plus qui impose son sexe et sa ressemblance à l'enfant, auraient pu deviner, en regardant ces trois enfants, l'histoire des sentiments de leur père et de leur mère. L'aîné, un garçon, datait d'une époque où, sans avoir précisément de l'amour pour sa femme, Friardel avait été cependant sensible à la beauté de la vierge pure et froide qui lui était livrée; les deux autres, au contraire, deux filles, étaient nées au moment où le mari n'avait plus que de l'indifférence pour sa femme, tandis que la femme avait pris de l'amour pour son mari.

Cyprienne marcha droit à l'enfant blessée qui pleurait sur les genoux de sa sœur; la blessure n'était rien: une petite contusion au front.

— C'est Lucienne qui s'est jetée sur mon sabre, dit Gontron en lançant un coup d'œil à ses deux sœurs.

Puis, cette explication donnée, il regarda la dame qui venait d'entrer et qu'il ne connaissait pas.

— Qu'est-ce que vous voulez, Madame? dit-il d'un air rogue.

— Voir votre maman.

— Maman est dans sa chambre; il fallait la demander aux domestiques.

— Il n'y avait personne dans le vestibule.

— Ils n'y sont jamais, je le dirai à papa.

Cyprienne, étonnée, regarda ce jeune monsieur, qui se montrait si gracieux.

— Voulez-vous que j'aille chercher maman? dit Valentino.

— Oui, mon enfant.

Elle allait partir en courant, Cyprienne la retint. La pièce dans laquelle elle était entrée était ce que les Anglais appellent la *nursery*, et ce que nous, nous n'appelons d'aucun nom, sans doute parce que la chose n'existe guère chez nous; il s'y trouvait, en plus des jouets, tout ce qu'il fallait pour travailler: des livres, du papier, des plumes. Cyprienne se mit à la table de travail et écrivit rapidement quelques mots: « Si vous voulez sauver votre frère, accordez-moi, Madame, cinq minutes d'entretien. »

Elle plia ce papier et le donna à l'enfant. Une minute après, Mme Friardel parut.

— Mon frère? dit-elle vivement.

L'accent avec lequel ces deux mots furent prononcés et le regard qui les accompagna firent entrer l'espérance dans le cœur de Cyprienne.

— Sa vie n'est pas en danger, dit-elle, ce n'est pas une mauvaise nouvelle que je viens vous apprendre, c'est votre secours que je vous demande.

— Enfants, allez jouer au jardin, dit Mme Friardel.

Les petites filles obéirent; mais Gontran, qui s'était campé devant Cyprienne, ne bougea pas; il fallut que sa mère le poussât doucement par l'épaule.

— En revenant de Paris, dit Cyprienne, où j'étais allée demander la protection du ministre, mais, hélas! sans réussir, j'ai croisé la voiture de M. le baron Friardel; vous sachant seule, l'inspiration m'est venue de faire auprès de vous la dernière tentative qui puisse sauver votre frère. Il m'a tant de fois parlé de l'amitié que vous aviez pour lui, de votre bonté, de votre dévouement...

— Que faut-il faire? interrompit vivement Mme Friardel en tendant la main à Cyprienne. Tout ce que je pourrai, je le ferai; mais je puis si peu de chose; je suis si peu. Parlez vite, je vous prie; mon mari n'est sorti que pour quelques instants: il peut arriver d'un moment à l'autre. Mais d'abord, dites-moi, est-il vrai que Cénéri ait le cerveau malade?

— C'est un infâme mensonge.

— Je ne dis pas qu'il soit fou, cela je ne le croirai jamais, mais que ses idées soient dérangées, exaltées, et qu'il ait besoin de soins.

— Ses idées sont aussi droites, aussi saines que les vôtres, et l'on vous a trompée comme on a trompé ses parents et les juges.

— Mais M. Gillet?

— M. Gillet ne l'a jamais examiné; ne croyez aucun des mensonges qui ont été préparés pour le perdre. Par la vie de mon enfant, je vous jure que Cénéri a, et que toujours il a eu sa pleine raison; c'est pour cela que je viens à vous, afin que toutes deux nous l'arrachions de cette maison de fous, où il deviendra fou lui-même si on l'y retient encore. Je ne voudrais pas qu'une seule de mes paroles pût vous blesser, ou blesser ceux que vous aimez, et cependant il faut bien que je vous explique qu'il est victime d'une machination ayant pour but d'empêcher notre mariage d'abord, et par suite de ne pas lui payer la part qui lui revient dans l'héritage de votre oncle.

— Puisqu'il n'est pas malade, vous n'avez rien à m'expliquer, je devine tout.

— M. le baron Friardel aura été trompé.

— Trompé!

L'étreinte dans laquelle elle serra la main de Cyprienne et son regard navré expliquèrent ce que ses lèvres ne voulaient pas dire.

— C'est auprès de lui que je vous demande d'agir, continua Cyprienne car c'est de lui que viennent tout les coups qui nous ont frappés et qui nous accablent. Quand même les médecins accorderaient la sortie de Cénéri, et je ne crois pas qu'ils l'accordent, car on trouvera bien quelque complication nouvelle pour le retenir, quand même ils l'accorderaient, restera toujours le procès en interdiction, et d'avance je suis certaine qu'il sera perdu pour nous. Obtenez de votre mari qu'il renonce à ce procès, et si c'est la fortune entière de votre oncle qu'il veut, Cénéri l'abandonnera: je l'y déciderai. Que nous importe un peu plus ou un peu moins l'argent, pourvu qu'il soit libre?

Comme Mme Friardel ne répondait pas, elle la regarda, craignant de l'avoir blessée. Ses yeux étaient pleins de larmes, et son beau visage, d'ordinaire triste et résigné, avait pris une expression désolée.

— Mon Dieu! dit-elle en laissant couler ses larmes, mon Dieu! pourquoi ne suis-je pas la femme que je devrais être? Ah! je comprends bien que vous veniez à moi; vous y venez, parce que vous croyez que je suis une femme de cœur, et que, pour sauver mon frère, j'aurai le courage, j'aurai la force d'arrêter mon mari. Mais je ne suis pas cette femme-là, mais je n'ai pas de courage, je n'ai pas de force, je n'ai pas de dignité, je n'ai aucune puissance sur mon mari, qui ne m'aime pas, qui rit de ma faiblesse et me méprise. Que voulez-vous que je fasse? Je ne peux pas me défendre; puis-je défendre mon frère?

Elle cacha sa tête entre ses mains. Mais, tout à coup, la relevant:

— Vous voyez bien que je suis lâche et que je ne sais que pleurer. Vous ne saviez donc pas que dans cette maison, où je devrais être maîtresse, je ne suis rien: c'est une autre qui commande. Mes enfants mê-me ne m'appartiennent pas: c'est Mme Forster qui élève mon fils; dans six mois elle prendra ma fille aînée, et dans deux ans ma petite Lucienne. Moi, je suis trop bête. A table, lorsqu'il y a du monde, je ne dois pas parler. Si vous étiez venue me demander de l'argent pour secourir mon frère, je n'aurais pas pu vous donner cent sous. Ce n'est pas moi qui dirige ma maison; les domestiques ne m'obéissent pas, et ils se moquent de moi, excepté ma vieille Fanny, que tout le monde tourmente, parce qu'elle m'aime. Les toilettes élégantes que vous m'avez vues quand vous m'avez rencontrée quelquefois dans la ville ou aux courses, ce n'est pas lui qui les achète et les choisit. C'est cette femme. Quand nous devons sortir ensemble, c'est elle qui me fait dire quelle robe je dois mettre, afin que toujours je lui serve de repoussoir. Quand nous nous promenons dans ma voiture, c'est elle qui dit à mon cocher où elle désire aller.

Cyprienne fit un mouvement involontaire d'étonnement et de pitié.

— Pourquoi, oui, pourquoi, n'est-ce pas, je supporte tout cela? parce que je suis une nature molle et lâche; parce que j'ai peur de la lutte; parce que... tenez, méprisez-moi, parce que, quoi qu'il ait fait, quoi qu'il fasse, malgré que je le connaisse et le juge, je l'aime encore.

Un sanglot lui coupa la parole; mais tout à coup elle releva les yeux, écouta une seconde et courut à la fenêtre: on entendit un bruit de roues sur le gravier du jardin.

Vivement elle revint vers Cyprienne.

— Mon mari! Il ne faut pas qu'il vous trouve ici. Mon Dieu! que se passerait-il? Sauvez-vous, sauvez-vous vite par ici.

Elle ouvrit une porte qui donnait sur les jardins, du côté opposé à celui par lequel arrivait la voiture.

— Et Cénéri? demanda Cyprienne.

— Je ne sais pas, j'y penserai, je chercherai, je vous écrirai. Partez, partez; en tournant autour du château, vous gagnerez les bosquets et l'avenue, il ne vous verra pas.

Cyprienne se laissa entraîner. Lorsqu'elle fut prête à franchir le seuil, Mme Friardel se jeta dans ses bras, et l'embrassant ardemment:

— Soyez tranquille, je trouverai, pour lui j'aurai du courage; demain je vous écrirai.

Malgré cette promesse, Cyprienne rentra fort peu tranquille au Camp Héroult. Elle, vaillante et passionnée, ne pouvait pas comprendre une nature aussi faible et aussi craintive. Aimer un homme comme Friardel, un mari qui avait une maîtresse et qui ne vous aimait pas!

Elle fut donc très surprise de recevoir le lendemain cette lettre sur laquelle elle comptait si peu.

« J'ai peut-être trouvé un moyen. Est-il bon? Je n'en sais rien. Soyez demain, je vous prie, chez votre avoué, M. Pioline. A quelle heure? Je ne sais. De midi à cinq heures, car j'irai à pied si je ne peux pas avoir ma voiture. Priez-le de m'attendre. Aimez un peu votre pauvre sœur.

» LOUISE FRIARDEL. »

A quatre heures, le lendemain, Mme Friardel entra dans le cabinet de Pioline. Cyprienne, qui attendait depuis midi, commençait à désespérer; en la voyant, elle fut effrayée des changements qui s'étaient faits en elle: extrêmement pâle, les yeux rougis et gonflés, elle était agitée d'un tremblement nerveux.

— Monsieur, dit-elle à l'avoué, une femme qui obtient sa séparation de corps reprend-elle sa fortune?

— Assurément, répondit l'avoué surpris de cette interrogation sur le Code; la séparation de corps entraîne la séparation de biens.

— A qui sont remis les enfants?

— A celui des époux qui obtient la séparation.

— Je vous remercie. Pour obtenir cette séparation, des lettres écrites par un mari à sa maîtresse, et par celle-ci au mari, suffisent-elles?

— Cela dépend des lettres et aussi de la position de la maîtresse.

— Elle demeure dans la maison de la femme légitime.

— Entretien d'une concubine dans la maison commune, la séparation est certaine.

— Eh bien! Monsieur, dit-elle en parlant avec effort d'une voix saccadée, vous allez prévenir M. le baron Friardel que s'il ne fait pas mettre mon frère en liberté et s'il n'abandonne pas le procès en interdiction, vous demandez ma séparation de corps.

Cyprienne, qui avait écouté sans savoir où elle voulait en venir, courut à elle, et la prit dans ses bras.

— Je vous ai promis de faire ce que je pourrais, je le fais.

Puis, se tournant vers l'avoué:

— Voici les lettres, Monsieur.

Et comme l'avoué allait les ouvrir.

— Ne les lisez pas, dit-elle en rougissant.

— Cependant, Madame, comme elles sont la base du procès, il faut bien que je sache si elles sont suffisantes.

— Vous avez raison, Monsieur, lisez.

Et elle se tourna vers Cyprienne.

— Excellentes, dit l'avoué après les avoir parcourues d'un coup d'œil; la séparation est obligée.

— Alors elle n'aura pas lieu, M. le baron cédera; il aimera mieux abandonner la fortune de mon oncle que la mienne.

Elle paraissait à bout de forces; Cyprienne voulut la faire asseoir.

— Non, dit-elle; il faut que je rentre.

— Mais que va-t-il se passer quand il saura la vérité? Qu'allez-vous devenir?

— Je ne sais pas. Ne vous occupez pas de moi. Je ne serai pas plus malheureuse demain que je ne l'étais hier. Ne pensez qu'à Cénéri; vous lui direz qu'il a raison de croire que je l'aime bien. Vous allez devenir la tante de mes enfants; s'ils ont besoin de vous soyez pour eux une mère.

Et après l'avoir embrassée, suffoquée par l'émotion, elle sortit.

— Voilà une honnête femme, dit Pioline, qui certainement a peur d'être empoisonnée par son mari. Elle a tort, je pense. Non pas que M. le baron soit incapable de ce crime, mais il n'oserait pas. D'ailleurs, un mari a tant de facilités pour se débarrasser d'une femme qui le gêne: une fenêtre ouverte, un bon courant d'air, une fluxion de poitrine est bien vite gagnée. Elle n'a pas stipulé de garanties pour elle, ne pensant qu'à son frère, c'est à nous de penser à elle. Dans ma négociation je veillerai à cela.

Si Pioline avait peur de parler franchement, il avait encore bien plus peur d'écrire, et, dans sa vie, il n'avait jamais traité une affaire sérieuse par correspondance. Il alla trouver son confrère Filsac pour le prier de prévenir M. le baron Friardel de passer en son étude, de lui Pioline, afin de s'entendre sur des propositions qu'il était chargé de lui faire, propositions qui devaient conduire à un arrangement tout à l'avantage du baron.

A cette communication, le baron répondit que si l'avoué Pioline avait des propositions à lui soumettre, il pouvait bien prendre la peine de passer au château de Cinglais.

Mais l'avoué Pioline ayant répliqué que, malgré toute sa déférence pour M. le maire de Cinglais, il croyait que la peine devait être prise par celui auquel les avantages profitaient, Friardel, excité par la curiosité, inquiété aussi par l'assurance de l'avoué, se décida à faire les premiers pas.

Pioline, avec ses manières affables et caressantes, commença par remercier Friardel; puis, après l'avoir fait asseoir et s'être assuré que les doubles portes étaient fermées, il aborda l'entretien.

Il avait un air décidé, presque vainqueur, qui ne lui était pas habituel. Il ne se frottait pas la tête, et, au lieu de fureter sur son bureau comme à l'ordinaire, il était renversé dans son fauteuil.

— Monsieur le baron, dit-il avec un sourire, j'ai la plus haute opinion de votre aptitude aux affaires, et je crois que vous êtes trop bon Normand pour ne pas connaître l'article 311 du Code Napoléon.

— Que porte cet article? demanda Friardel, surpris de cet exorde singulier.

Pioline prit un Code qui était ouvert d'avance, et le passant au baron:

— Je vous en prie, veuillez jeter les yeux dessus, là, 311 : « La séparation de corps entraîne toujours la séparation de biens. » C'est bien cela. Maintenant, pendant que vous tenez le volume, lisez, je vous prie, l'article 230: « La femme pourra demander le divorce pour cause d'adultère de son mari, lorsqu'il aura tenu sa concubine dans la maison commune. »

Friardel releva la tête, et de ses deux yeux perçants il regarda longuement l'avoué.

— Le mot divorce ne signifie rien, dit celui-ci avec une bonhomie affectée, l'article s'applique parfaitement à la séparation de corps; il ne s'est pas trouvé emporté dans l'abrogation du divorce.

— Eh bien! que m'importe?

— Oh! beaucoup, beaucoup, monsieur le baron; beaucoup, je vous assure. Et si j'ai pris ce chemin détourné, qui vous paraît peut-être trop long, c'est qu'en réalité il est le plus court, attendu que ces deux articles forment la base de l'arrangement que je suis chargé de vous proposer.

Pioline, enchanté par sa tactique, croyait que le baron, impatient, allait s'écrier: « Quel arrangement? » Mais celui-ci, le sentant venir, prit une attitude indifférente.

Alors il fallut qu'il expliquât sa combinaison. Le baron ne sourcilla pas: les yeux fixés sur le Code qu'il tenait entre ses mains, il laissa l'avoué aller jusqu'au bout.

— Vous avez fini, dit-il dédaigneusement lorsque celui-ci s'arrêta.

— A peu près.

— Vous oubliez cependant de me montrer ces fameuses lettres qui vous paraissent si décisives.

— Je n'oublie pas, je ne veux pas, au moins pour les originaux; ils sont trop précieux pour être communiqués; mais j'en ai fait à votre intention une copie que voici. — Puis, pendant que Friardel lisait cette copie:—Vous voyez; toute la précision désirable se trouve dans ces lettres: ce nom donné à Mme la baronne, « la bête à pain », suffirait seul pour faire prononcer la séparation.

Friardel perdit de son assurance.

— Vous savez bien, dit-il, que quand même je pourrais obtenir l'abandon de l'instance en interdiction, je ne peux pas faire sortir mon beau-frère de l'établissement du Luat; cela regarde les médecins et ensuite les juges. Si je déclare qu'il a sa raison, et si en même temps les médecins déclarent qu'il est fou, on ne le relâchera pas; il est cieux, il me semble, d'expliquer cela à un avoué.

— Pas si vite, je vous prie; pour cela encore nous avons une petite combinaison. La voici: les experts n'étant pas d'accord, on va en nommer un troisième, vous vous arrangerez pour ce soit M. Gillet. Or comme M. Gillet a la plus grande confiance en vous, quand vous lui aurez affirmé que votre beau-frère n'est pas fou, il vous croira, et cela d'autant mieux que tout le monde sait bien quel intérêt vous avez à dire le contraire.

— Je ne suis pas la conscience de M. Gillet.

— Ne parlons pas des absents. Ce que je veux dire, c'est qu'en décidant M. Gillet, vous donnez une belle preuve de désintéressement qui vous fera honneur dans le pays. M. Gillet, concluant à la mise en liberté immédiate, le tribunal n'aura qu'à l'ordonner. Rien n'est plus simple: dans quatre jours tout, y compris le désistement à la demande en interdiction, doit être terminé à la satisfaction générale. Et alors je vous donnerai ces lettres.

— Et si vous ne me les donnez pas?

— Cher Monsieur, c'est une affaire de confiance; à vous de voir. Nous sommes aujourd'hui mercredi, samedi soir je forme ma demande en séparation de corps. A ce propos, permettez-moi de vous conseiller les plus grands ménagements pour Mme la baronne; s'il lui arrivait quelque chose de fâcheux en ce moment ou plus tard, je serais un témoin à charge dont la déposition serait bien grave.

Sur ce mot, Pioline reconduisit Friardel jusque dans la rue avec force politesses, et il revint en se frottant les mains. Il était satisfait de la façon dont il avait mené les choses; une seule crainte le tourmentait.

— Pourvu que Mme Friardel ne faiblisse pas devant son mari: les femmes sont des êtres si étranges!

XIX.

Pendant que Pioline, fier et triomphant, racontait à Cyprienne comment il s'était acquitté de sa négociation, Friardel rentrait au château de Cinglais.

Furieux de cette tentative de résistance, il n'en était pas très effrayé, car il croyait bien connaître sa femme, et il se flattait de n'avoir qu'un mot à dire, qu'un geste à faire pour la réduire à sa soumission ordinaire. Elle aura été entraînée, pensait-il, mais elle ne tiendra pas longtemps. Il avait d'autant plus de raisons de compter sur la docilité de son esclave, qu'elle était son ouvrage et qu'il n'avait pas encore oublié par quels moyens il l'avait établie et maintenue.

En descendant de voiture, il monta immédiatement à la chambre de sa femme. Dans le vestibule il rencontra ses enfants qui, comme à l'ordinaire, accouraient pour l'embrasser, mais il les repoussa d'un geste brusque, et ceux-ci, qui étaient habitués à obéir au moindre coup d'œil de leur père, se rangèrent timidement pour le laisser passer.

En le voyant entrer, Mme Friardel comprit, au tremblement de ses lèvres pâles, que le moment de la lutte était arrivé. Depuis le matin elle attendait ce moment avec anxiété, s'excitant au courage, se rappelant les paroles de sa mère alors qu'à son lit de mort elle l'avait chargée de veiller sur Cénéri, priant Dieu de la soutenir et de l'inspirer.

— J'arrive de Condé, dit-il en fermant la porte au verrou.

— Vous m'aviez dit en partant ce matin que vous y alliez, répondit-elle pour tâcher de reculer l'explosion.

— Vous n'aviez pas besoin que je vous le dise pour le savoir, puisque c'est vous qui m'aviez fait appeler chez votre avoué. Disant cela, il s'approcha d'elle, et la saisit brusquement par le poignet.

— Vous êtes donc devenue hypocrite et lâche maintenant? il ne vous manquait plus que cela.

Il lui serra le bras si fortement, qu'elle jeta un cri de douleur.

— Laissez-moi, dit-elle, vous me faites mal.

Mais au lieu de la lâcher, il se pencha sur elle, et il la regarda longuement, comme si de ses deux yeux il voulait la poignarder.

Elle eut peur, et elle crut qu'elle allait

défaillir; mais elle avait sur sa table à ouvrage une petite miniature qui était le portrait de sa mère, et ses yeux en s'abaissant
devant ceux de son mari, rencontrèrent ce
portrait. Il lui sembla que sa mère présente
l'encourageait à se défendre et à sauver
Cénéri.

— Si vous voulez me tuer, dit-elle, je
vous préviens que j'ai déposé en mains sû-
res une lettre pour qu'elle soit ouverte après
ma mort, et, comme un témoin vivant, vous
accuse.

— M'accuse de quoi?

— De m'avoir tuée.

Ce que n'auraient pu faire les plaintes,
les pleurs, les prières, ce mot le fit: Friardel desserra les doigts. Pour que sa femme
en fût arrivée à croire qu'il pouvait la tuer,
il fallait qu'elle eût étrangement changé.
D'où venait ce changement, de quelle époque datait-il, qui l'avait inspiré, cela importait à savoir.

— C'est votre avoué qui vous a mis ces
idées d'assassinat dans la tête, dit-il en ri-
canant; pauvre cervelle qui accepte tout ce
ce qu'on lui donne, girouette qui tourne à
tous les vents!

— Vous voulez bien faire enfermer mon
frère dans une maison de fou alors qu'il
n'est pas fou; pourquoi maintenant ne vou-
driez-vous pas me tuer? Un crime vaut
l'autre.

— Et c'est pour cela que vous demandez
votre séparation de corps; je suis bien aise
de voir quels moyens on a mis en œuvre
pour vous entraîner; il ne fallait rien moins
que cette peur de mourir pour vous pousser à la révolte.

— Il fallait que je fusse certaine que mon
frère, jouissant de sa pleine raison, était
victime de votre cupidité.

— Vous avez cette certitude?

— Je l'ai, et c'est pour cela que je demande ma séparation; je ne resterai pas
plus longtemps unie à l'homme qui est capable d'un pareil crime: je serais sa complice. Quant à la peur de mourir, tuée par
vous, oui, c'est vrai, cette peur est entrée
aujourd'hui dans mon cœur; mais vous me
jugez plus lâche que je ne suis en croyant
que c'est elle qui me fait agir: mourir! ah !
plût à Dieu!

— De sorte que si je laissais sortir votre
frère du Luat, vous abandonneriez votre
demande en séparation. C'est bien ce que
vous voulez, n'est-ce pas?

— Ah! faites cela, s'écria-t-elle dans un
élan passionné.

Et elle releva sur lui ses yeux pleins de
larmes, croyant avoir vaincu, le remords
d'avoir parlé si durement l'attendrissait
déjà; il était, par ces derniers mots, redevenu son mari, le père de ses enfants. Mais
elle rencontra un regard moqueur qui la
glaça comme le froid d'un couteau et lui fit
comprendre qu'il se jouait d'elle.

— Je suis content, dit-il, de voir comme
vous aimez votre frère; ce sera un fil de
plus dans ma main pour vous bien tenir,
car je vous tiendrai, je vous le jure, et vous
ferai marcher droit. Maintenant, assez de
discussion.

Il ouvrit un petit bureau, prit tout ce
qu'il fallait pour écrire, et, l'apportant sur
la table à ouvrage devant laquelle sa femme
était restée assise:

— Ecrivez ce que je vais vous dicter, dit-
il d'une voix sèche et impérieuse.

Machinalement, et avec sa docilité habituelle, elle prit la plume. Il dicta:
« Un mot d'explication avec mon mari
m'a fait comprendre l'erreur dans laquelle
j'étais tombée. Veuillez lui remettre les
lettres que je vous ai confiées, et, par suite,
considérez comme nul le pouvoir que je vous
ai donné. »

La plume levée, elle avait écouté son
mari; à ces dernières paroles elle la posa
sur la table.

— Je n'écrirai pas cela, dit-elle résolûment.

Sans répondre, il s'avança vers elle et lui
prit la main.

— De force ou de bonne volonté, vous
écrirez:

Elle voulut se dégager, il serra plus fort
et la maintint.

Sur un coussin devant la cheminée dormait un petit chien anglais que Cénéri avait
autrefois donné à sa sœur et qu'on appelait
Crispy; il était choyé et caressé de tous, et
les enfants eux-mêmes, par une sorte d'o-
béissance respectueuse pour leur mère, ne
le tourmentaient pas trop. Le bruit des voix

l'avait éveillé; lorsqu'il vit Friardel violenter sa maîtresse, il s'élança contre lui en aboyant. Du bout de sa botte, Friardel le repoussa, mais le chien, exaspéré, non dompté, se jeta sur lui avec fureur et le mordit à la jambe.

— Est-ce que ce chien est fou aussi ? dit-il.

Et d'un coup de pied il le jeta brutalement dans un coin, où le pauvre animal resta à gémir.

— Ecoutez, dit-il en revenant vers sa femme, vous ne voulez pas écrire. C'est bien; mais faites attention que c'est la guerre entre nous

— La guerre lâche et brutale.

— La guerre, la guerre implacable, dans laquelle je vous briserai comme une paille. Vous vous croyez forte parce que vous m'avez volé des lettres; eh bien! qu'est-ce qu'elles prouvent, ces lettres ?

— Que cette femme est votre maîtresse, et que je suis « une bête à pain »; n'est-ce pas assez?

— Ce n'est pas cette lettre qui prouve cela, c'est vous; vous qui, me connaissant et connaissant mieux que personne mes relations et mon influence, avez pu croire que le tribunal de Condé accueillerait votre demande.

— Alors, que vous importe, et pourquoi vous met-elle dans cette colère honteuse, si d'avance vous savez qu'elle sera repoussée?

— Ceci est mon affaire, et je ne vous ai pas habituée à m'interroger. J'ai mes raisons pour vouloir que vous renonciez immédiatement à votre sotte demande, cela doit vous suffire.

— Rendez la liberté à mon frère.

— Jamais; non seulement il ne sortira pas du Luat, mais je vous y ferai enfermer aussi: lui aux hommes, vous aux femmes, et si ce n'est pas assez, votre père ira vous rejoindre tous deux. Qui donc vous a fait croire qu'on me résistait? Vous, vous au travers de mon chemin! Je vous donne une heure pour réfléchir et céder. N'oubliez pas que vous êtes dans ma main, vous, votre frère, votre père, vos enfants. Femme sensible, il fallait commencer par

vous arracher le cœur, si vous vouliez lutter.

Il sortit, mais à peine avait-il tiré la porte qu'il la rouvrit pour chasser devant lui le petit chien qui se sauva craintivement, la queue entre les jambes, les oreilles collées sur le cou.

Mme Friardel respira. Eh quoi! ce n'était pas plus difficile que cela d'avoir du courage! La bataille avait été rude, mais combien moins douloureuse encore que pendant ces huit longues années ne l'avait été la résignation de tous les jours! Les enfants? il menaçait de la faire obéir par ses enfants; mais Pioline avait dit que dans la séparation de corps les enfants étaient confiés à celui des époux qui obtenait la séparation.. Son père, son frère? que pouvait-il contre eux en ce moment? Elle, elle seule était exposée, mais cela importait peu; elle pouvait bien souffrir pour que Cénéri fût sauvé. Plus elle réfléchissait, plus elle s'affermissait dans sa résolution; elle ne céderait pas.

Tout à coup retentit l'explosion d'un fusil, suivie immédiatement des gémissements d'un chien. A la voix elle crut reconnaître son petit Crispy. Elle ouvrit la fenêtre: sur la pelouse, Crispy se traînait ensanglanté; le train de derrière seul avait été atteint, et il se tordait agonisant, sans pouvoir avancer. A quelques pas, un garde rechargeait son fusil.

— Pierre, s'écria-t-elle, c'est vous!

— Madame, c'est M. le baron qui m'a dit de le tuer, parce qu'il était enragé; mais la main m'a tremblé. Pauvre petite bête!

Friardel parut au bout d'une allée, les yeux tournés vers le balcon; elle referma vivement la fenêtre et se boucha les oreilles avec les deux mains pour ne pas entendre. Mais une détonation sourde la souleva. C'était là le commencement de la guerre; on tuait ce chien parce qu'elle l'aimait. Cette méchanceté lâche, au lieu de l'affaiblir, l'exaspéra.

S'il avait si rapidement commencé les hostilités, elle devait s'attendre à ce qu'il ne s'en tiendrait pas là. Maintenant qu'allait-il inventer? C'était ce qu'elle se demandait avec inquiétude, moins par épouvante que pour n'être pas prise à l'imprévu, quand la vieille Fanny entra dans sa chambre les yeux rouges, la figure bouleversée. A son service depuis huit années, Fanny avait élevé tous les enfants que Mme Friardel avait elle-même nourris; c'était plus qu'une domestique, c'était presque une amie, et depuis l'installation de Forster au château, c'était une confidente, une consolatrice.

— Eh bien, Fanny, qu'y a-t-il donc?

— Ah! Madame, ce n'est pas possible, n'est-ce pas? M. le baron me renvoie, il veut que dans une heure je sois partie; je n'ai rien dit, pas même quand on a tué le petit chien; pauvre Crispy! Seulement quand Monsieur m'a annoncé qu'il fallait partir, j'ai répondu avec respect que je ne partirais pas. Il m'a menacée d'envoyer chercher les gendarmes. Les gendarmes pour moi qui ai élevé les enfants. N'est-ce pas que c'est impossible?

Au contraire, c'était possible. Ce fut ce que Mme Friardel expliqua.

— Ah! Madame, quand vous serez toute seule, il vous empoisonnera.

— Fanny, ne parlez pas ainsi, car moi aussi je me fâcherais. Partez, allez chez ma belle sœur et restez-y jusqu'à la fin de ma lutte contre mon mari. Je vais vous donner une lettre, vous serez bien accueillie. Si je triomphe, vous rentrerez ici; si je succombe, vous pourrez venir près de moi, puisque je serai libre, mais je ne succomberai pas: tout ce qui se passe me prouve combien il a peur de cette séparation.

C'était pour s'encourager et s'étourdir qu'elle se répétait: « Je ne succomberai pas »; mais au fond du cœur elle était dans une horrible angoisse; par la mort du chien, par le renvoi de Fanny, elle sentait que, si son mari cédait, ce ne serait qu'après avoir épuisé tous les moyens d'intimidation et de torture.

Fanny avait quitté la chambre de Mme Friardel depuis un quart d'heure à peine, quand Mme Forster se fit annoncer.

Cette femme chez elle en ce moment! Son premier mouvement fut de fermer sa porte; mais un éclair de réflexion lui fit comprendre qu'il valait mieux la recevoir;

elle ne venait pas sans motif; la repousser, c'était rester livrée aux craintes de l'inconnu.

Ordinairement l'abord de mistress Forster était hautain et froid, mais dans la circonstance présente elle avait encore exagéré sa froideur; la tête haute, les yeux voilés, les lèvres pincées, les bras collés contre le corps, marchant d'un grand pas mécanique, elle donnait assez bien l'idée d'une jeune et austère puritaine qui vient d'être outragée par la légèreté française.

— Madame, dit-elle d'une voix brève, je viens de voir monsieur votre mari.

Mme Friardel ne sourcilla pas.

— Il m'a dit vos intentions et sur quels soupçons outrageans pour moi, ridicules pour tous, vous comptiez appuyer votre procès.

Décidée à ne pas répondre, Mme Friardel garda la même attitude. Devant ce dédain, mistress Forster perdit un peu de son assurance.

— Il m'a parlé de je ne sais quelles lettres; je ne vous demande pas comment vous avez pu vous les procurer, il me répugnerait de connaître vos moyens. Naturellement j'ignore le contenu des lettres de M. Friardel, mais la convenance de toutes celles qu'il m'a écrites, m'autorise à croire qu'elles sont parfaitement innocentes; quant aux miennes, je défie la malignité la plus perverse de leur donner une interprétation fâcheuse.

Il était à croire que Mme Friardel allait se récrier; elle ne remua pas les lèvres, elle ne releva pas ses yeux, qu'elle tenait attachés sur le parquet. Mistress Forster devait donc sortir ou continuer. Elle continua.

— Ce que je vous dis là n'a pas pour but de me disculper; une femme comme moi est au-dessus du soupçon; d'ailleurs, l'approbation de ma conscience et l'estime de mon mari me suffisent. J'agis dans votre intérêt, pour votre tranquillité, poussée par le souvenir de notre ancienne amitié. Je ne veux pas que, quand je vais être loin de vous, vous puissiez croire que la femme chargée de veiller sur vos enfants n'est pas une femme irréprochable.

Enfin elle avait trouvé le mot qui devait de force desserrer les lèvres de Mme Friardel.

— Mes enfants! s'écria celle-ci.

— Oui, je les emmène en Angleterre; M. Friardel ne veut pas que leurs oreilles puissent être effleurées par la plus légère parole ayant rapport à ce procès. Gontran est déjà grand, Valentine a l'intelligence ouverte, il ne faut pas qu'ils puissent juger leurs parents. Je les tiendrai à l'abri du scandale que vous allez soulever, soyez tranquille.

Mme Friardel écoutait stupéfaite, hébétée, se demandant si elle avait sa raison, se déchirant les mains avec ses ongles pour être certaine qu'elle était éveillée.

Sans en entendre davantage, elle se leva et courut à la chambre des enfants qui n'était séparée de la sienne que par un cabinet de toilette.

— C'est inutile, dit mistress Forster, ils sont partis depuis un quart d'heure.

Mme Friardel s'arrêta. Partis! Il lui enlevait ses enfants. Et Lucienne qui le matin paraissait menacée d'une éruption. Partis! et cette femme allait devenir leur mère.

Pour avoir voulu être rude et décisif, le coup était maladroit. Si les enfants étaient venus lui dire: « Maman, nous partons, adieu, embrasse-nous », elle se fût traînée à genoux pour les garder, elle eût prié, supplié, elle eût accordé dix fois, cent fois plus qu'on ne lui demandait; mais les lui enlever ainsi, ce n'était pas possible. Il y avait là un piége grossier dans lequel on voulait la faire tomber. Quelle joie pour mistress Forster d'avoir pu surprendre son émotion et ses craintes! Ses enfants partis pour l'Angleterre, cela était tellement monstrueux que c'était invraisemblable. Ils étaient là, à quelques pas sans doute, à faire une promenade en voiture dans le parc; ils allaient revenir dans quelques minutes. Brusquement elle s'assit.

— C'est bien, dit-elle en s'efforçant de parler avec calme, il vaut mieux en effet qu'ils ne connaissent jamais les scandales de ce procès. Si bas que tombe une femme d'ailleurs, elle respecte toujours l'innocence d'un enfant. Vous pouvez les rejoin-

dre; j'attendrai que la loi me les rende: ce ne sera pas long.

A son tour mistress Forster demeura interdite; on ne lui avait pas dit, elle n'avait pas cru que l'entretien tournerait ainsi. Que faire maintenant? Elle se leva, car les regards de Mme Friardel, fixés sur elle, la gênaient cruellement, et, sans un mot de plus, elle sortit.

Il était temps; Mme Friardel était à bout. Seule, elle put éclater et pleurer à son aise. Partis! partis! Son cœur se fondait. Pendant une heure elle n'arrêta ses larmes que pour écouter si elle n'entendait pas rouler la voiture qui lui ramenait ses enfants. Ils ne revenaient pas. L'inquiétude la prit, et, sans oser se préciser ses craintes, elle voulut interroger les domestiques; en les faisant parler, peut-être apprendrait-elle quelque chose.

Comme elle se dirigeait vers l'écurie, elle aperçut le curé de Cinglais qui entrait au château. Elle voulut l'éviter, car elle n'était guère en disposition de recevoir une visite; mais il l'avait vue, et il venait à sa rencontre.

C'était un bonhomme de soixante-deux à soixante-cinq ans, surnourri, couperosé, excellent prêtre d'ailleurs, modeste, indulgent et charitable, une vraie boîte à lettres pour les péchés, ne gardant rien de ce qu'on lui confiait et ne voyant dans la direction des femmes que des pénitences à imposer.

— Je voudrais vous entretenir quelques instants en particulier, dit-il en abordant Mme Friardel d'un air embarrassé.

Elle le fit entrer dans le petit salon du rez-de-chaussée.

— Ma chère dame, dit-il assez bravement, car il était dans son caractère de traiter rondement toutes les affaires, j'ai reçu il y a un quart d'heure la visite de M. le baron, il m'a appris une nouvelle désolante. Vous voulez demander votre séparation de corps; comme votre directeur, j'ai le droit d'être surpris que vous ayez pris une pareille détermination sans m'en parler; comme votre curé, je suis affligé du scandale qui va se produire. Vous, madame la baronne, qui donniez l'exemple de toutes les vertus; vous qui...

— Mieux que personne, dit-elle en interrompant ce sermon qui menaçait d'être long, vous savez ce que j'ai souffert. J'aurais pu souffrir dix ans encore, peut-être. Les saints martyrs que nous honorons n'ont trouvé la force de supporter leur supplice que parce qu'ils se dévouaient à leur foi; moi, monsieur le curé, qui ne suis qu'une pauvre femme, si je trouve la force en ce moment d'affronter les dangers dont on me menace, c'est que je la puise aussi dans le dévouement. Seule, vous me verriez faible et lâche, telle que j'ai toujours été.

A ce discours peu intelligible, le curé répondit par les grands mots de résignation, de femme chrétienne, de bonheur des élus...

Une fois encore elle l'interrompit, car toutes ces paroles, en ce moment, ne disaient rien à son cœur, et, de plus, elles l'empêchaient d'écouter ce bruit de voiture qu'elle attendait si anxieusement.

— C'est M. Friardel qui vous a chargé de me faire abandonner ma demande.

— Chargé n'est pas le mot propre; à vrai dire, il ne m'a chargé de rien, il m'a annoncé vos dispositions avec désolation, et j'ai cru comprendre qu'il serait heureux de me voir prendre l'initiative d'une intervention pouvant ramener entre vous la paix et la concorde, alors j'ai...

— Eh bien, monsieur le curé, n'insistez pas; le meilleur moyen pour que cette séparation n'aille pas plus loin, c'est que je persiste, quoi qu'il arrive, à la demander; et si j'ai cette force jusqu'au bout, elle n'aura pas lieu, je l'espère.

— Mon Dieu! se dit le curé en retournant chez lui, est-ce que Mme Friardel aurait aussi la tête dérangée comme son pauvre frère? Ce serait une affection de famille. Quel malheur! mon Dieu, quel malheur! Il est vrai qu'elle a tant souffert. Cette protestante a empoisonné le pays de son souffle pernicieux.

Quand la cloche du dîner sonna, les enfants n'étaient pas encore revenus, et Mme Friardel attendait, en proie à une fièvre violente, incapable de former une idée précise et de la suivre. Elle avait interrogé les domestiques, ils ne savaient rien, le cocher n'avait pas dit quand il rentrerait. Est-ce que vraiment ils étaient partis pour l'Angleterre? Mais on n'avait emporté aucune de leurs affaires. Oh! non, c'était impossible. Et cependant pourquoi n'arrivaient-ils pas?

N'étant pas descendue à l'appel de la cloche, elle vit entrer son mari dans sa chambre.

— Vous ne dînez pas? dit-il d'une voix presque douce.

Sans répondre elle secoua la tête, car le seul mot qui en ce moment eût pu sortir de ses lèvres, était « les enfants »; et ce mot c'était la soumission.

— Je comprends, continua-t-il, que vous ne pensiez pas à dîner; moi-même je n'y pense guère, car les circonstances que nous traversons sont graves pour tous deux, douloureuses, et pour moi plus douloureuses que pour vous.

Elle leva sur lui son regard navré.

— Oui, cela est tel que je vous le dis, car quoi qu'il arrive, que vous obteniez votre séparation ou que votre frère sorte du Luat, je suis également perdu.

— Perdu, vous!

— Vous me croyez riche, je suis ruiné; ma fortune est engloutie, la vôtre est engagée; voilà pourquoi je voudrais ne pas payer immédiatement les 400,000 fr. que je dois à votre frère. Il n'eût pas été fou, sans doute je me serais exécuté.

— Il ne l'est pas, vous le savez bien.

— Malheureusement il l'est; il l'est pour tout le monde, pour les médecins, pour les magistrats, et cet argent va être dévoré, gaspillé par cette femme. Entre mes mains, au contraire, il nous sauve. Personne ne soupçonne ma situation embarrassée. Voici les élections; je suis presque certain de me faire nommer député. Une fois député, je rétablis mes affaires. Pourquoi ne serais-je pas ministre? Vous savez que j'ai toujours réussi dans ce que j'ai voulu. Ministre, la fortune est à nous. Gontran, substitué à votre père, devient comte d'Eturquerais; nos filles font de beaux mariages. Tout cela est dans ces quatre cent mille francs que je ne veux pas m'approprier, mais dont je voudrais seulement retarder l'échéance.

Ah! Louise, est-ce vous qui allez me perdre, quand vous n'auriez qu'à écouter votre cœur pour me sauver?

Etait-il donc sincère? Elle le regarda: leurs yeux se rencontrèrent; pour la première fois il baissa les siens.

— Les enfants? dit-elle.

— Ils reviendront demain.

— Demain, s'écria-t-elle; il est donc vrai que vous les avez confiés à cette femme; mes enfants, mes filles, sont près d'elle. Le père capable de cela est capable de tout. Vous me trompez, vous mentez maintenant. Après avoir voulu me prendre par la peur, vous essayez de me prendre par la pitié. Après le drame, la comédie.

La fureur l'emporta sur la ruse.

— Misérable! s'écria-t-il en s'avançant contre elle le bras levé.

— Frappez, si vos coups marquent, ce sera une nouvelle preuve pour les juges.

Il ne frappa point. Pour la première fois de sa vie la colère l'avait entraîné, mais sa nature froide et raisonnante reprit vite le dessus.

— Puisque vous ne voulez pas dîner, dit-il, couchez-vous, cela vous fera du bien.

Sur ce mot insolent, il sortit et ferma la porte à double tour.

XX.

Le samedi, à midi, en chambre du conseil, le tribunal rendait un jugement ordonnant la sortie immédiate de Cénéri. Et à midi un quart, contre le désistement de la demande en interdiction, Pioline remettait à Friardel les deux lettres qui avaient eu le pouvoir d'accomplir en quatre jours ce que n'avaient pu faire en plusieurs semaines avoués, médecins, ministres et magistrats.

— Après notre conférence de mercredi, dit Pioline de son air le plus doux, j'ai eu des remords: quatre jours seulement pour ce que nous vous demandions, c'était peu, et j'ai eu envie de courir après vous; ce qui m'a arrêté, c'est la pensée que, pour des hommes de la valeur et de l'activité de M.

le baron, rien n'est impossible, je ne me trompais pas.

Friardel avait la défaite rageuse.

— Nous nous retrouverons, dit-il en jetant au feu les lettres qu'il regarda brûler et dont il remua les cendres.

— Ce sera un bonheur pour moi.

Une voiture attelée des deux meilleurs chevaux de l'écurie attendait Cyprienne et Hélouis au bas de l'escalier du tribunal; les sept lieues qui séparent Condé-le-Châtel du Luat furent franchies en moins d'une heure et demie.

Dès midi, Cénéri, en proie à une douloureuse anxiété, n'avait pu rester dans son pavillon, et il avait fait demander à l'abbé Battandier la permission d'attendre dans son cabinet. Cette permission avait été gracieusement accordée, si bien que quand Cyprienne précédant Hélouis ouvrit la porte de ce cabinet, ce fut Cénéri lui-même qui la reçut dans ses bras.

Quelle joie! mais l'abbé était présent, il fallait se contenir.

— Eh bien! monsieur l'abbé, dit Cénéri triomphant, croyez-vous maintenant que j'aie ma raison?

— Je crois aujourd'hui au jugement qui ordonne votre sortie, comme j'ai cru naguère au certificat du docteur Gillet qui demandait votre entrée.

Cyprienne avait voulu lui faire une surprise; elle avait commandé un dîner de cérémonie, et quand, après trois semaines d'absence, il entra dans son salon, il y trouva d'Ypréau arrivant exprès des courses de Tours avec de Sainte-Austreberthe, de Plouha et quelques amis du voisinage; enfin dans un coin Pioline, dont la mine mécontente faisait contraste avec la satisfaction générale.

— Qu'avez-vous donc, mon cher confrère? demanda Hélouis en lui tendant la main.

— Je ne suis pas votre confrère, je ne suis même pas digne d'être votre saute-ruisseau, je ne suis qu'une bête et un maladroit.

— Grand Dieu! qu'avez-vous fait?

— Pendant que je tenais le baron, je n'ai pas pensé à lui dire de m'apporter le cousentement à mariage de M. d'Eturquerais père. Est-ce assez stupide? je mérite la corde. Un homme qui rapporte si bien et qui exécute si rapidement tout ce qu'on lui demande! Demain vous auriez pu faire la première publication.

— Nous irons le demander nous-même, et si le comte refuse, nous aurons recours aux sommations; d'ailleurs, nous y étions décidés. Consolez-vous.

— Jamais; je vous assure que je suis une triple bête.

On allait se mettre à table lorsqu'un domestique remit à Cyprienne une lettre qui, au dire du porteur, était très pressée. Celle-ci, après l'avoir lue, appela Cénéri.

— Voici une lettre que Mme Friardel m'adresse. Lis:

« Ma chère sœur,

» A l'heure où vous recevrez cette lettre, Cénéri rentrera sans doute dans sa maison. J'aurais été heureuse de prendre part à votre joie; mais, puisque cela m'est impossible, je veux au moins vous dire que mon cœur est avec vous. Si vous pouvez voler cinq minutes à votre bonheur, écrivez-moi quelques lignes, afin que je sache comment il a supporté cet emprisonnement. Vous voudrez bien les remettre à mon commissionnaire, dont je suis sûre, car la poste, surveillée, ne fait pas de service pour moi.

» Croyez à toute l'affection et recevez les embrassements

» De votre sœur dévouée
» LOUISE.

» Il serait ridicule d'avoir mauvaise honte avec vous; je vous prie donc de récompenser mon commissionnaire dont je me servirai encore. »

Les yeux de Cénéri et de Cyprienne se rencontrèrent, et le même mot de pitié leur monta aux lèvres.

— Mme Friardel sort-elle quelquefois seule dans le parc? demanda Cénéri, en mettant un louis dans la main du paysan qui avait apporté cette lettre.

— Des fois oui, des fois non.

— Eh bien! dites-lui qu'elle tâche de se trouver demain à deux heures dans le pavillon qui est au coin de la route de Cinglais et de la rivière; si elle ne peut pas venir demain, qu'elle vienne après-demain; si elle ne peut pas après-demain, qu'elle m'écrive et me fixe elle-même son jour et le lieu du rendez-vous.

Le dîner fut très gai; chacun semblait vouloir déployer tout ce qu'il avait d'entrain. Lorsqu'on passa au salon pour prendre le café, on trouva installé devant la cheminée, se chauffant le dos avec majesté, un gros bonhomme en toilette, qui paraissait menacé d'apoplexie dans son habit trop étroit.

— Monsieur le maire du Camp Héroult, dit Cénéri en le présentant à ses convives qui le regardaient comme une bête curieuse, l'hippopotame ou le bœuf gras.

— En ma qualité de premier magistrat de cette commune, dit le père Bridoux en serrant les mains de Cénéri, j'ai voulu être le premier à vous adresser mes félicitations. Jamais je n'ai douté que justice serait rendue à votre raison... hum! à votre... enfin je suis heureux que cela n'ait pas tardé plus longtemps. Par ma femme, je savais qu'on travaillait activement à votre délivrance, car les femmes, si j'ose m'exprimer ainsi et parler d'un sexe sans lequel l'humanité serait bien peu de chose (il fit une belle révérence du côté de Cyprienne), les femmes sont curieuses. Il ne convenait ni à ma dignité d'homme, ni à mes fonctions, de chercher à savoir, malgré mon désir, où en étaient vos affaires. Mais hier, pas plus tard qu'hier, est-ce assez curieux? je rencontre M. le baron Friardel. La situation était grave, je dirai même, sans exagération, importante. Naturellement je ne lui dis rien, mais lui, m'ouvre la voie.

A ce moment, l'hilarité, jusqu'alors difficilement contenue, éclata.

— Parfait, monsieur le maire, parfait, s'écria d'Ypréau.

Mais le maire, la bouche ouverte, les bras tendus, resta longtemps sans comprendre; puis tout à coup se donnant une claque sur la cuisse:

— Messieurs, pardonnez-moi, je vous assure que je ne l'ai pas fait exprès.

— Nous en sommes convaincus.

— Je marchais donc à côté de M. le baron, lorsqu'il me dit:—« Vous voyez en moi un homme bien pressé, je cours partout pour faire mettre en liberté mon beau-frère, et j'ai l'espérance de réussir. » — N'est-ce pas, Messieurs, que les beaux sentiments remuent toujours l'âme; moi, ces paroles me cassent bras et jambes. Alors, je lui dis: — « Monsieur le baron, vous avez des difficultés avec votre beau-frère, je comprends ça; les affaires sont les affaires, soyez ferme avec lui, c'est bien, soyez de pierre, ne pliez pas, mais faites-lui des concessions; ne lui accordez rien de ce qu'il vous demande, c'est parfait, mais ne lui refusez rien; bref, soyez un homme. Seulement, quant aux démarches que vous faites en ce moment, c'est beau, c'est noble. » Et j'ai voulu que vous connaissiez ces démarches, afin que vous sachiez quelle a été la part de M. Friardel dans votre délivrance. Pour moi, Messieurs, voilà un homme, et si jamais il se présente à nos suffrages, il aura ma voix.

En écoutant cet éloge, Cénéri, qui avait commencé par rire, fronça le sourcil; il allait répondre quand d'Ypréau intervint.

— Il est bien naturel que vous donniez votre voix à celui qui a trouvé celle de votre cœur, dit-il en riant au nez du maire ébahi.

On se sépara sous cette impression de douce gaîté.

Il avait été décidé entre Hélouis et Cénéri qu'ils feraient une visite à M. d'Eturquerais père pour lui demander une dernière fois son consentement au mariage. Cénéri s'était d'abord refusé à cet arrangement; mais il avait fini par céder aux prières de Cyprienne et aux explications d'Hélouis, celui-ci d'ailleurs promettant de l'accompagner.

Lorsqu'ils arrivèrent au château d'Angerville, ce fut Mlle Arsène qui les reçut. Elle parut très fâchée de ne pas pouvoir laisser ces messieurs pénétrer auprès de M. le comte, mais M. le comte reposait, et il avait défendu qu'on le dérangeât: les défaites et les prétextes qu'elle avait si souvent employés avez Cénéri.

— Mademoiselle, dit Hélouis sans se mettre en colère, je vois que vous ne me connaissez pas. Je suis avoué, vous savez ce que c'est qu'un avoué, n'est-ce pas? c'est un homme qui a pour mission d'organiser les procès. Eh bien! en ma qualité d'avoué, je dois vous prévenir qu'en voulant trop bien garder M. le comte d'Eturquerais vous jouez un jeu dangereux pour vous, car si M. le comte vous a fait quelque avantage dans son testament, ce que, pour notre part, nous ne blâmons pas, au moins dans une mesure raisonnable, vous vous exposez à ce que ce testament soit attaqué et cassé pour captation. Captation est un mot qui veut lire complot de ruses et d'artifices pour obtenir un legs.

Arsène se défendait très fort de garder le comte; assurément, il était bien le maître dans sa maison; ce n'était pas elle, une pauvre servante, qui pouvait empêcher un père de voir son fils, et la preuve, c'est que, malgré les ordres reçus, elle voulait aller tout de suite lui demander s'il était en état de recevoir.

Ils trouvèrent le vieillard dans un fauteuil devant le feu, les pieds sur une chaufferette: une barre en bois réunissant les deux bras du fauteuil, comme dans les chaises d'enfant, était placée là pour l'empêcher de tomber en avant.

De sa dernière visite Cénéri avait gardé une douloureuse impression; mais combien la réalité fut plus triste encore qu'il n'avait pu la prévoir! M. d'Eturquerais avait maigri au point de flotter dans ses vêtements trop larges; sa taille s'était voûtée, et sa bouche demeurait toujours entr'ouverte. Il leva sur eux ses yeux éteints et rentrés comme s'ils étaient vides, mais il ne reconnut pas son fils.

— Messieurs, dit-il, veuillez vous asseoir.

Et comme Cénéri voulait lui expliquer le but de sa visite.

— Attendez, dit-il; il faut que je fasse venir ma femme de charge, mon intendante; c'est elle qui me sert de truchement, parce que j'ai l'oreille un peu dure; vous lui direz ce que vous avez à me communiquer, et elle me le répétera. Je suis habitué à sa voix, j'entends tout ce qu'elle me dit; c'est très commode.

— Vous entendrez bien ma voix, mon père.

— Pourquoi m'appelez-vous votre père? vous n'êtes pas mon fils. J'avais un fils, mais il est fou. C'est un grand malheur. Jeunes gens, que cela vous serve d'exemple: c'est l'amour que mon fils a pris pour une femme indigne de lui qui l'a perdu.

Arsène, au bruit de la sonnette, arriva.

Cénéri s'était déjà levé pour sortir; mais Hélouis le retint.

— Nous venons vous demander votre consentement pour le mariage de votre fils, qui est guéri, dit-il à haute voix.

Arsène répéta fidèlement cette phrase.

— Le mariage de mon fils, dit-il, ah! oui; moi, je ne sais pas; il faut demander à Friardel; s'il veut, je veux bien. M. le baron Friardel, le mari de ma fille, au château de Cinglais; tout le monde vous indiquera le chemin.

Ce fut tout ce qu'ils en purent tirer. Les sommations furent décidées.

Cénéri avait arrangé sa visite à son père de manière à se trouver, en revenant, au rendez-vous qu'il avait fixé à sa sœur. A deux heures moins quelques minutes, ils arrivaient devant le pavillon du parc de Cinglais: Mme Friardel était à la fenêtre qui ouvre sur la grande route. Elle lui fit signe de longer la muraille et de ne pas descendre de voiture: elle dans le pavillon, eux dans la voiture, ils étaient à la même hauteur et ils pouvaient se toucher la main.

— Je voudrais bien t'embrasser, dit-elle avec un accent maternel, mais je n'ose pas. Il peut arriver d'un instant à l'autre; comme cela au moins une explication est impossible entre vous deux.

— Malheureusement.

— A quoi bon? elle ne pourrait être qu'une source de chagrins pour moi: tu ne le veux pas?

— Je veux te remercier de ton dévouement, si remercier est possible pour ce que tu as fait. Comme tu as dû souffrir!

— J'ai pensé à notre pauvre maman; son souvenir m'a soutenue.

— Bien que les lettres soient anéanties, dit Hélouis intervenant, la séparation est encore possible; je me charge...

— Non, jamais; je ne veux pas qu'un jour, quand ils seront grands, mes enfants aient à juger leur père ou moi.

Puis, tout de suite, s'adressant à son frère comme si elle avait hâte de chasser cette idée et d'échapper à une tentation:

— Aime bien ta femme, elle le mérite. Amène-la-moi demain ici à la même heure avec ton fils, que je l'embrasse. Demain je serai plus tranquille, il sera en voyage; aujourd'hui, j'ai peur.

Cénéri lui tendit la main.

— Qu'est-ce donc que tu as dans la main? demanda-t-elle.

— Le post-scriptum de la lettre d'hier nous a désolés; toi dans cette position, ma chère Louise; accepte, je t'en prie, ce billet de 1,000 fr.

— Oh! je veux bien; tu me sauves même d'un grand embarras, car j'ai des dettes.

— Toi, des dettes!

— Oui, je dois au boulanger, au boucher et au marchand d'étoffes. A demain!

— Voilà une honnête femme, dit Cénéri en mettant ses chevaux au trot, qui a plus de cent mille francs de rente et qui n'a pas un sou à elle; pour ses charités, elle fait des dettes chez les marchands. Quel homme que ce Friardel!

Les formalités des actes respectueux à adresser au comte d'Eturquerais exigeaient un délai de trois mois avant la célébration du mariage.

Malgré l'impatience de Cyprienne, qui avait une hâte bien légitime de se voir à l'abri de toute attaque, ce temps se fût écoulé encore assez rapidement si de nouvelles inquiétudes n'étaient venues la tourmenter.

Pendant les premiers jours du retour de Cénéri au Camp Héroult, elle n'avait point trouvé de changement dans son humeur et son caractère. D'ailleurs, tout entier au plaisir d'être libre, il restait peu à la maison, courant à Condé pour ses affaires, visitant ses terres et ses bois, surveillant ses chevaux dont le travail avait été négligé. Mais peu à peu cette activité s'était usée, et alors, petit à petit, elle avait cru remarquer qu'il n'était plus le même homme qu'avant son emprisonnement au Luat.

Le propre de sa nature avait toujours été de prendre les choses par le bon côté et de rire de tout; combien elle fut surprise de le voir s'inquiéter pour la plus légère contrariété qui le troublait durant des journées entières!

En même temps il montrait une susceptibilité qu'il n'avait jamais eue, et sa bienveillance, son indulgence, qui allaient souvent jusqu'à la faiblesse, faisaient place à une irritabilité querelleuse; excitable au premier mot, il s'emportait contre tous ceux avec lesquels il avait affaire, bousculant ses domestiques, se disputant avec les paysans.

Autrefois décidé et résolu, il montrait maintenant une indécision inexplicable, s'arrêtant tout à coup au milieu d'une occupation ou d'une conversation comme s'il avait oublié ce qu'il était en train de faire, ou comme s'il ne savait plus ce qu'il devait dire: alors ses yeux se perdaient dans le vide et ses lèvres s'agitaient rapidement sans former des paroles.

Ses nuits aussi étaient mauvaises, et en s'éveillant il se plaignait d'intolérables douleurs à la tête; pendant son sommeil, son visage prenait une expression douloureuse; il était agité de secousses nerveuses, de soubresauts; il gémissait, il se débattait.

Il y avait, dans cet état de trouble général, de quoi inquiéter Cyprienne. Autrefois elle avait vu son père se plaindre de terreurs paniques, de spasmes, de malaises qui au premier abord simulaient toutes les maladies, ne pas dormir, ne pas manger; mais son père souffrait de l'estomac, c'était un hypocondriaque, disaient les médecins, tandis que Cénéri, ses maux de tête exceptés, ne souffrait pas physiquement et ne se plaignait pas.

Sur ces entrefaites, elle devint enceinte, et, comme il avait toujours désiré un second enfant, elle crut qu'à cette nouvelle il allait ressentir une grande joie qui, dans son vol puissant, emporterait toutes ces tristesses. Il se montra, au contraire, désespéré:

— Ce sera un malheureux de plus, dit-il en pleurant; c'était déjà bien assez de notre pauvre petit Henriot...

A partir de ce moment, sa mélancolie vague se précisa: il ne parla plus que des malheurs qui attendaient cet enfant.

— Il n'échappera pas à Friardel, disait-il lui et Henriot seront désormais ses victimes...

Elle essayait de le rassurer, mais il ne voulait rien entendre et ne souffrait pas la contradiction: — « Je dis qu'on n'échappe pas à Friardel; il n'y a qu'un refuge, c'est dans la mort. »

Elle était épouvantée, et elle eût voulu consulter un médecin; mais comment? Au seul mot de médecin prononcé par hasard, il montrait une frayeur d'enfant, et alors pendant des heures entières il parlait du Luat, de M. d'Auvers, du capitaine Bourdon, de ses souffrances, de ses hallucinations.

— Si jamais je devenais fou, disait-il, si un de nos enfants le devenait, jure-moi que tu ne nous ferais pas mettre dans un asile d'aliénés: ceux qui ne sont pas fous le deviennent, ceux qui le sont ne guérissent pas: on ne doit mettre dans les asiles que ceux qui n'ont personne pour les aimer et les soigner; encore vaudrait-il mieux les tuer; quand on est mort on est guéri, tout est fini, plus de Friardel à craindre; ainsi si j'étais mort, moi, si Henriot était mort, tu serais tranquille, Friardel ne te poursuivrait jamais.

Il était évident que sa raison avait été attaquée par son emprisonnement dans l'asile du Luat, il fallait bien que Cyprienne le reconnût. Pour se rassurer, elle se disait que c'étaient les dernières secousses qui persistent toujours après un grand ébranlement, et que le temps les affaiblirait progressivement.

Mais le temps, au lieu d'améliorer son état, semblait l'aggraver: il ne dormait presque plus; il se levait, marchait par la chambre durant des heures, ou bien, s'habillant, il allait en pleine nuit se promener dans les bois; pendant les courts instants où il dormait un peu, il rêvait haut, prononçant de longues phrases inintelligibles, dans lesquelles toujours et à chaque instant revenait le nom de Friardel.

Une nuit, Cyprienne qui, elle aussi, ne dormait guère, fut éveillée par un bruit de musique. En écoutant, elle reconnut les accords du piano qui était dans le cabinet de travail de Cénéri. Elle se leva et courut sans bruit vers cette pièce. Assis devant le piano, il chantait, en s'accompagnant, la prière de *Moïse:*

> O toi que tout révère
> Aux cieux et sur la terre,
> Ecoute ma prière,
> Protège tes enfants!

Tout à coup, il se jeta à genoux et joignit les mains; drapé dans une robe de flanelle blanche, les cheveux et la barbe rasés, on eût dit un moine en extase.

— Mon Dieu, dit-il d'une voix tremblante, ayez pitié de mon petit Henriot, sauvez-le, sauvez sa mère et livrez-moi Friardel.

Cyprienne, à la porte, n'osait entrer; elle retenait les sanglots qui l'étouffaient.

— Oui! s'écria-t-il, vous me le livrez.

Courant à une panoplie, il prit une épée et jeta au loin sa robe de chambre.

— Défendez-vous!

Il se mit à tirer au mur. Puis, après quelques secondes, se tournant vers sa tête moins, qu'il voyait près de lui, comme devant il voyait son adversaire:

— Où faut-il le frapper? Au cœur, n'est-ce pas, capitaine? Eh bien! meurs, misérable!

Et il se fendit d'un coup droit.

Cyprienne, éperdue, courut à lui et le saisit fortement dans ses bras. Il laissa tomber son épée, puis, après un long moment de silence:

— Je rêvais que je tuais Friardel. Ah! cela me faisait du bien.

Il était inondé de sueur, haletant. Elle le fit coucher; il se laissa faire comme un enfant et dormit jusqu'à midi avec calme. C'était à croire qu'il était à jamais débarrassé du cauchemar qui l'oppressait depuis un mois.

Cependant les formalités pour arriver au mariage suivaient leur cours; le troisième acte respectueux avait été signifié au comte d'Eturquerais, et il n'y avait plus que trois semaines à attendre; le jour était fixé; Hélouis avait envoyé le modèle du contrat.

Sans avoir retrouvé son ancienne bonne humeur et son égalité de caractère, Cénéri était plus tranquille; il ne parlait plus aussi souvent de Friardel, et ses idées de persécution semblaient perdre beaucoup de leur intensité. Il caressait Henriot comme autrefois, et, en parlant de l'enfant à naître, il se laissait aller à faire des projets: « Ce sera une fille, elle te ressemblera. »

Sans doute lorsque le mariage serait accompli, comme il n'aurait plus de cause d'impatience et d'inquiétude, il redeviendrait tel qu'il avait toujours été. Cyprienne renaissait à l'espérance: encore quelques jours, ils n'auraient plus rien à craindre de Friardel.

Un matin qu'elle était seule dans sa chambre, Henriot étant sorti avec son père, elle fut surprise d'entendre au rez-de-chausée un bruit de voix étouffées et de murmures. Au moment où elle ouvrait sa porte pour savoir ce que cela signifiait, la femme de chambre entra vivement, portant Henriot dans ses bras; l'enfant était dégouttant d'eau, comme s'il était tombé à la rivière; il criait à pleine voix.

— Il n'a rien, Madame, il n'a rien, dit la femme de chambre affolée.

En effet, à peine dans les bras de sa mère, il se calma et se pendit à son cou, en disant:

— Papa! papa!

Le bruit, en augmentant au rez-de-chaussée, força l'attention de Cyprienne.

— Oh! Madame, s'écria la femme de chambre, ne descendez pas! et elle se jeta devant elle.

Mais ce cri et cette insistance frappèrent Cyprienne d'un pressentiment sinistre. Serrant Henriot sur sa poitrine, elle s'élança dans l'escalier.

Dans le vestibule, les domestiques allaient et venaient avec des figures effarées.

— Mon Dieu! s'écria-t-elle, qu'est-il arrivé?

Au même instant deux hommes portant

un brancard arrivaient au haut du perron; sur le brancard était étendu Cénéri mort.

Elle poussa un grand cri et tomba évanouie.

Il était arrivé qu'aux idées de persécution s'était jointe chez Cénéri ce que les aliénistes nomment la théomanie; alors il avait résolu de se tuer et de tuer Henriot, afin que Cyprienne fût heureuse sur la terre, car tant qu'ils vivraient, Friardel la tourmenterait. Partant de ce raisonnement qui, à la longue, était devenu une monomanie de plus en plus impérieuse, il avait combiné un plan dont la réalisation était des plus faciles. Un peu plus bas que le château se trouve un barrage qui retient l'eau de la rivière, si bien que ce petit ruisseau, qui tout le long de son cours recouvre à peine les cailloux de son lit, forme là une nappe profonde et tranquille. Toutes les fois que Cénéri traversait la passerelle de ce barrage, il avait l'habitude de faire remarquer que c'était un endroit à souhait pour quelqu'un qui voudrait se noyer: précipice pour ainsi dire sans fond, eau limpide, saules pleureurs tout à l'entour. Cela même était devenu entre lui et Cyprienne un lieu-commun de plaisanterie. C'était la place qu'il avait choisie pour l'exécution de son dessein. Un ouvrier qui travaillait dans la prairie l'avait vu se promener au bord de l'eau, tenant Henriot dans ses bras; puis il l'avait vu aussi se baisser çà et là comme pour ramasser des pierres qu'il mettait dans ses poches. Cela avait paru assez étrange à cet ouvrier, mais il n'y avait pas fait autrement attention, et il s'était remis à son travail. Tout à coup il avait entendu des cris d'enfant; il avait alors couru vers le barrage, craignant quelque malheur, et il avait aperçu Henriot qui, le corps à moitié hors de l'eau, se tenait cramponné aux racines d'un saule d'où il avait été facile de le tirer; mais Cénéri, il ne l'avait aperçu nulle part. Bien certainement il était tombé à la rivière, ou bien il s'y était jeté; il fallait plonger, chercher, mais l'ouvrier ne savait pas nager. Il avait appelé; personne n'était venu. Alors il avait eu l'idée de lever les vannes; mais cette masse d'eau ne pouvait pas s'écouler instantanément. Quand on

avait repêché le cadavre collé contre les grilles du barrage, il était déjà refroidi.

Cette mort fut un triomphe pour Friardel.

— Jamais je ne me consolerai, dit-il, d'avoir fait tant de démarches pour enlever du Luat mon malheureux beau-frère. J'ai eu là une coupable faiblesse; en ne voulant pas qu'on pût m'accuser de profiter de sa séquestration, j'ai causé sa mort. Ah! comme les médecins qui le déclaraient fou étaient bien plus sages que nous!

La reconnaissance d'Henriot, attaquée pour cause d'insanité d'esprit, a été annulée par le tribunal de Condé, malgré les efforts de Du Campart. En Cour d'appel elle a été validée. L'affaire est pendante devant la Cour de cassation. Au reste, elle a peu d'importance pour Friardel, car, en sa qualité d'enfant naturel, Henriot, si l'acte de reconnaissance est maintenu, n'aura guerre plus de deux cent mille francs à recevoir dans la succession de son père.

Si Friardel perdait ces deux cent mille francs, sur lesquels il compte bien d'ailleurs, cela ne le gênerait pas beaucoup, car il a non-seulement gardé les quatre cent mille francs dus à Cénéri, mais il a encore recueilli la fortune entière du comte d'Eturquerais, mort d'indigestion huit jours après son fils, et il a si bien manœuvré Mlle Arsène, il a su, par ses menaces, par les conseils qu'il lui faisait donner, si bien l'intimider, qu'elle n'a pas osé produire le testament du comte, testament qui l'instituait légataire universelle de la quotité disponible. En échange de cette quotité disponible qui valait plus d'un demi-million, elle a reçu cinquante mille francs, et elle s'est trouvée heureuse de cette transaction.

Riche d'une fortune considérable, Friardel ne s'occupe plus maintenant que de préparer son élection de député, qui, au reste, paraît d'avance assurée: il a l'appui du clergé et l'administration ne lui opposera pas de concurrent. Si la loi de 1838 sur les aliénés est attaquée à la Chambre, il se promet bien d'être un de ses adversaires: ce ne sera pas seulement en théorie qu'il l'attaquera, il aura encore des faits particuliers, personnels, pour la combattre: son infortuné beau-frère qu'elle a rendu fou.

Avec quelle émotion il touchera cette corde! Même après sa mort, Cénéri lui sera bon à quelque chose.

Cyprienne revenue à Paris attend que la justice veuille bien décider le sort d'Henriot. Elle est accouchée seule, dans une chambre garnie, d'une fille qu'elle a dû mettre en nourrice. Pour vivre, elle a repris ses leçons de piano; mais une femme qui n'est pas mariée et qui a deux enfants ne peut pas être admise dans un pensionnat, et c'est un dur métier que de courir le cachet sur le pavé de Paris.

Hélouis lui est resté fidèle: c'est à lui qu'elle doit ses deux meilleures leçons. C'est lui aussi qui subvient aux frais du procès.

— Henriot me paiera tout cela quand il aura gagné, dit-il pour la rassurer.

— Quand il aura gagné! dit-elle désespérément. Mais gagnera-t-il? Vous avez foi en la justice; moi, non.

HECTOR MALOT.

—o—

OTYLIA, LA POLONAISE.

I.

Te souvient-il, Julian, dit Otylia à son fiancé, du plaisir que, tout enfants, nous éprouvions à nous égarer ensemble dans la forêt? Et quand un loup ou un sanglier passait devant nous, rapide comme une flèche, effrayée je me pressais contre toi. Alors déjà, je sentais aux battements de mon cœur que je t'aimais pour la vie.

— O ma bien aimée! lui répondit le jeune homme, si tu pouvais regarder dans mon âme, tu y verrais ton image gravée depuis le jour où le comte Ladislas mon père, me conduisit à Nowy-Dwor, le château de la famille.

Les fiancés renouvelèrent leurs deux aveux dans un regard d'ineffable tendresse; puis ils se turent, rendus muets par l'excès même du bonheur. Les chevaux qu'ils montaient, deux magnifiques bêtes lithuaniennes, à la croupe puissante, aux jambes fines et aux jarrets d'acier, continuèrent de marcher sous les grands arbres de la forêt d'Ilia.

Le soleil répandait des flots d'or sur la nature en fête. Sous ses ardentes caresses, les fleurs, les feuilles et les papillons naissaient à la fois. Les oiseaux et les insectes chantaient un hymne d'amour qui résonnait comme une harmonie divine dans le cœur des deux amans. Leurs mains se cherchèrent et s'unirent, et, ravis en extase, ils oublièrent tout: famille, patrie, et la terre, et le ciel, en cette heure qui ne revient jamais et qu'on regrette toujours.

Tout à coup, leurs chevaux s'arrêtèrent et les jeunes gens, se réveillant comme en sursaut, virent un homme de mauvaise mine, couché en travers de la route. C'était un Raskolnif (vieux croyant). Sa barbe et ses cheveux incultes, ses yeux hébétés, sanguinolens, son visage et ses mains sordides, sa tunique en lambeaux, n'annonçaient pas un honnête ouvrier, mais plutôt un vagabond et un ivrogne.

Il était tombé là sans doute à la suite de quelques libations trop copieuses chez le débitant, qui, en Pologne comme en Russie, empoisonne la population avec l'eau-de-vie du gouvernement.

Le misérable poussa une plainte rauque et tendit la main pour demander l'aumône. Otylia lui jeta une pièce d'argent et lança son cheval au galop. Lorsque Julian l'eut rejointe.

— Tu vas me trouver bien enfant, lui dit-elle, mais ce mendiant m'a fait peur. Il m'est apparu comme le démon dans mon paradis.

— Il m'a fait aussi, dit Julian, une impression pénible; on prétend que les Russes veulent ameuter ces misérables contre nous.

On était alors aux premiers jours de mai 1863; et on allait, en effet, bientôt apprendre les horribles scènes de pillage et de meurtre dont les Raskolniks, ces fanatiques moscovites, devaient être les héros en Livonie et en Lithuanie, à l'instigation des popes et autres agens russes.

Ayant tourné la tête, la jeune comtesse vit l'homme à qui elle venait de faire l'aumône lever le poing vers elle et la suivre d'un regard menaçant.

Otylia pâlit.

— Mon bien aimé, dit-elle, retournons à Nowy-Dwor.

— Déjà! objecta le comte Julian, qui voulait savourer plus longuement les délices de cette promenade enchantée, la promenade de la veille des noces, car leur mariage devait être célébré le lendemain.

— Ne me gronde pas, reprit la jeune fille, si je suis un peu superstitieuse; il me semble avoir rencontré une vipère dans un buisson de fleurs.

— Retournons au château, puisque tu le désires; ne suis-je pas toujours heureux où je suis près de toi?

A Nowy-Dwor, qu'ils avaient quitté depuis deux heures à peine, les jeunes gens reçurent un accueil qui effaça jusqu'au souvenir de la fâcheuse rencontre. Au haut de l'escalier d'honneur, le père et la mère d'Otylia attendaient les fiancés, entourés de parens et d'amis auxquels le maître du château offrait cette hospitalité à la fois simple et large qui est traditionnelle sur la terre lithuanienne, comme dans tout le pays polonais.

Les serviteurs, la plupart nés sur le domaine, se tenaient un peu en arrière. Seigneurs et domestiques avaient les mains pleines de fleurs. De jeunes villageoises, chargées aussi de couronnes et de bouquets, formaient un groupe charmant au bas de l'escalier.

Dès que Julian et Otylia parurent à la grille, de joyeux hurras leur souhaitèrent la bienvenue. Arrivés aux marches du perron, ils disparurent l'un et l'autre sous une pluie odorante; les lilas, les aubépines et les mille petites fleurs de la prairie et de la forêt tombaient sur eux et autour d'eux.

C'est ainsi fêtés qu'ils montèrent le vieil escalier de pierre, rougissans et charmans, tout embellis par l'amour qui enflammait leurs âmes, qui rayonnait dans leurs yeux, et qui s'épanouissait jusques sous leurs pieds; car les fleurs ne naissent-elles pas au printemps des premiers baisers que le soleil donne à la terre? Quand ils furent aux dernières marches, on les embrassa, on les félicita. On se les disputait. O pures et saintes joies du chaste amour que couronne et bénit la famille, quels trônes vous valent! quelle gloire pourrait vous remplacer!

Jamais Otylia ne fut si belle. Son père et sa mère la contemplaient, ravis, les larmes aux yeux; Julian joignait les mains devant elle, comme devant Notre-Dame-d'Ostrabrama, patrone de la Lithuanie.

Qui pourrait dire ce que la jeune fille, bénie par ses parens, la main de son fiancé dans la sienne, fêtée par les meilleurs amis et par les vieux serviteurs de la maison, environnée de sourires et de fleurs, qui pourrait dire ce qu'elle sentait dans son cœur d'adorations et de bénédictions? Otylia avait dix-huit ans; ce n'était pas ce qu'on appelle vulgairement une beauté régulière, mais la mignonne enveloppe d'une âme charmante.

Blonde, blanche et rose, les yeux légèrement voilés, les lèvres souriantes, la main d'une reine et le pied d'un enfant! Ses moindres gestes étaient empreints d'une grâce incomparable: la chasteté et la passion qui s'ignorent et n'ont pas à se combattre. Elle avait l'œil un peu distrait de celles qui regardent beaucoup en elles-mêmes. La bienveillance rayonnait sur son front. La bonté émanait d'elle, comme du soleil émane la chaleur qui réchauffe et vivifie. Un vif incarnat colorait ses joues à la moindre émotion et disait qu'un sang rapide et chaud courait dans ses veines.

Enfant unique et adorée, élevée avec des soins excessifs, entourée de caresses incessantes, elle était devenue d'une sensibilité presque maladive, à laquelle, par un singulier contraste, s'alliait une fermeté virile. Au reste, elle en recevait un charme de plus, et on ne pouvait la voir ni l'entendre sans un vague et doux attendrissement. Elle était de ces femmes qu'on n'oublie pas lorsqu'on les a connues, et qu'on aime éternellement lorsqu'on les aime.

Le comte Julian son fiancé, était digne d'elle. Jeune, beau et brave, capable de tous les sacrifices et de tous les dévoûmens, il avait donné son premier et dernier amour à celle qui le lendemain allait devenir sa femme et sa compagne pour la vie.

Lorsqu'on eut répandu sur les fiancés toutes les couronnes et toutes les fleurs, et que l'expansion de la joie fut complète, le père d'Otylia la prit par la main pour la conduire dans la salle à manger, où une longue table était dressée. Julian venait ensuite avec la vieille comtesse; les parents et les autres invités les suivaient formés en cortége.

Au moment où les convives entraient dans la salle, un cri rauque se fit entendre près de la grille du château. Otylia se retourna en frissonnant; elle revit le Raskolnik qui la regardait de son œil stupide et farouche.

— Qu'as-tu donc, ma chère âme? lui demanda Julian.

— Rien, répondit-elle avec un sourire enchanteur.

On se mit à table, mais avant de commencer le repas, le chapelain, suivant les vieux usages, récita le *Benedicite*, que tous les convives répétèrent avec recueillement.

On mangea et on but largement.

Assis en face de sa fiancée, Julian ne se lassait pas de la regarder, et ses yeux constamment dirigés vers elle, exprimaient une admiration toujours nouvelle.

Elle lui souriait tendrement, et cherchait parfois d'un air de reproche que démentait son sourire adorable, à le rendre plus attentif à ses deux voisines, dont l'une était la mère d'Otylia et l'autre sa tante. Mais l'heureux jeune homme avait beau faire, il retombait dans sa douce contemplation.

Au dessert, avant de boire aux fiancés et à leurs parents, le chapelain porta un toast à la patrie, à la Pologne de 1772.

Il n'y avait point là de traîtres, il n'y avait que des Polonais.

Après avoir rappelé les attentats commis sur la nation, le prêtre pria pour les champions de la sainte cause; puis il s'écria:

— Vidons cette coupe en l'honneur de ceux qui sont morts, de ceux qui meurent et de ceux qui mourront pour la Pologne; car, en s'offrant en sacrifice pour la patrie, ils sont des héros sur cette terre et des martyrs dans le ciel!

Ce toast provoqua de longs transports d'enthousiasme. Lorsque le calme fut un peu rétabli, le comte Julian se leva:

— Otylia, dit-il, tu sais si tu m'es chère ! tu sais que pour toi je donnerais mes deux mains, mes deux yeux, et jusqu'à la dernière goutte de mon sang, mais je jure sur l'amour inaltérable que je t'ai voué, et sur le salut de mon âme immortelle, je jure de m'arracher de tes bras pour courir au combat, dès le premier appel que le gouvernement national fera aux patriotes de la Lithuanie! Et me maudisse Dieu si je manque à mon serment!

Otylia se leva à son tour, et d'une voix étrangement douce et énergique à la fois :

— Je t'appartiens, Julian, dit-elle, mais ne crains pas que mon amour te rende jamais lâche ni parjure. Loin de te retenir, il t'exciterait plutôt au dévouement, dût-il aller jusqu'à la mort. Tant que les Russes fouleront le sol lithuanien ou polonais, les droits de l'épouse ne viendront qu'après ceux de la patrie, et c'est le devoir des femmes d'envoyer leurs fils, leurs frères et leurs maris au combat.

Un grand silence se fit; tous les cœurs battaient à l'unisson, tous les esprits évoquaient la même vision rayonnante: la grande Pologne indépendante et libre!

Les yeux d'Otylia s'étant machinalement portés sur une des fenêtres de la salle, elle vit le Raskolnik, dont le regard, toujours le même, la dévorait. Elle poussa un léger cri et tomba plutôt qu'elle ne s'assit, sur sa chaise.

— Ma bien-aimée, au nom du ciel! qu'as-tu donc? lui demanda Julian.

— Je suis un peu émue, répondit la jeune fille dont les lèvres s'étaient décolorées.

Elle regarda de nouveau avec un vague effroi du côté de la fenêtre, mais le Raskolnik avait disparu. Comment était-il parvenu jusque-là? C'est qu'à Nowy-Dwor on avait coutume de ne repousser personne, et pendant ces fêtes nuptiales surtout, gens du pays et étrangers étaient les bienvenus.

Après qu'on eut bu aux fiancés, aux parents et aux amis, le chef de la famille porta le toast traditionnel: « Aimons-nous! »

En ce moment, un homme pénétra dans la salle du festin. Il avait les cheveux coupés ras sur le front, mais longs par derrière et retombant sur les épaules. Il portait la tunique grise, le pantalon large et les bottes en cuir brun du paysan letton. Mais dans ses yeux brillait un feu sombre et ses traits étaient empreints d'une énergie toute militaire.

— Le comte Julian? demanda-t-il.

— C'est moi, dit le fiancé d'Otylia en se levant.

L'homme lui tendit un pli cacheté et scellé. Le cachet portait: « Gouvernement national. » Sur le sceau, il y avait l'aigle polonais, le cavalier lithuanien et l'archange Saint-Michel, réunis dans le même écusson avec la couronne royale des Jagellons, et l'exergue: « Liberté, égalité, indépendance » en bas.

Le comte Julian ouvrit le pli et lut à haute voix:

« Vu le manifeste et l'ukase du tzar de Russie, en date du 31 mai (12 avril) 1863, dans lesquels le czar promet de faire grâce aux Polonais combattant pour l'indépendance de la patrie, s'ils déposent les armes avant le 13 mai de l'année courante;

» Considérant que des milliers de Polonais *qui n'ont pas pris les armes* sont journellement emprisonnés dans les citadelles, déportés en Sibérie ou enrégimentés dans l'armée du Caucase;

» Considérant que les troupes russes massacrent les *personnes inoffensives;* que par conséquent, en déposant les armes, on ne ferait qu'augmenter le nombre des victimes;

» Considérant que la guerre avec l'envahisseur moscovite n'a pas été engagée dans le but d'obtenir certaines concessions du czar, mais dans le but unique de reconquérir l'indépendance de toute la Pologne, dans les frontières qu'elle avait avant les partages;

» En réponse au manifeste et à l'ukase du czar, le comité directeur des provinces lithuaniennes et ruthéniennes publie ce qui suit:

« *La lutte nationale durera sur tous les points de la Lithuanie et de la Ruthénie tant qu'on n'aura pas expulsé le dernier soldat moscovite, ou tant que battra un cœur généreux.* »

» Vilna, 3 mai 1863. »

Un autre papier accompagnait ce décret. Le fiancé d'Otylia le parcourut des yeux, et, en pâlissant un peu, il le remit par-dessus la table à la jeune fille, qui lut:

« Le comité directeur des provinces de Lithuanie invite le comte Julian **** à rejoindre aujourd'hui même le corps du commandant Narbutt. Il n'aura qu'à suivre le porteur de ce pli. »

Tous les convives s'étaient levés, et tous, oppressés par la même émotion, ils attendaient la réponse de Julian et de sa fiancée. Leurs regards allaient de l'un à l'autre, et il se fit pendant quelque temps un silence solennel. Otylia, devenue plus blanche que sa robe nuptiale, cherchait à dompter la douleur poignante qui la mordait au cœur. Ses lèvres tremblaient, le mouvement de sa poitrine était précipité, elle faisait de vains efforts pour retrouver la parole. Devant cette séparation si inattendue, si brusque et qui menaçait d'être éternelle, l'amante luttait en elle avec la patrie, et momentanément remportait la victoire. Enfin, ses lèvres se détendirent, et un sourire angélique illumina sa pâleur.

— Julian, mon bien-aimé, mon époux, dit-elle d'une voix sereine, il faut suivre cet homme. Va, pars à l'instant, puisque la patrie a besoin de ton bras!

Et comme sa mère et la plupart des convives fondaient en larmes,

— Ne pleurons pas, ajouta-t-elle avec un accent de suprême résignation; pourrons-nous goûter une joie pure, un bonheur sans mélange, tant que nous porterons au cou, aux mains et aux pieds, les chaînes de l'esclavage?

Et s'exaltant alors:

— Non, s'écriait-elle, ne pleurons pas! Ton sort, quoi qu'il t'arrive, ô mon Julian, sera glorieux et enviable. Et pourquoi donc ver-

serais-je des larmes indignes de tous deux?
Ne suis-je pas ta femme devant Dieu?

Julian courut à elle et la reçut sur son
cœur, quand, brisée par de si violentes secousses, elle sentait ses genoux se dérober
sous elle. Après le baiser des adieux, où se
confondirent leur belles âmes, Julian s'éloigna. Tous les convives l'accompagnèrent
jusqu'à la grille, en chantant l'hyme national: *Dieu sauve la Pologne!*

Parmi les hurrahs qui accueillaient le patriote sur son passage, Otylia crut reconnaître le cri guttural et sauvage du Raskolnik. Il frappa son oreille comme le sifflement d'un serpent. Au bas de l'escalier,
elle aperçut le misérable accroupi. Son regard oblique et méchant se tenait ardemment attaché sur elle.

— Julian! s'écria-t-elle d'une voix tremblante, Julian! je ne te verrai plus!

Et Otylia perdit connaissance entre les
bras de sa mère.

....

Narbutt, qui devait conquérir en quelques
mois une réputation presque légendaire,
donna le signal de l'insurrection en Lithuanie dès le 8 février, quinze jours après
qu'elle eut éclaté dans le royaume de Pologne. A la tête de sept vaillants, il arbora le
drapeau national, sous lequel vinrent se
ranger plusieurs centaines de patriotes. Sa
troupe reçut le baptême du feu au combat
de Rudniki: ce fut une victoire sur les Russes.

Depuis lors, durant trois mois, il ne laissa
ni trêve ni repos à ses ennemis, qui le prenaient pour le diable. Ses propres soldats
le considéraient comme sorcier. Il avait un
art merveilleux pour entraîner les Russes sur sa piste et les attirer au fond des
marais et des forêts les plus impraticables.
Et lorsque ses ennemis pensaient le surprendre, c'était lui, au contraire, qui tombait sur eux à l'improviste et les décimait.
Puis il disparaissait comme par miracle,
laissant les survivants frappés d'une terreur
superstitieuse.

Le jour de Pâques, la tête du héros fut
mise à prix; les forces militaires de Vilna
et de Kowno furent lancées à sa poursuite.
Le comité directeur des provinces lithua-
niènnes répondit à cette mesure par un ap-

pel aux armes. Ordre était donné à tous les
bons patriotes de se joindre à Narbutt.

Le comte Julian et son guide marchèrent
pendant toute la nuit. Au point du jour, ils
atteignirent le camp établi au bord de l'Ilia;
ils avaient été suivis. Après l'évanouissement d'Otylia, celui qui l'avait causé se mit
sur leurs traces. Il était toujours ivre; mais
si les jambes chancelaient, un projet diabolique se formait dans sa tête. Sa démarche
d'ivrogne le servit contre Julian et son guide
dont elle écarta les soupçons. Le Raskolnik,
sans éveiller aucune inquiétude, atteignit
derrière eux les grands bois, où ils s'enfon-
cèrent après avoir suivi la route pendant
une heure. De temps à autre, le misérable
se frottait les mains d'un air satisfait en disant de cette voix gutturale qui avait tant
effrayé Otylia:

— Narbutt! Narbutt! à moi les roubles de
notre père le czar.

Et il continuait sa poursuite. S'il perdait
de vue un instant ceux qu'il espionnait, il
s'élançait en avant comme un forcené, à
travers les buissons et les ronces; il se dé-
chirait aux épines. Mais rien ne l'arrêtait
tant qu'il n'avait pas retrouvé la trace des
deux hommes. Un ciel sans nuage et la lune
dans son plein le favorisaient.

A cent pas du camp, une sentinelle cria:

— Qui vive!

— Narbutt et patrie! répondit l'homme
du gouvernement national, et il passa outre, suivi du comte Julian.

Le raskolnik s'arrêta. Saisissant une
gourde pleine d'eau-de-vie qui pendait à
son côté, il la vida à longs traits, en répétant:

— Narbutt à moi! à moi les roubles du
czar, notre père! et il tomba sur le sol, ivre
mort.

Trois jours après, le colonel Timoficew,
déguisé en pêcheur et conduit par l'espion
qui voulait gagner la prime promise, vint
étudier l'emplacement du camp désigné
comme lieu de réunion aux nouveaux vo-
lontaires. Ceux-ci y arrivaient à travers la
forêt, le plus grand nombre conduits par
des émissaires du gouvernement national.

Le 13 mai, les Russes, venus la nuit de
différents côtés, cernèrent les patriotes, et
à la pointe du jour, l'attaque commença.

Pendant plusieurs heures, les insurgés soutinrent une lutte héroïque, où ils combattaient un contre dix. Voici ce que raconte un témoin oculaire (1).

« Investi à l'improviste de tous côtés, Narbutt réussit cependant à se frayer un chemin à travers les Russes. Quoique blessé au pied, il commandait avec énergie, porté par ses compagnons; il allait échapper à l'ennemi, grâce à son intrépidité et à sa connaissance des lieux, quand une balle vint le frapper au cœur. Il expira en prononçant ces mots d'une voix encore ferme: « Je meurs pour ma patrie. »

Quelques jours après, dans la petite église en bois de Dubiczany, il y avait douze cercueils rangés; l'un d'eux, plus élevé que les autres, était couvert d'un crêpe funèbre. Le colonel russe, en permettant ces obsèques, parut céder aux supplications des sœurs de l'infortuné chef, mais il voulut plutôt bien convaincre les habitants du pays de la mort de son redoutable adversaire, afin de les décourager. L'église et les alentours étaient remplis d'une foule éplorée que cinq prêtres ne réussissaient pas à consoler. C'était un deuil universel. »

Sur le champ de bataille, on avait vu des femmes en deuil ensevelir les morts et panser les blessés, et parmi elles les deux sœurs de Narbutt. Comme la plus jeune ne put retenir ses larmes en découvrant le corps inanimé de son frère:

— N'as-tu pas honte, lui dit l'aînée, de pleurer devant des Russes?

Un officier moscovite, qui vit une femme vêtue de noir et entièrement voilée, penchée sur un cadavre, lui dit:

— C'est aussi votre frère, sans doute?

— Tous ceux qui combattent pour la Pologne sont mes frères, répondit-elle.

Mais elle ajouta avec un geste et un accent qui eussent touché le bourreau lui-même:

— Celui-ci était mon fiancé!

La femme agenouillée était Otylia et le mort le comte Julian.

Le raskolnik se promenait par là, toujours ivre et toujours sordide, bien qu'il se

fût paré d'habits neufs, comme pour aller à une fête.

II.

Peu de temps après l'apparition de l'ordonnance contre le deuil, le général M... dépouillait un matin dans son cabinet les rapports de ses agens sur l'effet produit par cet acte mémorable. Il semblait éprouver un vif désappointement; ses sourcils étaient froncés, et sa bouche exprimait la colère. Les femmes de tout âge et de tout rang continuaient à se montrer en public sous des voiles de deuil, comme si Son Excellence ne les eût pas menacées de les faire battre de verges. Bientôt, cependant, son front se rasséréna, et quelque chose comme un sourire passa sur ses lèvres pâles.

— Les Polonaises me bravent, dit-il, c'est bien! Mais elle céderont toutes ou je les traiterai comme des infâmes.

Et il écrivit un nouvel ordre par lequel les femmes en deuil étaient assimilées aux filles de mauvaise vie. Cela le mit de belle humeur, et ce fut d'un air presque jovial qu'il accueillit le singulier visiteur qui venait de franchir la porte de son cabinet.

— Ah! te voilà, coquin, dit-il. Quoi de nouveau?

Une voix qui sortait rauque et saccadée d'un gosier brûlé par les liqueurs fortes répondit à Son Excellence:

— Rien de bon! les femmes toujours en deuil! La Polonaise de Nowy-Dwor se moque du père tzar et de toi. Il faut punir. Un beau corps pour les verges!

— Quelles sornettes! est-ce pour cela qu'on te paie, l'espion? Laisse-moi, va-t-en, si tu n'as rien à m'apprendre!

— Le bon serviteur est traité comme un chien de Pologne! O sainte Russie! J'ai livré Narbutt! A présent, il faudrait battre la Polonaise.

— Pardieu! il faudrait les battre toutes!

— Celle du château d'abord, les autres après.

— Sors, j'ai bien le loisir vraiment de t'écouter.

Mais au lieu de sortir, le raskolnik, ton-

(1) Éphémérides polonaises.

jours ivre et plus sordide que jamais, s'assit dans un riche fauteuil.

— Misérable! cria le gouverneur furieux, toi aussi, tu me braves!

— Moi, j'ai beaucoup d'amis dont tu as besoin, Excellence. Sept millions dans la sainte Russie, tous Vieux Croyans qui ne se rasent jamais. Nous faisons le signe de la croix avec deux doigts, et le czar avec trois, mais c'est égal: nous le servons en Pologne et en Lithuanie, ceux qui ont des popes *(popovstchintsy)* comme ceux qui n'en ont pas *(bezpovstchintsy)*.

— Il est ivre, cet hérétique, dit M...... H. Si tu ne sors pas, je vais te faire jeter dehors.

— Mauvaise menace contre un bon espion! Si pourtant nous servions les Polonais.

Le Raskolnik fit une méchante grimace.

— Prends garde que je ne te fasse pendre.

— Oh! oh! moi, un chien fidèle. Les M... aiment à pendre, quand on ne les pend pas.

Le gouverneur se leva menaçant: le Raskolnik demeura tranquillement assis dans son fauteuil.

— Ce n'est pas moi, c'est Otylia qu'il faut pendre.

— Pourquoi, enfin?

— Je la hais comme la mort.

— Ah! vraiment; et que t'a-t-elle fait?

— Rien; elle est belle comme la vierge Marie, et c'est une païenne.

— Une catholique!

— Catholique ou païenne, fille de Satan! qui l'épouse se damne (1)!

— Ah! ah! fit le général en éclatant de rire, tu es amoureux de la Polonaise.

Un rapide éclair passa dans les yeux du Raskolnik.

— Frappe-la de verges, jusqu'à ce qu'elle abjure, dit-il avec un élan fanatique; tu sauveras son âme, et je te livrerai un autre Narbutt.

— Quel âge a-t-elle? demanda le général.

(1) Ces sectaires ne peuvent épouser sans crime une femme d'une autre croyance,

— Dix-huit ans, blanche comme la neige, sous ses habits noirs.

— Et de qui donc est-elle en deuil?

— De son fiancé, le comte Julian.

— Quel comte Julian?

— Le compagnon de Narbutt.

— Il n'était pas son proche parent?

— Ni proche, ni éloigné.

— Et elle se montre publiquement avec des vêtements noirs?

— Chaque dimanche, à l'église du démon catholique.

— Ah! elle me brave aussi cette... comment l'appelles-tu?

— Otylia.

— Eh! bien, réjouis-toi, qu'elle abjure ou non, peu m'importe, mais il faut un exemple!

— C'est moi qui la fouetterai.

— Toi?

— J'aime encore mieux ça que des roubles.

— Soit! je ferai arrêter cette rebelle aujourd'hui même.

Le raskolnik baisa la main de M... H, et sortit.

Le gouverneur sonna; un huissier parut.

— Qu'on m'aille chercher le sous-lieutenant Pawloff.

Bientôt l'officier entrait dans le cabinet de Son Excellence.

C'était un grand jeune homme blond, aux yeux bleus, à la physionomie douce. Il y avait de la tristesse dans son visage et dans son attitude. Sorti depuis quelques années, avec le grade d'enseigne, de l'Ecole des cadets-nobles de Saint-Pétersbourg, il avait gagné au Caucase l'épaulette de sous-lieutenant.

Il ne connaissait pas ses parents. Une pension qui lui venait, sans qu'il sût d'où, acquitta les dépenses de son éducation; et de temps en temps un homme silencieux comme un muet entrait dans sa chambre et déposait devant lui une bourse pleine d'or

Plusieurs fois, le lieutenant Pawloff, cédant à un mouvement de fierté blessée, fut sur le point de mettre à la porte l'émissaire chargé de lui apporter cette aumône anonyme; mais c'était l'unique lien qui l'attachât à ses parents! Il n'avait, du reste, tenté aucune démarche pour découvrir sa famille. Il savait d'avance que ce serait peine perdue, et même que cela lui serait nuisible.

L'école des cadets de Saint-Pétersbourg est un véritable hospice d'enfants nobles abandonnés, et l'armée russe compte par centaines des sous-lieutenants, lieutenants et capitaines qui ont pour père le comte X ou la princesse XX pour mère. Ces enfants sont voués dès leur berceau à la solitude du cœur. Beaucoup, pour tromper la nostalgie de la famille, cherchent dans l'ivresse ou la débauche l'oubli de leur abandon: ceux-là deviennent de vrais reitres, capables de tous les excès qui ont déshonoré une partie des officiers russes en Pologne. Les autres, dévorés d'un spleen qui ne pardonne pas, meurent jeunes de consomption et de phthysie; car leur solde, qui suffit à peine pour les faire vivre, ne leur permet pas de songer au mariage. Les plus heureux se font aimer de demoiselles richement dotées, et naissent au bonheur dans la famille de leur femme; mais c'est le petit nombre, et l'on dit de ceux-là que la fée les a touchés de sa baguette.

Le sous-lieutenant Pawloff, nature aimante et chaste, ne chercha pas dans la débauche un refuge contre son isolement; aussi, il en était à la première période de ce mal que j'ai appelé la nostalgie de la famille, et qui engendre la phthysie. Les horreurs dont il était témoin, et où la consigne militaire l'obligeait à devenir acteur quelquefois, assombrirent encore son caractère, et rendirent son visage plus pâle. Ses camarades qui tentaient vainement de l'entraîner au cabaret ou dans quelque mauvais lieu disaient de lui:

— Décidément Pawloff s'en va; et s'il ne devient pas amoureux, il n'en a plus pour six mois dans le ventre.

L'officier se mit au port militaire devant M... H; son visage calme et froid, son attitude raide et presque hautaine exprimaient la subordination militaire, bien plutôt que le respect.

— Pawloff, lui dit Son Excellence, je vais vous charger d'une mission et j'espère que vous la remplirez bien.

Le sous-lieutenant s'inclina sans répondre.

— J'y compte, reprit le gouverneur; ce que j'apprends de vous ne vous est pas favorable; on me rapporte que vous avez l'air de blâmer ce qui se fait ici pour le service de S. M. l'empereur et czar de toutes les Russies. Vous m'avez été chaudement recommandé par quelqu'un qui vous veut du bien. Vous êtes protégé de haut, vous le savez sans doute.

— Je l'ignore absolument, dit l'officier d'un accent plein d'amertume.

M... H connaissait ses parents, et lui qui eût donné sa vie pour les connaître et qui avait passé vingt-cinq ans seul sur la terre... hélas!

— Mais pour avancer sur un autre chemin que celui de la Sibérie, reprit Son Excellence, pour parvenir aux grades supérieurs, ce n'est pas assez de suivre strictement la consigne, il faut du zèle, et vous en manquez entièrement. Je vous observe, car je vois tout ce qui se passe autour de moi, et sans lunettes. Eh bien! quand je fais pendre ou fusiller des rebelles, cela vous choque, et les Polonaises qui pleurent vous inspirent de la pitié.

Pawloff resta impassible et ne répondit rien.

— Vous êtes jeune, parbleu! et vous aurez le temps d'en voir bien d'autres. Moi, qui suis un homme d'expérience, je veux bien vous donner un bon avis. Sachez que tout ce qu'on fait pour son maître est bien fait, qu'il n'y a pas de crime en face de la révolte, et qu'il s'agit ici de la détruire et non d'avoir pitié. Sachez enfin que, dans le royaume, il n'y a pas de place pour les Russes et pour les Polonais. Il faut que les uns ou les autres périssent. Eh bien! dans la mesure de mes forces, je détruirai cette race maudite qui brave l'autorité du czar et qui repousse sa clémence.

L'officier continuait de garder le silence.

— M'avez-vous compris? s'écria M... l'exterminateur. Ni les larmes des femmes, ni les plaintes des mourants, ni l'épouvante du massacre, ni l'horreur de l'incendie, ne doivent amollir le cœur du soldat. Que les rebelles se soumettent ou qu'ils meurent, voilà mon dernier mot, et c'est l'ordre de St-Pétersbourg.

Après un nouveau silence:

— Votre Excellence a parlé d'une mission, dit Pawloff.

— Vous vous rendrez avec vos hommes au château de Nowy-Dwor, vous y trouverez une rebelle qui, au mépris de mon ordonnance se montre en public sous des habits de deuil. Vous lui demanderez l'acte de décès constatant la mort d'un de ses proches parents, et comme elle ne pourra le produire, vous l'arrêterez et la mènerez à pied, les mains attachées derrière le dos, à la citadelle de Vilna, bastion no 4.

— Son nom? demanda l'officier.

— Otylia; allez maintenant, et prenez garde, ajouta M... avec un geste de menace; ma police est bien faite, et j'aurai l'œil sur vous.

Une heure après, le sous-lieutenant Pawloff marchait, à la tête d'une demi-compagnie, dans la direction de Nowy-Dwor. Tandis que ses soldats devisaient entre eux sur le but de l'expédition, encore ignoré de tous, l'officier, pensif et sombre, sentait son cœur se révolter contre la tâche qui lui était imposée. Aller arrêter une femme! une jeune fille sans doute, était-ce là une mission de soldat? N'était-ce pas un métier de sbire?

Sa révolte allait en grandissant, et l'envie lui venait par moments de briser son épée, ou de se la passer au travers du corps. Entre lui et ses subordonnés, il n'y avait pas cet échange si cordial et si touchant de pensées et de sentiments qui égaie la marche de l'officier et du soldat français, et qui, dans la bataille, en fait une seule âme et un seul corps. La discipline russe ne tolère pas ces familiarités, et le tchine établit une distance incommensurable entre l'homme qui porte l'épée et l'homme qui porte le fusil. D'ailleurs les soldats de Pawloff étaient, la plupart, de vieux soldats démoralisés par les verges et autres rigueurs de la discipline moscovite, endurcis par la guerre du Caucase, non moins féconde en cruautés qu'en ruses. Il ne pouvait donc exister aucune sympathie entre ces hommes grossiers, pillards, violents, capables à certains moments des plus horribles excès, et le sous-lieutenant Pawloff, âme dolente, cœur tendre, nature douce, sensible et presque efféminée.

L'officier passa sans le regarder devant un homme couché au bord de la route, et qui le guettait au passage. Il se mit à suivre le détachement; mais sa marche était si chancelante qu'il paraissait à chaque pas devoir s'étendre à terre. Il parvenait pourtant à se tenir debout par un miracle d'équilibre, et il continuait d'avancer en zigzag, la tête inclinée sur le poitrine, plus pensif encore, et plus sombre que le sous-lieutenant Pawloff. Les soldats tournaient les yeux vers lui, et riaient à gorge déployée de la mine de ce singulier ivrogne.

— Il se bat bien avec son eau-de-vie, dit un soudard à moustache grise; ce n'est pas la première fois qu'elle lui descend dans les jambes.

— Par saint Iaroslaw! ajouta un autre, il a plus d'alcool que de sang dans les veines; avec une allumette on en ferait un fanal.

— Si on le mettait en perce, poursuivit un troisième, on en pourrait tirer du genièvre à plein verre.

De bruyants éclats de rire répondirent à cette plaisanterie. L'officier tourna la tête, et jeta un regard sévère sur sa troupe. Le silence se rétablit aussitôt dans les rangs. Au même instant Pawloff vit l'ivrogne lever le poing, et il l'entendit murmurer:

— Abjure, Otylia, fille de Satan.

Au comble de la surprise.

— Sais-tu quel est cet homme? demanda-t-il à un sergent.

— Mon lieutenant, répondit celui-ci, je sais seulement qu'il nous suit depuis deux heures.

Pawloff fit arrêter le détachement, et se dirigea vers le Raskolnik.

— Pourquoi nous suis-tu? lui dit-il.

— Oui, jusqu'à Nowy-Dowr, où tu vas arrêter Otylia, la païenne. Je l'ai dénoncée à Son Excellence.

— Pourquoi, misérable?

— Parce que je la hais, la belle fille! Allons, en marche! Elle sera battue, battue de verges, si elle n'abjure pas.

Pawloff fut sur le point de brûler la cervelle à l'abjecte créature; mais les soldats, qui regardaient et qui écoutaient, rappelèrent l'officier à lui-même.

Il reprit sa place à la tête du détachement qui se remit en marche Bientôt à l'extrémité d'une avenue, apparut le vieux manoir de Nowy-Dowr. Un serviteur accourut, effaré, dans la salle où se trouvaient réunis Otylia, son père, sa mère et le chapelain du château.

— Les Russes! cria-t-il.

Et à ce mot, le sang leur afflua au cœur. Les deux vieillards et le prêtre pâlirent. Quant à la fiancée du comte Julian, elle était déjà si pâle dans ses habits de veuve qu'elle ne pouvait le devenir davantage.

Elle alla machinalement vers une fenêtre, et vit d'un œil tranquille le sous-lieutenant Pawloff et ses hommes entrer dans la cour; mais tout à coup elle poussa un cri, et s'appuya au mur pour ne pas tomber.

Près de la grille, elle venait de voir le Raskolnik qui la désignait du doigt aux Russes.

—Lui! s'écria-t-elle, je suis perdue!

Lorsqu'elle fut revenue de sa stupeur, elle vit le sous-lieutenant Pawloff, qui se tenait debout devant elle dans une attitude respectueuse.

— Otylia, dit-il avec un accent d'indicible tristesse, j'ai ordre de vous demander si vous portez le deuil d'un proche parent.

— Je porte le deuil de mon fiancé, monsieur, répondit-elle.

— En ce cas, Otylia, poursuivit l'officier, j'ai ordre de vous arrêter et de vous conduire à Vilna.

— Je suis prête à vous suivre, dit Otylia simplement.

Les plaintes et les supplications de ses parents éclatèrent.

— Peut-être , leur dit Pawloff, touché jusqu'au fond du cœur, peut-être y a-t-il un moyen de concilier mon devoir avec vos prières. Que mademoiselle veuille bien quitter le deuil à l'instant et je déclarerai dans mon rapport qu'on l'a faussement accusée de transgresser les ordonnances.

— Non, monsieur, dit Otylia, épargnez-vous ce mensonge; le deuil m'accompagnera jusque dans ma tombe. Mon fiancé est mort pour le pays. Je saurai, moi, s'il le faut, mourir pour honorer sa mémoire.

— Mais, reprit l'officier avec une angoisse visible, je serai forcé de vous conduire à Vilna, et je ne puis sans frémir songer au sort qui vous y attend.

Un ricanement se fit entendre du côté de la porte. Les domestiques, qui étaient accourus là, assistaient consternés à cette scène; mais du premier coup d'œil, Otylia découvrit le raskolnik, qui s'était glissé parmi eux.

— Voilà, dit-elle, en le désignant de la main, celui qui m'a dénoncée.

— Qu'on chasse ce misérable! s'écria Pawloff, ou sinon...

Et par un mouvement irréfléchi, il saisit un pistolet qui sortait de sa ceinture.

— Ah! ah! l'officier russe protége la Polonaise! hurla l'espion en devenant tour à tour pourpre et blême. Notre père le czar te récompensera, et Son Excellence, donc! ajouta-t-il en faisant une grimace sinistre.

Puis, voyant que les domestiques allaient lui faire un mauvais parti, il descendit en trébuchant l'escalier de pierre, et s'alla mettre dans la cour du château, sous la protection des baïonnettes moscovites. Pendant ce temps:

— Au nom du ciel, mademoiselle, suivez mon conseil, disait Pawloff, et lorsque je cherche à vous préserver d'un traitement ignominieux, ne persistez pas à vous l'infliger vous-même.

— Je vous remercie pour votre générosité, monsieur, lui répliqua Otylia d'une voix ferme; ce n'est point par une vaine bravade que je refuse d'en profiter; mais je me déshonorerais en cessant de porter le deuil de celui qui est mon mari devant Dieu, sinon devant les hommes. Par là, je me rendrais indigne de ce mort bien-aimé, à qui appartiennent mon cœur, mon âme et ma vie. Ce serait une honte à laquelle je ne survivrais pas; ainsi, monsieur, partons, je suis prête à vous suivre.

Ni les larmes de sa mère, ni les supplications de son père, ni les prières du chapelain, ni les lamentations des serviteurs dont plusieurs l'avaient vu naître, rien ne put faire revenir Otylia sur sa résolution.

Peindrai-je cette scène, où l'enfant unique, la jeune fille adorée, la belle, la pure, la douce, la charmante et héroïque Otylia sortit de la maison paternelle, non pas richement et joyeusement parée pour suivre à l'autel un époux chéri; mais couverte de voiles noirs et marchant comme une criminelle entre deux rangs de soldats? Et cependant son visage rayonnait d'un ineffable sourire.

Elle quitta ses parents et ses serviteurs avec une si grande fermeté d'âme, il y avait dans les adieux qu'elle leur fit quelque chose de si édifiant et de si sublime, qu'elle parvint pour un moment à les élever tous avec elle au-dessus des misères terrestres.

Les plaintes cessèrent, et les larmes ne coulèrent plus. Au milieu d'un silence imposant, tous, le père, la mère, les serviteurs, les paysans du domaine l'accompagnèrent, chapeau bas et dans un recueillement pieux, jusqu'à l'extrémité de l'avenue.

Là Otylia se mit à genoux.

— Mon père, ma mère, dit-elle, bénissez votre enfant.

Tous s'agenouillèrent; les soldats russes jetaient sur cette scène des regards pleins de stupeur. Plus d'un revoyait peut-être confusément et le village perdu dans le steppe, et la cabane enfumée, et le père infirme, et la mère chérie auxquels en partant pour l'armée, il avait dit adieu pour ne plus les revoir.

Le sous-lieutenant Pawloff tournait le dos à tout le monde, il sanglottait comme une femme.

Le père d'Otylia s'approcha d'elle, et lui imposant les mains.

— Ma fille, dit-il, je te bénis au nom du Père, du Fils et du Saint-Esprit.

— Amen! répondit Otylia.

— Amen! répétèrent les assistants.

Sa mère s'approcha d'elle à son tour.

— Mon enfant! dit-elle, le plus précieux et le plus cher présent que Dieu m'ait fait sur la terre, je te bénis! Tu agis bien, et je t'approuve. Quand l'homme meurt bravement, il n'est pas permis à la femme de se montrer lâche. D'ailleurs, Notre Seigneur lui a dit: « Tu quitteras ton père et ta mère pour suivre ton époux. »

— Ma fille! répéta le prêtre, je te bénis au nom du Père, du Fils et du Saint-Esprit.

Et du doigt il lui montra le ciel.

— Amen! dirent Otylia, les serviteurs et les paysans toujours agenouillés.

Alors, le suprême baiser donné et rendu, il se fit un grand silence et l'on se sépara.

Otylia, au milieu des Russes, mais les mains libres en dépit des ordres de Son Excellence, s'éloigna dans la direction de Vilna.

Partout sur son passage, les hommes se découvraient et les femmes venaient lui baiser les mains ou la robe.

Quant au Raskolnik, il avait disparu.

Otylia fut conduite au bastion n. 4, enfermée dans un de ces cachots où tant d'autres, non moins touchantes et non moins héroïques, allaient comme elle supporter stoïquement l'attente de l'ignominieux supplice.

Pendant toute la route, elle n'avait ni poussé un soupir, ni versé une larme; dans sa prison, elle montra la même résignation et la même énergie. Le geôlier la vit tranquille et souriante s'agenouiller sur la paille pour prier; en se retirant, devant tant de noblesse unie à tant de grâce, il ôta involontairement son bonnet.

Il revint une heure après, et trouvant Otylia toujours en prière, il attendit près de la porte qu'elle s'aperçût de sa présence.

— Que désirez-vous? lui demanda-t-elle avec douceur.

— Voici du pain et de l'eau, dit-il d'une voix rude; mais le respect et la pitié y parlaient malgré lui.

— Je vous remercie, répondit-elle.

— Ne voulez-vous pas autre chose? ajouta timidement cet homme, endurci au spectacle des misères quotidiennes; mais tant de courage dans une femme si jeune et si charmante, l'étonnait et le dominait.

— Cela suffit, dit Otylia en le regardant avec quelque surprise. Quel est votre nom?

— Yvan.

— Eh bien! Yvan, je prierai Dieu pour vous, qui avez pitié du malheur.

L'homme aux clefs sortit brusquement, une larme lui montait aux yeux.

Bientôt la porte du cachot s'ouvrit une troisième fois.

Le geôlier n'était pas seul: un homme le suivait enveloppé dans un manteau.

— Son excellence le gouverneur! cria-t-il d'une voix exempte de toute mansuétude.

Et le sinistre vieillard, relevant son manteau, apparut en uniforme de général, la poitrine constellée de crachats et de décorations. Otylia ne put réprimer un geste de mépris et de dégoût; il y répondit par un regard gros de menaces.

Une heure auparavant, le sous-lieutenant Pawloff était allé au palais pour lui rendre compte de sa mission; mais déjà le Raskolnik avait fait son rapport, M... II accueillit l'officier par un froncement de sourcils, précurseur d'un orage.

— Je sais, lui dit Son Excellence, comment vous avez exécuté mes ordres, une demi-douzaine de balles dans la tête, voilà ce que vous méritez. Vraiment, mon garçon, vous avez le cœur trop sensible, et je devrais vous faire fusiller.

— Comme il plaira à Son Excellence, dit le jeune homme d'une voix calme.

— Non, je ne veux point chagriner les gens qui vous protègent; ils sont puissants, et je leur ai des obligations. Mais vous n'êtes pas à votre place ici; il nous faut des hommes qui frappent, et non des hommes qui pleurent. Je vous réserve une autre mission qui sera mieux dans vos goûts. En attendant, enfermez-vous dans votre chambre, et n'en sortez que sur un ordre exprès de moi.

L'officier s'inclina devant Son Excellence et sortit sans répondre par un mot de gratitude à sa clémence tout à fait extraordinaire. Aussitôt M... H, s'étant frotté les mains d'un air de satisfaction, se dirigea vers le bastion n. 4, à travers les rues noires, où il ne rencontra que des sentinelles, car il était près de minuit.

— Ainsi, dit le gouverneur à Otylia, dont le visage avait repris son entière sérénité, vous êtes la rebelle qui me bravez.

Elle garda le silence.

— Parlerez-vous? cria-t-il en frappant du pied.

— Que puis-je vous répondre? dit-elle de sa voix la plus douce; je suis Polonaise, vous le savez bien; j'aime ma patrie comme je suppose vous aimez la vôtre. Je porte le deuil du comte Julian, mon fiancé, et j'ai fait le serment de le porter toute ma vie.

— Ah! nous verrons cela! répliqua-t-il avec violence. Le comte Julian était un rebelle comme vous, une balle russe lui a ré-

glé son compte, c'est fort bien; mais comme il n'était ni votre mari, ni votre proche parent, vous n'avez pas le droit de porter son deuil, mes ordonnances vous le défendent.

— Je le sais, dit simplement Otylia.

— Vous me bravez donc, et vous me bravez en face!

La Polonaise se tut.

— Oh! misérables femmes, qui soufflez la révolte contre le czar, et qui la prêchez par votre exemple, reprit-il, je briserai sous le talon de ma botte vos têtes plus dures que la pierre!

Un sourire d'ironie et de défi passa sur les lèvres d'Otylia. Son Excellence le vit, et sa colère s'en augmenta: elle devint de la fureur, et ensuite de la rage.

— Oui, cria-t-il, je vous atteindrai dans votre cœur et dans votre corps, dans votre honneur et dans votre chair! Je vous déshonorerai, je vous abaisserai au rang des filles infâmes. Je vous livrerai à mes cosaques, je vous ferai battre, marquer au fer, déchirer par mes bourreaux. Je vous enverrai pourrir dans les mines d'Irkoutsk; oui, si votre persévérance dans la rébellion m'y force, je vous exterminerai toutes, oui toutes! Quand j'en aurai fini avec les Polonaises, ma tâche sera aux trois quarts faite. Alors nous raserons vos châteaux, nous brûlerons vos fermes, nous enverrons vos enfants aux colonies militaires, comme fit le czar Nicolas. Vos amis et vos frères, nous les expédierons en Sibérie ou en enfer, à leur choix. Ah! ah! vous vous imaginez qu'on a bravé impunément, et qu'une chétive créature comme vous sera plus forte que moi!

Tandis qu'il marchait dans le cachot de long en large, comme un tigre dans sa cage, Otylia le suivait d'un œil tranquille et sans mot dire. Son Excellence le général M... H, gouverneur de Lithuanie, de Volhynie et de Podolie, aide-de-camp et lieutenant du czar de toutes les Russies, faisait pitié à la jeune fille sans défense.

Devant cette sérénité, d'autant plus irritante qu'elle n'était pas factice, M... H, hors de lui, livide et l'écume aux lèvres, se livra tout entier à ses instincts féroces. Il bondit plutôt qu'il ne courut à la jeune fille, toujours calme, toujours impassible, et lui arrachait de la tête son voile noir :

— Tu vas quitter le deuil, cria-t-il, ou sinon!...

— Jamais! dit Otylia d'une voix ferme.

— Les verges! les verges! hurla M... H, et, fou de rage, il s'élança hors du cachot.

— Un bon conseil, dit le geôlier en fermant la porte; obéissez à Son Excellence, ou c'en est fait de vous.

— Je ne crains pas la mort, répondit Otylia.

Et elle resta dans les ténèbres.

— Julian, pensa-t-elle, es-tu content de moi? Tu es mort pour la Pologne, à mon tour, maintenant. L'espoir de te retrouver bientôt me remplit d'une joie ineffable. Unis pour l'éternité! ah! que nous allons être heureux! Mais ne m'abandonne pas à l'heure du supplice; aide-moi à souffrir et à mourir dignement.

Alors elle dit adieu aux êtres chéris qu'elle allait laisser sur la terre, à son père, à sa mère, au chapelain, à ses jeunes compagnes, aux vieux serviteurs de la maison; elle n'oublia personne, pas même son cheval favori, celui qui la portait la veille des noces, pendant cette dernière promenade qu'elle fit avec Julian, son fiancé. Puis elle attendit tranquillement le bourreau.

Le pas lourd des soldats retentit sous les voûtes, et les crosses de leurs fusils firent un bruit sourd en tombant à terre devant le cachot.

— Suivez-nous!

Elle releva le voile déchiré par la main de Son Excellence, et, l'ayant replacé sur sa tête, elle marcha d'un pas ferme au milieu des soldats.

On la conduisit dans une cour intérieure que quelques torches enflammées éclairaient de lueurs rouges.

— Où est le bourreau? fit une voix de vieillard.

— Excellence, il demeure à l'autre bout de la ville.

— Les verges, où sont-elles?

— Les voici.

— Eh bien! dix roubles à celui qui frappera cette Polonaise jusqu'à ce qu'elle demande grâce.

Tous les regards se portèrent sur Otylia,

qui, calme et souriante, attendait le supplice et la mort.

Pas un homme ne bougea, malgré les offres brillantes de Son Excellence.

— Qu'on aille me chercher le bourreau, dit M... H.

— Et moi donc!

Le Raskolnik sortit de l'ombre.

— A moi les verges! à moi la Polonaise! à moi la païenne!

— Fais! dit le misérable vieillard à son digne suppôt, et frappe jusqu'à ce qu'elle demande grâce.

— Jusqu'à ce qu'elle abjure! cria le vieux croyant.

Et l'immonde créature se jeta sur Otylia comme un chacal sur sa proie. En un clin d'œil, il lui eut lié les mains et les pieds. Il étendit la jeune fille sur un banc de pierre, la tête en bas.

Puis les yeux pleins d'éclairs fauves, il porta ses mains sordides et frémissantes sur ce corps immaculé. A ce contact, Otylia poussa un cri d'horreur.

— Mon Dieu! dit-elle, et elle s'évanouit.

Les soldats russes, indignés, détournaient la tête devant cette profanation; mais son Excellence ne s'émut pas de si peu... Il regarda.

Quant au fanatique, saisissant les verges, il frappa! frappa!

— Abjure! criait-il, païenne; abjure, catholique! Point de salut pour toi, en ce monde et dans l'autre, si tu n'adores le Dieu des vieux Croyants.

Et comme la victime se taisait:

— Ah! Polonaise maudite, tu persistes! Meurs donc, et brûle éternellement dans l'enfer!

Et il recommençait à frapper avec un redoublement de fureur.

Bientôt le sang jaillit de mille plaies.

Ils n'étaient plus que trois dans la cour: la victime et ses deux bourreaux.

Les soldats épouvantés avaient fui l'un après l'autre.

— Assez! dit M... H d'une voix lugubre comme un glas de mort.

— Elle n'a pas abjuré, dit le Raskolnik.

— Ne vois-tu pas, brute, qu'elle n'a plus de voix pour te répondre?

Et il s'éloigna brusquement à son tour.

Le Raskolnik mit une de ses mains sur le cœur d'Otylia, et l'autre sur sa bouche; il ne sentit ni un battement, ni un souffle.

Alors, il se prit à courir comme un fou autour de la cour, en se heurtant la tête contre les murs.

— Morte! morte! s'écria-t-il, je l'ai tuée ! O Seigneur mon Dieu, sainte mère de notre Sauveur, rendez-la moi. Otylia, ange du ciel, la plus belle! et la plus parfaite des vierges, réponds-moi. Je t'ai tuée! je ne te verrai plus sourire! Je t'ai perdue, perdue pour jamais, dans ce monde et dans l'autre! Non! non! malédiction sur moi, je te suivrai dans ton enfer!

Et prenant son couteau à deux mains, il se le plongea tout entier dans le cœur.

⋯⋯⋯⋯⋯⋯⋯⋯⋯⋯⋯⋯

Otylia n'était pas morte; son évanouissement l'avait protégée contre cette honte suprême de la pudeur violée, qui l'eût tuée sur le coup.

Un mois après, elle sortait de la citadelle, appuyée sur ses parents accourus à Vilna, et qui, à force de sollicitations, avaient obtenu qu'on leur rendît leur fille.

Etait-ce clémence de M... H? allons donc! c'était une épreuve qu'il voulait faire: la Polonaise oserait-elle reparaître en public avec des habits de deuil?

Otylia se dirigea avec son père et sa mère vers la principale église de Vilna, qui regorgeait de fidèles. La population venait en foule rendre grâce à Dieu pour la délivrance de la patriote martyre.

Un angoisse mortelle étreignit tous les cœurs lorsqu'on la vit pâle, amaigrie, mais toujours belle, apparaître sous la nef: elle avait gardé ses voiles noirs.

Alors, dans cette foule agenouillée, où chacun comptait quelque victime parmi les siens, éclata un pieux enthousiasme; et tous, en invoquant le ciel, jurèrent une fois de plus de mourir pour la Pologne!

A la sortie de l'église, le sous-lieutenant Pawloff, à la tête de son peloton, s'approcha d'Otylia:

— Mademoiselle, d't-il en s'inclinant res-

pectueusement, j'ai ordre de vous arrêter. Vous venez d'être condamnée à la déportation en Sibérie, pour délit de récidive contre les ordonnances sur le deuil. Je suis chargé de conduire un convoi de *malheureux* (1) dont vous faites partie. Croyez, mademoiselle, que je vous protégerai de mon mieux contre les misères de ce long et douloureux voyage, et pardonnez-moi, je vous en supplie, le triste rôle que je suis contraint de jouer dans votre vie.

— Monsieur, répondit Otylia avec une sérénité parfaite, je n'ai rien à vous reprocher, et je vous remercie pour vos bonnes paroles et pour vos offres de service. Quoi qu'il arrive, je vous en garderai une vive reconnaissance.

Puis, après un silence:

— Quand partons-nous? demanda-t-elle à l'officier.

— Tout à l'heure, lui répondit-il.

La jeune fille se tourna vers ses parents.

— A ne plus nous revoir (2), leur dit-elle. Et après les avoir embrassés et regardés longtemps, comme pour mieux graver leurs traits chéris dans sa mémoire, elle suivit l'officier, laissant les deux vieillards et la foule pétrifiés!

Où est-elle maintenant, la noble, la douce, la tendre Otylia? Marche-t-elle et marchera-t-elle encore longtemps vers le pays « d'où l'on ne revient jamais! » De Kief jusqu'à Tobolsk, le voyage dure toute une année, et deux jusqu'aux mines de Nertckink, dans le gouvernement d'Irkoutsk.

N'est-elle pas morte de fatigue et de misère, la belle châtelaine de Nowy-Dwor, la charmante fiancée du comte Julian? Dieu le sait!... Seulement il me semble avoir lu quelque part qu'un sous-lieutenant russe, du nom de Pawloff, avait brisé son épée et s'était brûlé la cervelle, après avoir vu mourir toute une glorieuse phalange de Polonaises qu'il conduisait en Sibérie.

J. VILBORT.

(1) En Pologne et en Russie, on désigne par ce mot tout déporté en Sibérie.
(2) Dicton populaire en Pologne.

LA SIBÉRIE.

Plus encore que le knout et la verge, supplices bien horribles pourtant, le nom de cette solitude de mort fait trembler ces demi-sauvages. Un Russe, à quelque classe qu'il appartienne, ne l'entend jamais prononcer sans éprouver un sentiment de malaise fiévreux, sans regarder autour de lui pour reconnaître s'il est bien dans sa maison, dans son village, au milieu de sa famille, et si la rivière qui coule au pied de son izba (maison) n'est pas le Yenisseï, la Léna ou l'Obi. Pour lui la Sibérie est un lieu d'eclavage, de désespoir et de larmes, un charnier humain où des milliers d'hommes sont crucifiés vivants.

Cet enfer est encadré au nord par des glaces éternelles sous lesquelles vont s'engouffrer des fleuves noirâtres, aussi volumineux que le Volga; à l'est, par la mer de Behring, mer lugubre, bordée de côtes désolées, frangées de volcans, dont les bouches vomissent perpétuellement de la boue et du feu; au sud, par des steppes sans fin, autre charniers où l'on rencontre plus d'ossements humains blanchis que de cailloux et de brins d'herbe, et par les pics neigeux enveloppés de gouffres et de fondrières de l'Atlaï sortant des flancs de l'Himalaya, enfin à l'ouest, du côté de l'Europe, par cette vaste chaîne de collines mamelonnées couvertes de forêts infranchissables que l'on appelle l'Oural, gardée par des Baskirs et des Kalmouks, hideuses créatures qui ne pouvaient naître ailleurs que là.

Quel climat! quel sol! quelle végétation! ici des plaines de cailloux de granit s'entassant les uns sur les autres; là des marais couverts de mousses pourries, de quelques brins de lichen, pâture des rennes.

Plus loin des déserts, des clairières constellées de rares sapins rabougris, moussus, noirâtres, de quelques bouleaux tordus, infirmes, de quelques bruyères rampantes du milieu desquelles s'élèvent de rares bouquets de framboisiers sauvages. Dans la partie la plus méridionale, sur les faibles pentes bordant les cours d'eau, le voyageur aperçoit de loin en loin quelques yourtes de naturels du pays ou quelques cabanes, des huttes en bois, habitées par de misérables familles de bannis, s'efforçant à faire pousser quelques choux, quelques pommes de terre étiques, bénissant trois fois le ciel quand la récolte est juste suffisante pour amuser et tromper leur faim pendant un hiver rigoureux, long de neuf mois, sous une température de 30 degrés Réaumur au-dessous de zéro.

Du 1er août au 1er avril les nuits durent vingt-deux heures.

Du 1er avril à la fin de juillet, le soleil ne se couche pas. Il faut que Dieu échauffe sans relâche ce sol infect pour faire mûrir à grand'peine quelques épis d'orge, des champignons et des mousses.

C'est dans ce gouffre que le gouvernement russe fait jeter depuis trente ans le plus pur sang de la Pologne, pêle-mêle avec les pourritures moscovites. Depuis 1831, le chiffre des déportés polonais dépasse quatre-vingt-trois mille! toute une génération!!!...

Les chaînes partent tous les jours de Saint Pétersbourg et de Moscou pour les hommes, le jeudi de chaque semaine pour les femmes. Elles ramassent en route tous les condamnés que les chefs de police des gouvernements font converger de tous les points de l'empire sur le chemin conduisant à Tobolsk.

Quel que soit le temps, qu'il pleuve à rappeler le déluge de Noé; qu'il neige à enterrer les forêts de sapins jusqu'au sommet, qu'il gèle à foudroyer les corbeaux dans leurs nids et les bêtes féroces dans leurs tanières, à faire fendre les roches ou à convertir le mercure en cailloux, n'importe; la chaîne doit partir, elle partira; les hommes arriveront comme ils pourront. On y aidera avec le fouet et le bâton.

Le femmes ne sont pas mieux traitées. On n'a égard ni à leur faiblesse ni à leur santé. Condamnées à aller peupler ce grand haras humain, on n'a pas plus de sollicitude pour elles que pour des chiens.

Les voleurs, les filous, les empoisonneurs, les faussaires, les assassins, les incendiaires, restent à peu près libres de leurs mouvements pendant la marche. On leur permet de se grouper pour tromper le mieux possible les ennuis de la route par la conversation, ou pour mendier en traversant les villages et les hameaux. Les condamnés politiques, les Polonais, sont étroitement liés par le milieu du corps et par les bras ou les jambes.

Chaque jour, fêtes et dimanches, doit fournir son étape. Ces étapes distantes l'une de l'autre de vingt à trente verstes (cinq à huit lieues) sont munies de hangars en planches, roseaux et paille, disloqués, fissurés, ouverts à tous les vents, à la pluie même. Les exilés s'y couchent pêle-mêle, heureux quand ils peuvent s'y faire un mince lit de fumier, se couvrir de quelques bribes de foin pourri ramassées le long de la route. L'étape est-elle occupée par les soldats de Sa Majesté très orthodoxe de toutes les Russies, la chaîne alors couche sous l'œil de Dieu!

Le gouvernement n'a pas l'habitude de se ruiner en frais de nourriture ni d'entretien pour les défenseurs de la sainte Russie et de l'illustre famille des Romanoff. Faisant très peu pour le militaire, qui meurt à peu près de faim, pouvait-il se faire prodigue pour des gens qu'il envoie comme engrais au sol pauvre et stérile de la Sibérie!

L'ordinaire de ces malheureux harassés, trempés jusqu'aux os, engourdis ou à moitié gelés, se compose invariablement, soir et matin, d'une pâtée de sarrasin, de farine d'avoine, de champignons, de concombres, de choux, de navets et autres légumes de la même famille, et d'une tartine de pain noir, gluant, saupoudrée de sel blanc. Cette pâtée est préparée par les exilés eux-mêmes. Ceux qui exprimeraient les besoins impérieux et pressants de leur estomac, — surexcité par une course de six à sept lieues, l'air vif, la distance de huit à dix heures qui le sépare du dernier repas, ou l'insuffisance de la part de ce brouet infect qui lui est attribué, — recevrait sur l'heure, comme hors-d'œuvre, une forte ration de bois vert sur les épaules. Le commandant de l'escorte est seul juge de la qualité, de la quantité des vivres qu'il offre à son monde. S'il lui a plu de les ménager ou d'en vendre une partie à son profit; si la moitié de la chaîne meurt de faim en route, personne n'est chargé de constater les causes de la mortalité. On fait un trou en terre, on y dépose le cadavre et tout est dit. Les morts ne parlent pas et les habitants se garderont bien de rien dire. Dans ce pays une parole tue un homme.

Ce long trajet de Petersbourg et de Moscou à Tobolsk, ou à Tomsk, est de deux mille neuf cent quarante-neuf verstes (soit 748 lieues) d'après un annuaire russe, c'est-à-dire cent quarante-huit jours de marche sans désemparer; quatre mois et demi! à raison de cinq à six lieues par jour.

Une si formidable marche ne s'exécute pas sans fatigue, blessures, accidents ou maladies. Ceux qui ne peuvent plus suivre la chaîne sont placés sur des chariots ou traîneaux de réquisition et laissés dans l'un des plus prochains hôpitaux militaires établis à certaines hauteurs de la route. Je dis hôpitaux, pour me servir d'un mot pompeux et trompeur employé par ce peuple fourbe, dont la marotte est de faire croire à un semblant de civilisation. Mais quels hôpitaux, bon Dieu! Une vaste écurie en rondins de sapins superposés, vermoulus, déjetée de çà et de là, bancale, bossue, étayée, rongée et envahie par les plus détestables et les plus immondes vermines qui ondulent sur toutes les murailles, avec ce bruit crépitant d'une nuée de sauterelles rongeant une forêt.

Chaque pièce est meublée d'un poêle en brique, occupant un angle, du haut en bas. Un banc circulaire, large d'un pied et demi à peine, est soudé à la muraille: c'est le lit de camp où l'on dépose les malades à la suite l'un de l'autre. Du linge! un matelas! inconnus!... les chevaux seuls ont droit à de la litière. Des soins! on en donne aux bêtes non aux hommes. Des meubles! qu'en ferait-on, puisqu'on n'a rien à y mettre. Le Russe, vêtu d'une touloupe (paletot de peau de mouton), en a pour sa vie: il ne la quitte que quand on le porte au cimetière.

Le service de ces maladreries est censément fait par un pope (prêtre), des invalides, infirmiers, et des médecins. Les invalides, tous manchots, borgnes ou éclopés, dorment pendant six mois de l'année d'une ivresse prolongée, en compagnie du pope. Les médecins, encore un nom pompeux destiné à abuser le public, donné à des empiriques, perruquiers patentés pour saigner; arracher les dents, purger les malades, rebouter une jambe ou un bras. Cet empirique touchant quarante francs par an pour tout émolument parcourt la contrée pour placer ses pilules et reste absent de son poste trois cents jours de l'année. Quand ce Sangrado rentre dans son domaine, le malade a trépassé. Disons-le en passant, la vénalité qui ronge ce pays sur toute la surface, comme un cancer, vient aussi dans le sanctuaire du malheur se montrer sans respect humain avec cette rapacité sauvage que l'on connaît aux employés russes. Popes, infirmiers, esculapes, vivent des provisions de l'hôpital. Quand le malade y entre, il n'y trouve rien.

L'homme mort est emballé et ficelé dans quelques loques de toile, ou placé nu dans une boîte informe en planches de sapin coupées à la hache. En hiver, deux invalides traînent ce cercueil par une ficelle, sur la neige, jusqu'à l'endroit destiné à ensevelir les cadavres des hommes et des bêtes. Si la rudesse du froid ne permet pas de creuser un trou, on laisse le cadavre se confire dans la neige jusqu'au dégel. De cérémonie, point. Est-ce qu'un banni a besoin de prières? Il a été banni pour avoir offensé le czar, et toute offense à ce fétiche en os, chair et sang, vous plonge en état de péché mortel, qui ne peut et ne doit être lavé qu'en enfer. Le pope, plus grossier, plus ignare qu'un chamane, plus fanatique qu'un musulman, gorgé d'eau-de-vie, oublie l'eau bénite. Si le mort est un Polonais, on le jettera à la rivière, dans un trou sous la glace, ou dans la forêt voisine, *in puris naturalibus*.

Le costume des hommes consiste en une houpelande de drap grossier sale et gris, couleur favorite du Moscovite, un pantalon et une casquette de même étoffe. Sur le dos de la capote est cousue une pièce carrée de drap rouge, jaune ou noir, selon la catégorie dans laquelle se trouve rangé l'homme qui la porte. Hommes et femmes ont indistinctement le derrière de la tête rasé.

Les chaînes sont conduites par des Cosaques à cheval ou à pied. Si ce sauvage sorti des steppes se montre humain pour ses coreligionnaires, toutes ses colères, tous ses caprices, tous ses instincts de férocité frappent sur le Polak (Polonais). Le Polak étant la bête noire de son empereur devient évidemment aussi la sienne. Dans ce pays, on doit faire, penser comme le czar, singer ce potentat: il y va de la vie. Or, le monarque n'aime pas la Pologne; les Polonais lui font du chagrin, à cet homme libéral par excellence, vite, torturons, écrasons, égorgeons tous les Polonais qui nous tomberont sous la main. Et ces bêtes féroces n'y vont pas de main morte. Si le Polonais arrive en Sibérie avec ses quatre membres et ses deux yeux, il aura du bonheur, car rien ne lui sera épargné le long de la route qui conduit à cet enfer, ni coups, ni avanies, ni tortures. En fait de tortures, les Russes n'ont rien à envier au génie des Chinois, dont on connaît la richesse et la fertilité d'imagination en ce genre.

Durant cette longue marche de cent cinquante jours il arrive quelquefois que les plus audacieux s'évadent, emportant les armes d'un soldat de l'escorte. La fuite est facile; le plus inquiétant est de sortir du pays, d'y trouver à se nourrir, de traverser les forêts la nuit, comme les bêtes fauves, et de franchir les frontières en calculant la direction de sa marche, de façon à ne pas tomber chez les Prussiens, où les gendarmerie remettrait bel et bien le fugitif entre les mains de ses excellents amis les Russes.

Malheur à lui s'il se laisse prendre; il sera knouté, déchiré, taillé et découpé en tranches et en lambeaux par le cuir anguleux du knout. S'il survit à ce traitement, on lui percera le talon pour y passer un anneau. L'homme est estropié, n'importe, on l'enverra finir ses jours dans le fond des mines, pour lui apprendre à respecter la justice paternelle de son monarque et père. L'exilé sait le traitement qu'on lui réserve, et il défend chèrement sa vie. Il ne se rend que mourant et après avoir tué une notable partie de la meute de Cosaques lancée sur ses traces.

Si les gazettes moscovites avaient le droit d'enregistrer toutes les monstruosités sauvages de ce genre, quelles scènes pour le pinceau d'un Salvator Rosa!

Les chaînes, je l'ai dit plus haut, voyagent par tous les temps; que les chemins aient disparu sous un mètre d'eau, de boue ou de neige, il faut qu'on arrive. Mais il survient quelquefois des obstacles qu'aucune puissance humaine ne saurait surmonter. Une crue subite, par exemple, qui brise et entraîne les ponts flottants, oblige à bivouaquer en plein air, là où on se trouve, sous pluie, au vent et sans nourriture! En Russie on ne connaît les ponts de pierre et de bois que dans les grandes villes, hors de là le gouvernement et le czar ne s'en soucient guère; ce sont des voies de communication dangereuses le long desquelles cheminent les idées, le progrès, la civilisation, des pestes immondes!

Et quand ces débâcles d'eaux durent plusieurs jours, les chaînes s'accumulent, la famine frappe, et la mort se promène au milieu de ces tas d'hommes, qui se tordent dans les convulsions de l'agonie.

A qui se plaindre, comment se plaindre et qui oserait se plaindre?

Si, par miracle, la Providence avait laissé tomber sur le sol de ce maudit pays un être doué d'humanité, si cet être inspiré par un généreux sentiment, allait dénoncer ces atrocités à l'empereur: malheur à lui! D'abord, l'empereur ne les ignore pas. Mais on accuserait aussitôt le révélateur imprudent de conspiration contre l'Etat, le czar, la religion; on le lapiderait, on le knouterait sur l'heure, pour lui donner une leçon de prudence, de silence et de discrétion.

En Russie, il faut tout voir, tout entendre et se garder d'exprimer, même devant le carnage décrété par Mourawieff, un sentiment de surprise ou de pitié. La pitié est un crime de lèse-majesté.

Arrivés à Tobolsk, siège du gouvernement général de cette contrée infernale, les bannis destinés aux mines et les Polonais sont immédiatement dirigés vers le lieu de leur exil. On a hâte de les éloigner de la frontière. Les autres, c'est-à-dire les bandits, les assassins, les empoisonneurs, les incendiaires sont laissés libres et se reposent une quinzaine de jours.

Après quoi on les appelle au bureau de police où on remet à chacun une feuille de route et une bourse en cuir contenant la valeur de quatre francs en kopecks, demis et quarts de kopecks (centimes et fractions de centimes), seule monnaie courante pour ces gens-là.

Les mines! ces profonds et ténébreux gouffres où l'homme va disparaître pour sa vie à la lumière du jour, sont là-bas ce que sont ici les mines de houille. Qui dira jamais les angoisses et les misères de ces abominables sépulcres où le malheureux qu'on y ensevelit vivant devra, jusqu'à épuisement complet, suer sa vie par tous les pores, et d'où on ne le remontera au soleil que quand ses membres perclus, paralysés par des névralgies articulaires atroces ne lui permettront plus de se mouvoir. Jeté à l'hôpital, les infirmiers achèveront de le tuer ou le laisseront mourir de faim. Ne parlons point du régime, ni de la discipline, l'un et l'autre feraient horreur.

A compter du moment où le banni a mis le pied à Tobolsk, il est libre, je viens de le dire. On ne lui donne aucune indication, aucun renseignement sur le chemin à suivre et la résidence qui lui est assignée. C'est à lui de lire son passe-port ou de le faire lire, et de s'informer quelle direction il doit prendre. Le reste le regarde. Il couche et mange où et comme il peut. S'il périt en chemin, tué par le froid, personne ne s'en occupe ni ne se met à sa recherche. Il va à pied, souvent seul, à travers des sentiers à peine tracés, courant au milieu des landes, des forêts marécageuses, dévoré par la fièvre, et n'ayant le plus souvent pour charmer ses ennuis que le concert infernal d'une frange épaisse de corbeaux voraces et affamés, guettant du haut des arbres un cadavre à dévorer.

Rendu au lieu de son exil, le banni se présente chez le golowa (maire). Là, selon ce qu'il sait ou peut faire, il est placé chez un maître colon, exerçant une profession quelconque. S'il n'a aucun métier manuel on le met à la disposition d'un cultivateur; il devient pâtre, bouvier, porcher, bûcheron, laboureur, etc. Ce maître colon, lui-même ancien banni ou fils de banni, est-il humain,—pardon de cette expression, elle grimace sous ma plume, mais je n'en trouve pas d'autre pour exprimer ma pensée,—tant mieux, le malheureux peut espérer un bonheur relatif.

Est-il cruel, tant pis; tous les tourments de l'enfer accumulés sur une même tête ne rendraient pas la mesure des angoisses, des souffrances que le malheureux convict aura à supporter. Le gouvernement ne s'occupe pas de ces détails et ne protége la vie de personne. Il y a bien des ukases!... bon Dieu! mais ces ukases, sortis du cerveau du czar, sont-ils exécutés? sont-ils seulement jamais sortis des cartons de Sa Majesté?

Si le banni est Polonais ou Géorgien, c'est-à-dire catholique, trois fois malheur! son existence ne sera qu'une torture permanente.

Ce maître colon doit pourvoir à tous les besoins de son pensionnaire, nourriture, logement, vêtements, et déposer pour lui, chaque mois, chez le golowa, la somme de trois francs, soit dix centimes par jour, représentant le salaire de ce malheureux. C'est peu.

Durant cet apprentissage de dure servitude, il faut qu'il renonce à la plus modeste, à la plus inoffensive des jouissances, celle de fumer, à moins que la charité publique ne lui vienne en aide. La charité! Encore une monnaie qui n'a pas cours en ce pays.

Par une étrange contradiction, le gouvernement russe, qui traite l'espèce humaine moins bien qu'un bœuf, et pour qui la vie de l'homme ne dépasse pas la valeur d'un corbeau, le gouvernement russe tend de tous ses efforts à peupler cette vaste contrée. Il ne tolère pas le célibat, ni le veuvage; il ne supporte pas que le déporté, de quelque sexe et âge qu'il soit, vive dans l'isolement.— Il ne fait pas bon que l'homme vive seul, — dit l'Écriture-Sainte. — Il faut que l'homme travaille et peuple comme une bête de somme,—ajoute le gouvernement moscovite, et on lui donne une compagne pour se distraire et peupler.

Sur le sol de la Sibérie, le banni fait peau neuve. Il perd son nom. Il n'est plus époux, il n'est plus père, il n'est plus fils; en un mot, la famille n'existe pas plus pour lui que s'il venait de tomber de la lune. S'il a des biens, l'Etat s'en empare pour épargner à ses héritiers et à ses enfants les ennuis d'un partage; si son père et sa mère ont quelque fortune, l'Etat s'empresse de prendre la part qui devrait échoir au banni. Conciliez toutes ces monstruosités si vous pouvez!

Il n'a plus de nom, ai-je dit; on le baptise à nouveau d'un sobriquet quelconque, pris au hasard parmi le calendrier de l'orthodoxie. Il s'appelait Troubetskoï, Bestoujeff,

Nikita-Mourawieff, Davidoff, Odoïevsky, Batenkoff, le comte Tcherbatoff, le prince Mentschikoff, il s'appellera désormais Yakoff, Gregoroff, Androff, Petroff, ou tout autre nom en off. C'est un être nouveau qui va commencer une nouvelle famille. Pour celle qu'il a laissée en Russie, il est mort et enterré.

A moins cependant, — voyez le sublime sentiment de générosité des czars moscovites qui président autocratiquement aux destinées de ce peuple de pendeurs, d'incendiaires, de pillards, d'égorgeurs — à moins que la femme et les enfants de ce malheureux ne se dévouent et ne sollicitent la grâce d'aller le rejoindre. Dans ce cas, femme et enfants tombent dans la même condition que le banni ; ils seront désormais la femme et les enfants de Yakoff, de Gregoroff, de Petrotow, etc., et comme lui soumis aux mêmes dispositions pénales qui réglementent la population sibérienne, dont je ne veux vous donner aucun des articles, de crainte de vous jeter la fièvre et le cauchemar. Et encore, pour obtenir cette permission, faut-il que la femme soit reconnue capable de continuer l'œuvre de reproduction.

Le condamné travaille pendant trois ans chez ce maître. A l'expiration de ce temps d'épreuve, il se trouve à la tête d'un capital de 108 francs, avec lequel on lui achète une vache, une hache, un bahut, un chaudron et quelques ustensiles de première nécessité. Tout le village est requis militairement pour lui bâtir une hutte en rondins de sapins, un palais de porcs, et défricher quelques mètres de terre aux alentours ; on l'y installe, on lui vend quelques graines de légumes, un peu d'orge ou de seigle, et il devient à son tour maître colon ; il recevra aussi des convicts en apprentissage, envers lesquels, s'il a des instincts mauvais, il se montrera ce qu'on s'est montré envers lui.

Le plus heureux est celui qui, protégé, appuyé auprès de son illustrissime Excellence le gouverneur de toutes les Sibéries, espèce de potentat féroce de la race de Mourawieff, obtient la permission de se faire chasseur de zibeline. Alors, au lieu d'une vache, on lui donne une wintoffka, fusil, ou plutôt canardière d'un calibre très petit, plomb à loup, à peu près ; arme peu dangereuse, mais qui a pour avantage d'exiger du chasseur une adresse remarquable ; le plomb meurtrier ne doit atteindre que la tête de l'animal : percée partout ailleurs, la fourrure perdrait sa valeur.

De plus, on lui remet une ration de poudre et de plomb qu'on ne lui renouvellera que contre des fourrures. Il payera également son impôt avec les produits de sa chasse, dont l'estimation sera fixée arbitrairement par les employés russes, qui s'arrangeront de façon à gratter 50 pour 100 sur le malheureux.

Les peaux sont rangées par catégories. En première ligne, est le renard bleu — le renard polaire des savants. Selon les règlements, sa fourrure doit être payée autant de salkow (pièce de 4 francs) que la surface de la peau en peut contenir. C'est-à-dire que cet animal étant aussi rare qu'un sentiment humain dans le cœur d'un Russe, il arrivera au chasseur, une fois dans sa vie, la chance d'en rapporter un.

En admettant ce fait possible, l'agent moscovite s'arrangera de façon à lui filouter les neuf dixièmes de la valeur. Viennent ensuite le castor, la zibeline, les martres, les renards noirs, les loutres, etc., etc.

Quand la chasse a été bonne, le banni peut espérer d'obtenir du sel, de l'eau-de-vie poivrée, du tabac pourri, de la farine moisie, d'assurer à peu près son existence et celle de sa famille d'une saison à l'autre.

Dès les premières semaines de son arrivée chez le maître colon, le banni doit s'être marié. Le gouvernement n'attend pas sa volonté, il a hâte de voir la population s'augmenter. Si les femmes manquent dans la localité, les gouverneurs d'Irkoutsk et de Tobolsk s'empressent d'en expédier. Ces malheureuses gagnent les villages auxquels elles sont destinées de la même manière que les hommes, c'est-à-dire avec un passe-port, une bourse en cuir avec des fractions de kopecks, plus une paire de bottes de gendarme aux jambes, précautions paternelles prises par l'administration en vue de les préserver de l'humidité de la route et des fluxions de poitrine. On n'a égard, je le répète, ni à sa faiblesse, ni à ses infirmités, ni à ses habitudes antérieures. Hommes et femmes sont désormais membres d'un grand haras, on ne les considère que comme *des machines* à reproduire et propager leur espèce.

Insultées, outragées, flétries tout le long de la route par les soldats de l'escorte, la plupart du temps ivres d'eau-de-vie et de luxure, ou par le premier Kosak qui, d'aventure, les rencontre sur les chemins, ces malheureuses arrivent dans un état infâme, le sang empoisonné, la chair pourrie! En quelque état d'infection qu'elles soient on les distribue au hasard. On ne se donne pas la peine de consulter leur âge, leur santé; bon gré mal gré le golowa procède au mariage, et sauf un semblant de cérémonie religieuse par un pope orthodoxe et aviné, ces unions se font sans plus de respect que si on accouplait des animaux.

Il n'est pas rare de voir ces étranges mariages s'enrichir, après quelques mois de cohabitation, d'une progéniture *précoce* — imprégnée d'un venin infâme — dont la paternité remonte on ne sait à qui, mais dont le banni, époux de rencontre, doit endosser sans murmurer la légitimité.

En Sibérie comme dans le reste de l'empire moscovite, le gouvernement poursuit avec la même fureur sanguinaire le rêve du plus illustre des czars, Nicolas 1er : l'unité politique par l'unité religieuse. Il ne faut pas d'autres croyances que cette orthodoxie sale et ignoble où se vautre le clergé russe. Si le Polonais refuse de se convertir, on entasse à propos de rien, sur sa tête, tous les tourments de l'enfer; et quand, haletant, éperdu, le malheureux succombe sous les douleurs surhumaines du knout, de la verge, du fouet, etc., ses bourreaux lui crient: Embrasse la religion de notre père le czar, et toutes les peines corporelles te seront remises.

Et le malheureux dit oui, et, séance tenante, on l'immerge trois fois dans le premier ruisseau venu, bourbeux ou non, qu'importe! le clergé russe ne tient ni à la clarté ni à la limpidité de l'eau du baptême, — et voilà un homme entré dans la religion grecque! Pour le maintenir dans sa nouvelle croyance, on lui passe au col une ficelle au bout de laquelle sont suspendues des croix en bois, des images de saints en fer et des amulettes.

Pendant mon dernier séjour à Nijni, lorsque je parlais de ces malheureux Polonais condamnés à toutes les misères, à tous les genres de tortures, on me répondait: « Ils ne se plaignent pas de leur sort. Tous passent, sans beaucoup de peines ni de regrets, de l'existence aisée, *mais tourmentée*, qu'ils avaient dans leur pays, à cette vie pleine de labeurs, de fatigues, de servitude, qui n'est pas aussi pénible que vous vous l'imaginez. »

Cette étrange et servile habitude qu'ont tous les Russes de louanger les faits et gestes du pouvoir autocratique de ce despote tartare qui les gouverne, et la pire des infirmités: elle suppose l'absence complète du sens moral, momifié comme la peau la plus racornie des plus vieilles momies d'Egypte.

Est-ce qu'il est même permis aux Russes d'éprouver un regret? On est frappé par cette idole terrible devant laquelle tous, petits et grands, courbent la tête jusque dans la boue du ruisseau. Qui oserait se plaindre? qui oserait laisser tomber de ses lèvres un blâme? qui oserait regretter sa famille, ses parents, ses amis? Tout doit disparaître devant cette figure de fétiche. Le cœur brisé par les sanglots, l'âme navrée, le corps tordu, broyé par des tortures cannibalesques, il faut dissimuler sa douleur, trouver tout bien, avoir l'air heureux, sourire même, bénir la main qui vous arrache les entrailles, qui a détruit votre famille, séquestré et volé vos biens, et réduit à la misère votre femme et vos enfants.

Il faut enfin que l'on apprenne que vous êtes *content* de votre sort, que vous vous apprivoisez dans cette cage infecte qu'on appelle la Sibérie. Autrement, les rigueurs de la loi et de S. E. M. le gouverneur, digne représentant de tels maîtres, s'appesantiraient sur vous, sur toute votre famille.

La résignation est peut-être le moyen de disposer l'inflexible empereur de toutes les Russies à la bienveillance, mais jamais au pardon!..
....

Aussi, consultez les statistiques sibériennes, et vous y verrez avec stupeur que dans le gouvernement d'Irkoutsk, celui où la population est le plus groupée, il se commet *vingt-quatre fois* plus de suicides et de crimes que dans le gouvernement de Saratoff, le plus mal famé de toutes les Russies.

A ces chiffres officiels, si on pouvait ajouter tous les suicides et les crimes restés inconnus! Est-ce qu'un tel état ne fait pas mieux connaître la situation politique et morale d'une nation, que toutes les peintures qu'on essayerait d'en faire?

GERMAIN DELAGNY.

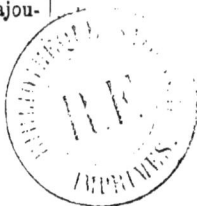

— FIN. —

www.ingramcontent.com/pod-product-compliance
Lightning Source LLC
Chambersburg PA
CBHW050007100426
42739CB00011B/2548